KB262072

무슬림과 친구되는
열두 가지 방법

Christian . Muslim . Friend
Twelve Paths to Real Relationship

평화의 대사,

아흐메드 알리 하일리에게

Original published in English under the title ;
  Christian. Muslim. Friend. *Twelve Paths to Real Relationship*
  by David W Shenk.
 Published by Herald Press, Herrisonburg, VG 22802
 Realeased simultaneously in Canada by Herald Press Waterloo, Ont. N2L 6H7.
All rights reserved.

Uesd and translated by the permissions of Herald Press.
Korean Edition Copyright © 2018, Daejanggan Publisher. Nonsan, CN, South Korea.

무슬림과 친구되는 열두 가지 방법

지은이	데이비드 W. 솅크
옮긴이	이창산
초판발행	2018년 2월 27일
펴낸이	배용하
책임편집	이승호
등록	제364-2008-000013호
펴낸곳	도서출판 대장간
	www.daejanggan.org
등록한곳	충청남도 논산시 가야곡면 매죽헌로1176번길 8-54
대표전화	전화 : 041-742-1424 전송 : 0303-0959-1424
분류	기독교	이슬람	선교
ISBN	978-89-7071-438-7 03230
CIP제어번호	2018005410

값 12,000원

무슬림과 친구되는
열두 가지 방법

Christian . Muslim . Friend
Twelve Paths to Real Relationship

데이비드 W. 솅크

이창산 옮김

추천하는 글

무슬림과 그리스도인의 갈등이 폭등하고 있는 가운데 발간된 이 책은 은혜의 천둥소리다. 자신의 확고한 믿음에 대한 타협 없이, 깊은 개인적 경험들을 바탕으로, 데이비드 셍크는 이 갈라진 세상에 대한 힘 있는 지혜와 긍휼을 제공한다.

Rachel Pieh Jones, **작가**

셍크의 주장은 우리가 우리 자신의 헌신적인 신앙에 머물러 있으면서도 매우 종교적인 무슬림들과 진정한 관계를 맺어갈 수 있다는 것이다. 그리스도인과 무슬림의 상호관계를 한 평생 경험해온 그는 이러한 관계들이 안겨주는 도전들을 분명하게 제시하면서 아브라함의 모든 자녀들이 평화롭게 살아가는 소망을 보여준다.

Laurie Mellinger, **복음주의 신학교 인문학 과장**

실용적인 단계들을 제시하고, 경쟁하는 접근들을 주의 깊게 분석하며, 그리스도에 대한 헌신을 타협하지 않고서도 어떻게 하면 예의바르게 무슬림들을 대할 수 있는지에 대한 감동적인 실례들을 보여준다. 이 책의 메시지는 상대주의 아니면 적개심이 유일한 선택사항인 것처럼 보이는 이 시대의 대학 캠퍼스들에 절실하다.

Lorri Bentch, **그리스도인 연합 경영 부총장**

이 책은 평화와 화평을 추구하는 일에 헌신된 기독교 전통이 형성해 준 저자의 개인적인 확신에서 우러나왔다. 이 작업은 무슬림에게 다가가는 모든 그리스도인에게 호소력을 가질 뿐 아니라 각 페이지마다 그들의 모습을 우호적으로 묘사해준 본서를 읽는 무슬림들의 마음까지 열어줄 것이다.

David Singh, **옥스퍼드 선교학 센터 이슬람학 지도교수**

셍크는 깊은 샘물과 같은 자신의 경험을 통해 무슬림의 친구로 살아가고자 하는 그리스도인들에게 교훈적이고 실제적인 방법들을 제공해준다. 이 깨어지고 혼란스러운 세상에서 하나님의 화해의 메시지를 전해주는 자로 살아가길 원하는 이들에게 이 책을 강력하게 추천한다.

John Azumah, **콜럼비아 신학교 세계기독교/이슬람학과 부교수**

나는 본서를 통해 많은 점을 배웠고 화평을 추구하는 방식으로 무슬림들과 관계 맺어야 한다는 사실에 엄청난 도전을 받았다. 나는 무슬림 사회에서 평화를 구축하는 일에 헌신한 모든 이들에게 이 책을 진심으로 추천한다.

Tan Kok Beng, **싱가포르 베다니 국제대학 학장**

이 심각한 시기에, 지난 역사의 불신과 적개심을 내려놓고 소망 가운데 이웃 무슬림과 헌신적으로 교제하려는 소망을 품으라는 셍크의 예언적인 호소는 이 세상의 평화를 바라는 모든 이들에게 받아들여져야 한다.

Andrew F. Bush, **이스턴 대학 선교학 교수**

많은 무슬림 나라들에서 겪은 개인적인 경험들을 회상하면서, 셍크는 자신의
겸손하고 투명한 기독교 신앙에서 우러나온 깊은 통찰들을 제공해준다. 동시에
그는 아브라함의 신앙에서 기원한 두 종교의 차이점들을 진술함으로써 독자들
이 스스로 자신의 결론에 이르도록 맡겨둔다. 나는 너무도 중요한 이 책을 진심
으로 추천한다.

Nelson Okanya, 동부 메노나이트 선교회 회장

다양한 나라에서 온 여러 무슬림들과 개인적으로 교제하며 살아온 저자의 많은
이야기들은 양측이 자신들의 가장 깊은 확신 속에서도 서로 참된 대화를 나누는
것이 가능함을 증명해준다. 사실, 그런 대화만이 나눌 가치가 있는 유일한 대화
다. 만약 당신의 깊은 열망이 예수님의 모습으로 무슬림을 사랑하는 것이라면
이 책은 그 길을 걸어가는 데에 큰 도움을 줄 것이다.

Steven J. Van Zanen, 크리스천 개혁주의 세계선교회 선교교육&참여 총책

데이비드 셍크는 우리 가족이 중앙아시아에서 섬기고 있던 시절에 우리 집에 손
님으로 머물곤 하면서 그가 겪은 흥미로운 모험담을 우리에게 들려주곤 했다.
이 책 역시 그 시절처럼, 그리스도인과 무슬림의 관계를 견고하게 세워주도록
인도하는 방법들에 대한 개인적인 경험들과 중요한 교훈들이 결합되어 있다.

Sara H. Martin, 휘튼대학 학생

차례

추천사

김동문 선교사

만남, 사귐, 섬김, 나눔 내가 좋아하는 표현들이다. 만남이 없이는 이른바 예수 그리스도의 복음을 나누는 것은 불가능하다. 그러나 만남도 없이, 사귐도 섬김도 갖지도 않은 채 일방적으로 전하려고만 하는 이들이 여전하다. 무슬림에 대한 적대적이거나 혐오에 바탕을 두고 그들을 경계할 것에 집착하는 이들도 적지 않다.

이런 가운데 저자 데이비드 W. 셍크는 이슬람 선교와 관련하여 아주 근본적인 질문을 던지고 있다. "모든 무슬림이 그리스도인 친구를 두고 모든 그리스도인이 무슬림 친구를 두어야 한다는 확신을 가지고서 이 책을 쓰고 있다. 그 목표에 도달하기 위해서 나는 이 책을 통해 무슬림과 그리스도인이 참된 관계를 맺기 위한 열두 개의 길을 제시"하고 있다.

진실하게 살아라, 정체를 분명히 하라, 무슬림을 존중하라, 신뢰를 쌓으라, 다른 중심들에 관해 대화하라, 환대를 실천하라, 질문들에 답하라, 왜곡에 맞서라, 선택하라 히즈라냐 십자가냐, 화평을 구하며 그것을 따르라, 평화의 사람과 동역하라, 그리스도를 소개하라 등의 12가지 길은 전혀 낯선 것이 아니다. 어찌 보면 뻔해 보이는 당연한 질문들이다. 그래서 어렵지 않다. 각 장마다 토의를 위한 질문들을 담아, 이 책을 읽는 개인 또는 공동체에게 생각할 거리를 안겨주고 있다.

독자들은 이 책을 통해 단지 무슬림에게 복음을 전하고 예수를 믿게 하는 선교 방법이나 기술을 얻으려고 하지 않았으면 좋겠다. 데이비드 W. 셍크의 무슬림 이웃의 진실한 그리스도인 이웃으로 살아가는 일상을 배웠으면 좋겠다. 짧은 분량의 책이지만, 50년도 더 넘는 무슬림 이웃으로서의 저자의 삶, 고백이 녹아져 있다.

이슬람 선교를 가르치는 이들은 많으나 그렇게 실제 살아내는 이들이 적은 한국 교회의 현실에, 데이비드 W. 셍크에게 고마움과 미안함을 느낀다. 1963년 8월 소말리아에서의 사역을 시작으로, 이 책을 쓰던 2014년 6월 그리고 거의 55년이 지난 지금도 무슬림을 이웃하여 그들의 신실한 그리스도인 이웃으로 살아가고 있는 그의 삶의 진정성이 다가왔다. 이렇게 꾸준하게 진실하게 무슬림 이웃으로 살아갈 수 있을까?

이슬람 세계에도 복음이 확장되기를 소망하는가? 지금 무슬림 이웃의 진실한 기독교인 이웃으로 살아가고 있는가? 무슬림 이웃이 악이고, 위협적인 존재로 느껴지는가? 그렇다면 데이비드 셍크의 조언을 따라 살아보라. 자신 속의 이슬람에 대한 공포감과 무슬림에 대한 혐오가 줄어드는 것을 발견할 것이다. 그리고 내 곁에 나와 대화 나누는 무슬림 이웃이 나의 소망에 관한 이유를 묻고 있음을 알게 될 것이다.

무슬림 이웃이 거부하는 것은 기독교 복음이 아니라 무례한 기독교인이라는 사실도 깨닫게 될 것이다.

추천사

J. 더들리 우드베리 풀러 신학교, 타문화학부 이슬람학 명예교수

오래 전에 셍크와 나는 미국 코네티컷 주의 하트포드에서 열린 무슬림과 그리스도인의 관계에 대한 저녁강의를 들으러 가고 있었다. 강사는 케니스 크렉 Kenneth Cragg으로 우리뿐 아니라 그 분야에서 일하는 모든 사람들이 존경하는 지도자였다. 그런데 우리는 둘 다 그 저녁강의가 열리는 장소를 상대방이 잘 알고 있을 것이라고 지레짐작하고 있었다. 결국 우리는 완전히 길을 잃었고, 그 길을 우리에게 알려줄 수 있는 낯선 사람의 도움을 받아야 했다.

이 책은 무슬림과 그리스도인이 진정한 관계를 맺을 수 있는 열두 개의 길을 알려준다. 저자는 무슬림이 누구인지 지식적으로 잘 아는 사람일뿐 아니라 오랜 시간 그들과 동행했던 사람이다. 이것이 바로 이 책이 지닌 위대함이다. 그는 그 열두 개의 길의 중요성을 보여줄 뿐만 아니라 그것들과 관련된 걸림돌을 그 자신이 어떻게 다루어왔는지도 나눠준다. 그는 기독교회와 이슬람집단 사이의 핵심적인 유사점들과 차이점들을 분명하게 제시함으로써 어느 부분에서 양 진영의 생각이 수렴되고 또 어느 부분에서 서로의 의견이 갈리는지 밝혀준다.

무슬림과 우정을 맺는 몇몇 길들은 의심할 여지가 없다. 상호존중의 태도를 증진시키고, 환대를 실천하며, 왜곡된 진리들은 그냥 받아넘기지 말아야 한다는 것이 그렇다. 하지만 몇몇 다른 길들은 더 큰 도전으로 다가온다. 우리가 진실한 삶을 살아내고, 분명한 정체성을 유지하며, 신뢰를 개발하고, 법으로 전

도가 금지된 지역에서 손님으로 살아가는 상황에서 질문들에 답하는 것이 그렇다. 저자가 제공하는 실례들과 실제 상황들에서 그가 보여준 반응들은 특별히 교훈적이다. 또한 저자와 그가 알아온 이들이 평화의 사람들그들 중 몇몇은 예전에 무슬림 전사로 활동했다!과 동역해 온 모습은 계몽적이기도 하다. 시종일관 그는 평화를 추구하는 길과 그리스도를 소개하는 길을 일치시키고 있다.

수년 전 하트포드에서 저자와 내가 케니스 크렉의 강의가 있는 곳을 물어물어 간신히 찾아왔을 때 우리는 조금 지각을 했었다. 그 때 크렉은 하나님의 능력이 어떻게 하면 가장 잘 증명될 수 있는지를 설명하고 있었다. 그것은 주먹을 불끈 쥐고서 "알라후 아크바르"알라는 가장 위대하시다라고 외치는 것인가? 아니면 못 자국 난 손을 내밀어주는 것인가? 우리의 강의에 조금 지각하신 분들에게는, 이 책에 있는 길들이 우리에게 내밀어진 그 못 자국 난 손으로 우리를 인도해 줄 것이다.

머리말

　무슬림을 만나 인사를 나누어 본 우리의 경험들은 사람마다 천지차이다. 나는 많은 모스크들을 방문하여 무슬림들의 그 예배장소에서 믿음에 관한 대화를 나누어왔다. 물론 많은 독자들은 비 무슬림이 모스크에 출입할 수 없는 지역에 살고 있다. 그럼에도 나는 이 책에서 내가 묘사한 기본 원리들이 무슬림과 관계를 맺고 있는 모든 그리스도인들에게, 그들이 살고 있는 환경이 어떠하든 상관없이, 유용한 통찰을 제공해주길 기대한다.

　나는 북미 출신이지만 탄자니아에서 성장했다. 나의 부모님이 메노나이트 선교회 소속의 탄자니아 개척 선교사였기 때문이다. 나의 이런 배경이 나에게 중대한 영향을 끼쳤다. 내가 만약 무슬림 가족을 둔 나이지리아 기독교인이었거나 인도네시아 자카르타의 혼잡한 도시지역의 기독교 가정에서 자란 기독교인이었다면 나는 매우 다른 내용으로 책을 썼을 것이다. 그리스도인과 무슬림이 우정을 맺는 방법을 논함에 있어서, 나는 내 경험들이 중동의 무슬림 사회 안에 존재하는 고대 기독교회들에 속한 그리스도인의 경험들과 많이 다르다는 사실을 인식하고 있다. 어떻게 하면 우리 그리스도인들이 무슬림들과의 진정한 관계를 개발할 수 있을지를 논의할 때, 모든 기독교 공동체들이 그것에 관한 독특한 은사를 소유하고 있음을 알고 있다.

　이 책에 나오는 바른 관계를 위한 열두 가지 방법들은 무슬림과 그리스도인들 간의 참된 관계를 개발하기 위한 동시대적인 도전들과 실재들을 배우고 나누기 위한 소박한 노력들로서, 북미 사람들과 그 밖의 다른 서양 그리스도인들이 누리고 있는 독특한 영적 유산을 반영하고 있다. 이 책에서 나는 무슬림들 가운데 선한 이웃으로 살아가기로 헌신한 서양 그리스도인들의 경험을 묘사한 것이다. 그것은 예수를 믿는 북미 사람으로서 내가 지난 수년간 무슬림들과 관계를 형성하고 살면서 발견한 이야기들이다.

나는 무슬림들 가운데 살면서 그들을 섬기는데 관심이 있는 모든 이들을 위해 이 글을 쓰고 있다. 나는 무슬림들을 섬기며 살아가기 위해서 서양에 있는 그들의 집을 떠나는 그리스도인들을 종종 만난다. 그런 젊은이들은 나에게 그들이 무슬림 사회와 어떤 식으로 관계를 맺어야 하는지 묻곤 한다. 나는 이 책이 이 세상 어느 곳에서든 무슬림들과의 진정한 관계를 일구길 원하는 그 젊은이들과 같은 모든 이들에게 유용한 조언과 격려를 제공해줄 수 있기를 기대한다. 또한 나는 그들의 이웃 무슬림들에게 다가가라는 하나님의 바람을 느끼고 있는 서양인들을 위해 이 글을 쓰고 있다. 많은 서양인들 주변에 무슬림 이웃이 생기고 있다. 이 책은 무슬림들과 기독교인인 우리 모두가 서로에게 더 좋은 이웃들이 되도록 도와주는 책이다.

이 영적 여정에 동참하려는 이들을 위한 자료들로서, 우리는 "무슬림을 만나는 그리스도인" 시리즈를 구성하는 세 권의 책들을 발간했다. 시리즈로 구성된 세 권의 책들은 각각 한 두 단어로 요약될 수 있다. 내가 바드루 D. 카테렉가 Badru D. Kateregga와 공저한 『어느 무슬림과 그리스도인의 대화』의 핵심은 **대화**다. 『무슬림 나라와 기독교회 여행기』의 핵심 단어들은 **증언**과 **초대**다. 그리고 그와

의 대화를 통해 내가 엮은 아흐메드 알리 하일리의『모가디슈에서의 차 한 잔: 이슬람 세계에서 평화의 대사로 살아온 나의 여정』의 해심단어는 **평화만들기**였다. 이 책들은 각각 적용과 토의를 위한 질문들을 포함하고 있다. 그것들은 13개의 단락이나 장으로 구성되어 있어서 소그룹 나눔을 돕거나 수업 교재로 사용될 수 있도록 했다. 이 책들은 그리스도 중심적인 관점으로 무슬림 운동을 이해하기 원하는 이들에게 각각 독특한 유익을 안겨줄 것이다.

그렇다면 나는 왜 이 시리즈에 속하는 또 하나의 책을 저술한 것인가? 이 책의 핵심 메시지는 그리스도인과 무슬림의 **우정**에 깃든 기쁨과 도전이다. 내가 긴급하게 이 책을 쓴 것은 그 우정에 대한 우리의 헌신이 종종 심각하게 도전받는 시대가 이르렀기 때문이다. 이 책이 앞선 세 권의 내용을 보충해 줄 것이다. 나는 이 책이 활발한 소그룹 토의를 일으키고 그리스도인과 무슬림 관계에 대한 수업의 교재로 사용될 수 있기를 기대한다. 각 장의 마지막에 있는 질문들은 여러 가지 도전들과 기회들을 선명하게 발견하도록 도와줄 것이다.

무슬림과 함께 살아감으로써 나의 인생은 엄청나게 풍요로워졌다. 이 책을 읽는 여러분의 삶에도 한 사람의 그리스도인으로서 이웃 무슬림을 나의 친구로 만나게 되는 동일한 기쁨과 용기 있는 도전이 시작되길 소망한다.

– 데이비드 W. 솅크

감사의 글

지난 수년 간 작은 무리의 아나뱁티스트 신학자들과 선교학자들이 매년 인디에나 북부도시 엘크하트에 있는 어느 친구의 집에 비공식적으로 모여 어떻게 하면 문서사역을 통해 우리가 대표하고 있는 교회 공동체들을 격려할 수 있을지 논의해 왔다. 우리는 늘 성탄절 직전에 모였기 때문에 우리의 그 모임을 "성탄절 신학 동아리"로 불러왔다. 어느 해의 모임 중에 우리를 그곳에 초대해준 분이 나에게 이렇게 도전했다. "무슬림과의 지속적인 관계를 개발하기 위한 도전과 기회를 설명해 줄 책 한 권이 절실합니다." 그러고는 그는 내가 그 책을 써 보는 게 좋겠다고 격려했다. 5분 정도의 그 대화가 나의 마음에 이 책의 씨앗을 심어주었다.

본서를 저술하는 동안 많은 분이 그들의 고견을 들려주셨다. 평화를 위해 일하고 있는 무슬림들과 그리스도인들 양쪽의 이야기들이 기술되었다. 나는 익명을 사용하지 않았다. 하지만 나에게 자신의 이야기를 들려준 대부분의 친구들은 남의 눈에 잘 띄지 않는 겸손한 마음으로 섬기는 것을 선호했다. 그래서 나는 책에서 그들의 실명을 사용하는 것에 신중해야 했다. 이러한 신중함 때문에 나는 이 감사의 글에서 그들의 실명을 언급하지 않기로 결정했다. 하나의 예외가 있다면 그것은 내 아내 그레이스의 주목할 만큼 지속적이고 열정적인 지원이다. 그녀는 본서를 위한 위대한 편집자가 되어주었을 뿐 아니라 지혜와 헌신에서 나온 엄청난 자원들을 제공해 줌으로써 이 책의 완성도를 높여주었다.

또한 나는 교육기관 하나를 언급하고 싶다. 싱가포르에 있는 베다니 국제대학 학생들은 이 책의 기초 자료들을 교재로 사용했던 강좌에서 그들의 소중한 비평을 제공해주었다. 그 강좌는 무슬림들과의 평화로운 관계를 구축하는 수업이었다. 무슬림이 지배적인 나라들에서 온 학생들이 대부분이었기에 그들의 통찰들은 참으로 유익했다.

그리스도인들과 무슬림들 간의 진정한 관계를 세워나가는 이 이야기를 써 가는 나에게 고견을 들려주기 위해 그들의 시간을 너그럽게 투자해 준 많은 친구들에게 감사드린다. 특별히 동부 메노나이트 미션의 **크리스천–무슬림 관계** 팀과 **그리스도**를 고백하는 평화의 일꾼들에 속한 참여자들의 섬김이 뜻깊었다.

역자 서문

예멘의 교육도시 타이즈에서 아랍어를 공부하고 있던 2009년의 어느 날이었다. 그 나라의 북쪽 지역의 한 병원에서 의료봉사 중이던 국제 NGO의 한국인 여성 한 분을 포함한 여섯 명의 기독교인과 세 명의 어린 자녀들이 납치당했고 사흘 후 그 한국인 한 분을 포함한 세 분의 자매들의 훼손된 시신이 광야에 버려졌다. 현지 병원을 통해 30년 넘게 인술을 베풀며 이웃 무슬림들과 평화롭게 지내왔던 그 NGO 직원들이 당한 테러로 인하여 우리 가족을 비롯한 그 나라의 모든 외국인들이 큰 충격을 받았다.

그런데 예멘 사람들의 대다수를 차지하는 선량한 무슬림들도 그 사건 때문에 커다란 수치심에 사로잡혔다. 그날 밤이었다. 우리가 세 들어 살고 있던 현관문을 누가 노크했다. 문을 열어보니, 그 집의 주인 압둘라 아저씨였다. 중풍으로 수년 째 반신불수로 생활하시는 그분이 장성한 두 딸의 부축을 받으며 힘겹게 우리 집 현관 문 앞에 서 계셨다. 짧은 영어로 표현하신 그 분의 첫 마디는 "I'm sorry"였다. 예멘 사람이 저지른 테러로 인해 한국 사람이 희생된 것에 같은 예멘 사람으로서 미안하다는 것이었다. 그 때 그분이 슬픈 표정으로 이렇게 강조하신 말씀을 잊을 수 없다. "그런 짓을 저지른 자는 무슬림이 아닙니다!" 물론 그 납치·살해범들은 무슬림이 분명했다. 다만 압둘라 아저씨가 볼 때 그런 자들은 '무슬림답지 못한 무슬림'이었다.

지난 7년간 예멘의 두 도시에서 무슬림들과 함께 살아오면서 이제는 나도 그날 저녁 압둘라 아저씨가 하신 말씀에 깊이 동감하게 되었다. 지난 7년간 나의 동료들을 납치하고 살해했던 알카에다나 IS 같은 무슬림들의 존재를 부인할 수는 없다. 다만 그 아름다운 예멘에서 내가 만난 무슬림 이웃들이나 지금도 SNS를 통해 연락을 주고받고 있는 무슬림 친구들의 공통점은 다들 너무나 친절하고 인정이 많은 평화의 사람들이라는 사실이다. 그 무슬림 친구들 중 하나는 예멘 내전이 격화되어 내가 그 땅을 떠날 수밖에 없게 되었을 때, 자신이 "형제"라고 부르는 나와 내 가족을 향한 사랑을 표현하기 위해 자기 집의 염소를 잡아 요리해 주었다. 틈만 나면 늘 식탁교제를 나누었던 또 한 명의 무슬림 친구는 내가 예멘의 가장 위험한 도시들 중 하나인 무칼라를 일주일간 방문해야 했을 때 밤낮으로 나의 보디가드가 되어 주었다. 이들은 독실한 무슬림들로서 내가 그들에게 나의 복음적 신앙을 있는 그대로 전하고 나누었음에도 여전히 나를 자신들의 소중한 친구로 사랑하며 존중해주고 있다. 우리들은 서로에게 마치 수십 년 된 고향친구나 친형제 같은 신뢰감을 느낀다.

예멘의 무슬림들과 함께 살아온 지난 7년을 돌아보면 크고 작은 아쉬움들이 참 많다. 본서를 한 장 한 장 번역하면서 하나님의 진리와 하나님의 사랑 중에서 그 어느 것 하나도 양보하지 않는 모습으로 무슬림들의 진실한 친구가 되어 준 저자의 모습에 여러 번 탄복했다. 이 책이 10년만 더 일찍 나왔더라면 나와 내 가족이 더 아름답고 지혜로운 모습으로 예멘 사람들을 섬길 수 있었을 텐데 하는 아쉬움도 많았다. 하지만 이제라도 이 귀한 책을 한국의 그리스도인들과 열방에 흩어진 한국교회의 나그네들에게 허락해주신 주님께 감사드린다. 소말리아와 케냐에서 현장선교사로 사역하고, 미국과 다른 여러 지역에서 그리스도인 이웃으로나 그리스도인 강연자로서 무슬림들과 수많은 대화를 나누면서, 정금같이 다듬어진 저자의 태도와 대화법이 본서를 읽은 모든 독자들에게 큰 도전이 되고 귀한 본이 되어줄 것을 확신한다.

끝으로, 본서를 번역하며 아랍어나 꾸란에 대한 저자의 사소한 몇몇 실수들을 역주를 통해 바로잡았고 본서에 담긴 성경 구절들은 특별한 언급이 없는 한 『개역 개정판』을, 꾸란 구절들은 한국이슬람의 표준 번역서인『성 꾸란 의미의 한국어 번역』을, 사용했음을 밝힌다.

서론: 무슬림들과 함께한 나의 여정

무슬림 사회에 스며든 나의 삶은 소말리아의 모가디슈 공항에서 시작되었다. 이틀 후, 무슬림들과의 첫 우정이 시끄러운 도심의 어느 찻집에서 시작되었다. 1963년 8월에 우리 가족은 프로펠러로 비행하는 DC-3를 타고 아프리카 북동쪽 뿔의 바람 부는 해변을 따라 뻗은 활주로에 착륙했다. 아내 그레이스와 나는 우리의 두 딸인 두 살짜리 케런과 두 달 된 도리스와 함께 그 땅에 도착했다. 입국심사, 통관절차들, 보건서류들 확인, 현금신고 양식들, 소리치는 짐꾼들의 혼란스러운 소음과 지불해야 하는 적절한 수고비에 관한 엄청난 대화들을 주고받으며 이리 저리 비집고 나왔던 그 한 시간 동안 우리는 "알라"를 외치는 음성들을 이백 번은 족히 들었던 것 같다. 우리는 하나님의 압도적인 임재에 대한 의식이 충만한 사회에 들어왔음을 깨달았다.

우리의 의도는 남의 눈에 띄지 않게 모가디슈 공항을 살짝 빠져나오는 것이었다. 우리는 소말리아가 이 세상에서 인구의 100%가 무슬림인 유일한 나라인 것을 잘 알고 있었다. 소말리아에서 살아가는 그리스도인들로서, 아마도 우리는 비록 눈에는 띌지라도 극한의 소수자가 될 처지였다. 하지만, 우리의 여행 가방들을 나르고 있는 친구들의 조롱은 그러한 기대를 다 흩어버렸다.

당신 누구요?

어느 소말리아 사람이 문법에도 안 맞는 영어로 고함치며 소란을 떨었다. "당신이 소말리아 메노나이트 선교회야?" "그렇습니다. 우리는 메노나이트 선교회 소속입니다." 우리의 정체성을 숨길 수 있다거나 숨겨야 한다는 그 어떤 개념도 쓸데없는 것임이 분명해졌다. "그러면 당신은 진짜 와다드하나님의 거룩한 사람이군!" 키 큰 짐꾼들 중 하나가 그렇게 추측하자 십 수 명의 사람들이 이 거룩한 사람과 그의 가족이 어떻게 생겼는지를 보기 위해 우리 쪽으로 고개를 돌렸다. 그렇게 우리는 소말리아에 "조용히" 도착했다! 짐작컨대 그날 저녁이 되기 전에 모가디슈 읍내의 모든 사람들이 소말리아 메노나이트 선교회SMM 팀에 다른 미국인이 합류했다는 말을 들었을 것이다.

그것은 중대한 소식이었다. 1년 전에 그 선교회의 책임자가 그 선교회의 존재를 혐오하던 한 열광적인 이맘이슬람 종교지도자에 의해 살해되었기 때문이다. 그 이맘이 그런 개인적인 테러를 저지른 것은 몇몇의 젊은 소말리아인들이 예수 그리스도에 대한 그들의 충성을 선언하며 기독교 신앙에 헌신했다는 소식을 듣고 흥분했기 때문이다. 몇몇 학생들이 그들의 신앙적인 결단을 표현한 방식이 알려지자 큰 소동이 일어났다. 그 결과, 선교회의 교육 프로그램이 몇 달간 중단되었고, 참 종교인 이슬람만이 소말리아에서 전파될 것을 명하는 새로운 법들이 의회에 의해 승인되었다. 그런데 1년 후인, 1963년에, 우리 젊은 가족이 그 선교회의 교육서비스가 계속되도록 돕기 위해 소말리아에 도착한 것이다. 우리의 도착은 그 선교회가 그렇게 큰 비극에 직면했음에도 그곳에서 퇴각할 계획이 없음을 보여주는 신호였던 것이다.

당신 왜 왔소?

우리 선교회의 놀라운 끈기를 본 소말리아인들 가운데 여러 가지 의혹들이 제기되었다. 일반적인 생각 하나는 우리가 미국정부 같은 몇몇 식민주의 세력의 앞잡이라는 것이었다. 그 질문이 바로 우리가 도착한 후 며칠간 그 찻집에서 연이어 주고받았던 대화의 핵심이었다. 우리가 운영하던 모가디슈 성인 영어 프로그램의 서너 학생들이 우리 학교로부터 몇 블록 떨어진 시끄러운 거리에 자리 잡은 찻집으로 나를 데려갔다. 그들은 벽이 없는 오두막에 앉아 저녁차를 마시는 것이 남자들의 일이라고 익살스럽게 말했다. 찻잔을 주고받으며 다양한 주제의 대화를 나누며 흥청거리는 것이 남자들의 일이라는 것이다. 그럼에도 우리 선교회를 섬기고 있는 몇몇 싱글 여교사들도 그 찻집에서 남학생들과 동석하고 있었다. 북미에서 온 이 여성들은 소말리아에서 살아가는 자신들의 삶의 의미들 중 하나가 남성지배적인 사회가 여성들에게 몰래 주입해놓은 그런 장벽들을 밀어 내는 것이라고 느끼고 있었다.

그곳에 나를 초대한 학생들이 우유를 섞지 않은 향신료차를 주문했는데 설탕이 다섯 스푼이나 듬뿍 들어가 있어 매우 달콤했다. 우리가 차를 홀짝이고 있을 때, 그 학생들이 그들이 가장 궁금했던 질문을 던지면서 나를 압박했다. 그들은 이렇게 물었다. "당신, 소말리아에 왜 왔어요?" 나는 간단하게 설명했다. "하나님이 우리를 불렀습니다. 하나님이 그렇게 정하셨기 때문에 우리 가족이 지금 여기 있는 거지요. 예수님도 도움이 필요한 사람들을 섬기셨습니다. 저는 우리 가족도 그런 사람들을 섬길 수 있기를 기도했습니다. 우리는 여러분과 여러분 나라의 국민들이 우리를 환영해 준 것에 감사하고 있습니다. 소말리아 사람들을 만나 그들의 진면목을 발견하는 배움의 기회를 얻는 것이 저의 특권입니다."

그들은 하나님이 우리를 그곳에 보내셨다는 말에 상당히 놀란 표정이었다.

그들이 설명하기를 소말리아인들은 하나님을 이미 알고 있기 때문에 하나님에 대해서 다시 들을 필요가 없다고 했다. 만약에 하나님에 대해 사람들에게 말하는 것이 우리가 이곳에 온 의도라면, 우리는 전통적인 아프리카 종교들을 따르고 있는 소말리아 남쪽의 사람들에게 가야한다고 했다. 하지만 그들은 SMM이 소말리아 여러 지역에서 제공하고 있는 의료 및 교육 프로그램들에 대해서는 큰 감사를 표했다.

이것이 우리 가정이 이슬람 세계 속에 스며들어온 첫 삼사일이었다. 나는 곧 다시 우리 가족의 이야기로 돌아올 것이다. 다만 지금은, 그렇게 이슬람 세계로 스며들고 모험하는 일들이 지난 수백 년간 놀랍도록 다양한 방식으로 계속되어 왔음을 이야기하고 싶을 뿐이다.

하나님의 다스림 구하기

이 책은 모험에 관한 이야기이지만 솔직히 말해, 모험 그 이상의 것을 담고 있는 책이다. 나는 무슬림과 관계 맺는 그리스도인에 관한 나의 의견을 나누길 원한다. 이 책에는 무슬림들 가운데 살아가는 그리스도인의 실존과 증언에 관하여 무슬림들이 나에게 가르쳐준 내용들도 들어 있다. 이 책은 회고록이 아니다. 그보다는, 무슬림들을 만나고 그들과 인사를 나누었던 내 여정에 관한 이야기들의 모음집이다.

나는 모든 무슬림이 그리스도인 친구를 두고 모든 그리스도인이 무슬림 친구를 두어야 한다는 확신을 가지고서 이 책을 쓰고 있다. 그 목표에 도달하기 위해서 나는 이 책을 통해 무슬림과 그리스도인이 참된 관계를 맺기 위한 열두 개의 길을 제시했다. 전 세계 인구의 절반이 무슬림 아니면 그리스도인이다. 이 두 신앙 공동체는, 유대인들과 함께, 자신들의 신앙이 모든 나라에 복 주시려고 아브라함을 불러내신 하나님께 그 기원을 두고 있다고 믿는다. 이는 곧 이 땅에 평화를 이룩하기 위한 특별한 책임이 이 신앙공동체들에게 있음을 의미한다. 이 책의 전체적인 주제는 우리가 살고 있는 다원적인 세상에서 평화의 사람이 되기 위해 헌신하는 것이다.

반세기 전, 모가디슈의 그 찻집에서부터 지금까지 내가 무슬림들과 논의해온 질문은 이것이다. "하나님의 나라가 이 땅에 임했다는 것이 무슨 말인가?" 신실한 무슬림들과 경건한 그리스도인들은 모두 그들의 삶의 모든 영역에서 하나님의 권위에 복종하고 그분의 뜻을 따르기 원한다. 하나님의 다스림을 이토록 갈망하는 것은 그리스도인들과 무슬림들을 서로에게 이끌어줄 어떤 신앙적이고 사역적인 공통점이 있다는 것을 의미한다. 일례로, 두 공동체 모두 그들의 경전에 고아들을 돌보라고 명령하고 있다.

나는 아나뱁티스트 그리스도인이고 그 중에서도 메노나이트로 알려진 교회의 지체인데, 그 별명은 그 교회의 초기 지도자들 중 하나였던 메노 시몬스에게서 유래했다. 메노나이트 교회들은 세계적인 컨퍼런스를 열어 메노파 교회의 신학을 일곱 가지 헌신으로 고백했다.[1] 그 일곱 가지 헌신들이 이 책을 쓰는 나에게 모두 의미 있지만 그 중에서도 한 헌신이 내가 무슬림들과 관계를 맺는데 있어 특별히 중요하다. "아나뱁티스트 그리스도인들은 삶의 모든 영역을 하나님의 권위에 복종시키는 데에 헌신되었다."[2]

---

1) 메노나이트와 다른 아나뱁티스트의 일곱 가지 고백은 부록 E에 수록되어 있다. 일곱 개의 헌신들이 다 중요하지만 이 책에서 특별히 의미 있는 항목들은 그것이 대중적인 지지를 얻지 못할 때에도 그리스도의 사랑과 그분의 나라를 선포하는 주제들이다.

2) 신실한 무슬림들 역시 삶의 모든 영역을 하나님의 권위 아래로 가져가는 데에 헌신되어 있다. 무슬림들은 이 헌신을 "타우히드"라고 부르는데 그들은 꾸란을 어떻게 하면 "타우히드" 안에서 살 수 있는지를 가르쳐주는 책이라고 믿는다. 따라서 무슬림들과 아나뱁티스트는 "모든 삶이 하나님의 권위 아래 들어가야 한다"는 믿음을 공통적으로 소유한다. 차이점이라면 아나뱁티스트에게 있어서는 예수 그리스도가 그 중심이고, 무슬림들에게는 하나님의 뜻의 성격을 드러내준 꾸란이 그 중심이라는 점이다.

16세기에, 모든 삶을 예수 그리스도의 권위에 복종시키는 것이 무엇을 의미하는지에 대한 아나뱁티스트의 판단은 다른 권위자들과의 심각한 갈등을 촉발시켰다. 왜냐하면 당시의 유럽이 오토만 무슬림 제국과 전쟁 중이었기 때문이다. 아나뱁티스트 지도자들 중 하나였던 미카엘 사틀러Michael Sattler는 예수님은 무슬림을 사랑하시기에 단 한 명의 무슬림도 죽이지 않으실 거라 주장했다. 아나뱁티스트들은 일반적으로 사틀러의 주장에 동의했다. 오토만 투르크에 대항한 전쟁에 참여하기를 거절한 그들은 반역자로 몰렸다. 그 결과 많은 아나뱁티스트들이 무슬림을 대항하여 싸우는 대신 그들을 사랑하기로 헌신한 것 때문에 순교했다.

이 소란스러운 세상에서 그리스도와 그분의 충성스러운 평화의 대사가 되고픈 나에게 그것이 의미하는 바가 무엇인가?3 나는 지금 이 부분을 고통스러운 시간이 이어지고 있는 2014년 6월에 쓰고 있다. 나이지리아의 보코 하람Boko Haram이 300여 명의 여고생들을 납치한 것이다. 미국은 시리아에 있는 "온화한" 무슬림들을 군사적으로 더 지원하기 위한 준비에 착수했다. 알 샤밥Al Shabab은 시장에서 폭발물을 터뜨렸고 케냐에서 예배하던 그리스도인들을 공격했다. 그리스도인 자경단원들이 무슬림들의 본거지인 차드 남부를 쓸어버렸다. 드론이 남예멘의 무슬림 전사들을 폭살시켰다고 보도되었다. 유럽연합 의회가 유럽에 있는 무슬림 이민자 공동체들의 성장에 관하여 우려하면서 우파로 기울고 있다. 보코 하람이 나이지리아의 보노Borno 주에 있는 수백 명의 마을 사람들을 학살하고 있다고 보도되었다. 순례를 마치고 이라크로 돌아가던 시아파 무슬림들이 매복해 있던 파키스탄 순니파 무슬림들에 의해 죽임 당했다. 파키스탄 가라치Karachi에 있는 국제공항 터미널이 무장 세력에 의해 공격받아 왔다. 팔레스타

---

3) 성경: 고린도후서 5:18~21.

인과 이스라엘간의 평화 협상이 결렬되었다. 이라크가 시아파와 순니파 무슬림으로 양분되고 있다. 소말리아 씨족들 간의 평화를 위해 헌신했던 케냐의 몸바사Mombasa의 무슬림 성직자가 몸바사 중심부에 있는 모스크에서 기도하던 중에 살해되었다. 파키스탄이 탈레반 반군에 대한 폭격을 시작했다. 이집트에서는 법원이 무슬림 형제단원들에게 사형을 선고했다.

6월 한 달 동안 일어난 이 비극들은 무슬림들과 그리스도인들 간의 관계가 새롭게 정립되어야 할 시대적인 맥락을 보여준다. 어처구니없는 사실은 이 모든 갈등들에 참여한 이들이 하나같이 자신들은 하나님 편에 서 있다고 믿는다는 것이다. 우리가 미처 인지하지 못한 상황에서도 평화를 구축하는 일이 시급한 것이다!

평화구축 사역과 기도

이런 분쟁의 시대에 올바른 관계를 구축하기 위한 글을 쓰는 것이 주제넘은 일일까? 그렇지 않다. 하나님은 평화를 만드는 일에 헌신한 분이심을 우리가 알기에 이것은 주제넘은 일이 아니다. 하나님이 어떤 계획을 가지고 계시고 그 계획에 우리가 포함되어 있다. 하나님은 예수님을 그분의 평화의 사자로 보내신 것처럼, 예수님도 그분의 모든 제자들을 평화의 사자로 섬기라고 보내신다. 하나님의 거대한 계획은 그분의 평화의 사자들이 소금과 빛으로 온 세상을 섬기는 것이다.[4]

내가 방금 진술했던 지난 6월의 재앙들 가운데 내가 이 책에서 쓰려고 하는 한 가지 사례가 일어났다. 2014년 6월 8일, 성령강림주일에, 프란시스 교황이 팔레스타인 수반인 마흐무드 압바스와 이스라엘의 대통령인 시몬 페레스를 바

---

4) 성경: 요한복음 20:19~22.

티칸 정원으로 초대하여 자신과 함께 평화를 위한 석양 기도들을 올리자고 했다. 그 기도들은 무슬림과 유대인, 그리고 그리스도인의 기도들에서 공통적인 주제들에 집중했는데, 그것은 "창조에 대해 하나님께 감사하기, 하나님의 용서를 간구하기, 하나님이 내려주실 평화를 간청하기"였다. 교황의 대변인은 중동의 평화를 가로막고 있는 극복할 수 없을 것 같은 장애물들에도 불고하고, "기도는 사람의 마음들을 변혁시킬 능력이 있으며 그래서 역사를 변혁시킨다."고 말했다.5 이 세 지도자들은 모두, 믿는 자들이 모든 나라에 복이 될 것을 위임하신 아브라함의 하나님에 대한 신앙을 고백했다. 그들은 평화가 하나님의 뜻임을 믿는다.

평화를 구축하는 일은 예수님이 언급하신 작은 겨자씨와 같다.6 이것은 아주 작은 발걸음들로 시작한다. 예를 들면, 최근에 나의 한 동역자가 주말에 이십 여 명의 무슬림들과 그리스도인들을 위해 배 나들이를 주선해 주었다. 그들은 정말 유쾌한 시간을 보냈다. 나의 그 동료는 평화의 씨앗을 심고 있었다. 온 세상에 심어지고 있는 이러한 종류의 "평화" 씨앗들이 우리에게 소망을 준다. 이것이 참된 관계로 인도하는 여러 길들의 한 예다.

내가 기본적으로 붙들고 있는 확신은 참된 관계로 나아가기 위한 이 모든 길들이 반드시 기도를 통해 그 기초가 닦여야 한다는 점이다. 내가 어제 뉴욕 공항의 입국심사장을 통과해 들어올 때, 그곳의 직원이 이렇게 말했다. "이토록 많은 스탬프가 찍혀있는 낡은 여권을 가지고 계시다니, 비행기를 하나 사서 항공사들에 지급하는 비용을 절약하시는 게 낫겠네요." 내 여권에 있는 수많은 페이

---

5) 인용된 부분은 미국 주재 바티칸 대사인 피에트로 파롤린(Pietro Parolin) 추기경에 의한 것이다. 전문을 보려면 연합 언론사의 2014년 6월 8일자 The Big Story에 실린 니콜 윈필드(Nicole Winfield)의 "교황이 기도정상회의로서 중동평화에 뛰어들다"를 읽어보라. http://bigstory.ap.org/article/pope-kicks-mideast-peace-summit-prayer.

6) 성경: 마태복음 13:31~32.

지들과 비자들을 넘기면서 그는 도대체 무슨 일 때문에 내가 이토록 많이 여행해야 하는지 놀라워했다. 나는 그에게 내가 전 세계 교회들을 위해 일하는 그리스도의 평화의 대사이며 특별히 그리스도인-무슬림 관계를 위해 일하고 있다고 말해주었다. 교회와 무슬림들 모두 세계 전역에 흩어져있기 때문에, 내가 여행을 많이 해야 한다고 설명했다. 그가 감탄하며 이렇게 외쳤다. "축복합니다! 우리의 세상은 더 많은 평화의 일꾼들이 필요합니다. 하지만 이 세상에 엄청난 기도가 필요한 사실도 잊지 마세요!" 나는 그 직원의 판단이 옳다고 믿는다.

대화의 고통과 기쁨

몇 년 전에 미국에 있는 나의 회중이 나와 무슬림 이맘 한 사람을 저녁 간담회에 초대했다. 나의 이맘 동료는 화이트보드에 일부가 겹치는 두 원을 그렸다. 그러고는 무슬림 공동체를 나타내는 하나의 원 중앙에는 "꾸란"이라고 썼고, 교회를 나타내는 다른 원 중앙에는 "그리스도"라고 썼다. 그는 설명하기를 이 서로 다른 두 중심들은 두 원이 결코 완전히 겹쳐질 수 없음을 의미한다고 설명했다. 그것이 대화의 고통이다. 무슬림들은 꾸란이 하나님의 뜻을 보여주는 가장 충만한 계시라고 선언한다. 그리스도인들은 예수님을 – 하나님의 뜻을 알려주실 뿐 아니라 하나님 그분의 본체로서 – 하나님의 충만한 계시라고 고백한다. 그리스도인들은 메시아가 이 땅을 뚫고 들어오신 하나님의 나라요 그분 안에 영원한 구원이 있다고 믿는다. 하지만 무슬림들은 무함마드를 모든 사람들이 열심히 배워야 할 완전한 모델로 바라본다.

그래서 그게 어쨌다는 것인가? 예수가 중심이든 무함마드가 중심이든 그게 정말 큰 문제가 되는 것인가? 최근 프랑크푸르트에서 돌아오는 비행기에서 내 옆에 앉은 독일인은 열정적으로 대답했다. "그것은 문제가 안 됩니다!" 그녀는 무슬림들과 그리스도인들이 믿는 바가 진짜 문제가 된다는 무슬림의 주장에 분개했다. 하지만 싱가포르로 가던 길에 내가 탑승한 택시의 기사는 그녀의 의견에 동의하지 않을 것이다. 우리가 출발하자마자 그가 나에게 물었다. "손님, 예수 그리스도를 믿으시나요? 그분은 구원자이십니다. 그분만이 구원의 길입니다!" 펜실베이니아의 주도 해리스버그에 있는 모스크의 이맘도 그 독일 여성의 말에 동의하지 않을 것이다. 그는 저녁 간담회에서의 긴 대화가 끝나자 나를 껴안고서 눈물을 보이며 간청했다. "당신은 그리스도인으로 머물기에는 너무나 좋은 사람입니다. 당신이 무슬림이 되어주시길 애원합니다."

5장에서 우리는 서로 다른 "핵심 진리들" 속에서 서로를 존중하는 관계를 개발하는 것이 어떤 의미인지를 보다 면밀하게 탐구할 것이다. 일단 지금은 다시 모가디슈의 그 찻집에서의 첫 저녁과 그 이후의 이야기로 돌아가야겠다. 그날 저녁은 그 후로 수없이 이어질 경험들의 시작이었다. 소말리아에서 나눈 무슬림들과의 대화는 그 후로 십년이나 더 이어졌다. 그리스도를 믿는 모임들이 우리 일꾼들이 섬기는 곳마다 세워졌다.7 요한복음에서 밤에 니고데모가 예수께 찾아와 하나님의 나라에 관해 여쭈었던 것을 회상해보라.8 우리가 소말리아에 머무르는 동안 그곳에서 많은 니고데모들을 만났다. 수년간 참으로 즐거웠다.

---

7) 꾸란에서 예수님은 "알마시흐(메시아)"로 언급되었다. 이것은 "그리스도"에 대한 셈어식 표현이다. 셈어의 메시아와 그리스어의 그리스도는 같은 의미를 전달하는데 즉, "기름부음 받은 자"다. 무슬림들이 메시아라는 용어에 가장 친숙하기 때문에 예수를 언급하면서 나는 자연스레 "예수 그리스도"라는 이름을 사용할 것이다. 하지만 나는 무슬림들이 예수를 메시아로 언급할지라도 무슬림 신학은 성경에 계시된 것만큼 메시아의 온전한 의미를 이해하지 못하고 있음을 알고 있다. 나는 또한 꾸란이 예수에 대한 다른 이름들도 사용하고 있음을 알고 있는데, 제29장 안카부트 20절의 "징조", 제3장 알 이므란 45절의 "복음" 제4장 니싸아 171절의 "하나님의 말씀"과 "하나님의 영" 등이 그것이다. 부록 B에 꾸란에 있는 예수님에 대한 몇몇 이름들을 선별해 놓았다. 이슬람교에서 말하는 예수의 이름들에 대한 추가 논의들을 위해 나는 나의 책 『무슬림 나라와 기독교회 여행기: 두 공동체의 선교 탐구』(Harrisonburg, VA: Herald Press, 2003)의 5장과 7장을 권한다. 또한 타리프 칼리디(Tarif Khalidi)가 편역한 *The Muslim Jesus: Sayings and Stories in Islamic Literature*(Cambridge, MA: Harvard University Press, 2001)를 참고하라.

8) 성경: 요한복음 3:1~2.

케냐로 옮겨가다

그 후에 아카시아 나무가 드문드문 솟은 소말리아의 초원에 폭풍우가 천천히 몰려오며 힘을 키워가듯 우리가 사랑하기 위해 찾아왔던 그 나라가 소련의 강력한 통제를 받는 마르크스주의 국가로 변화되었다. 1969년 10월 21일에 번개가 내려치듯 군사 쿠데타가 일어났다. 소말리아는 마르크스-레닌 혁명국이 되었다. 공산정부는 재빨리 그 촉수들을 소말리아의 정치-경제계의 모든 측면에 뻗쳤다. 한 순간 모든 서양인들은 그곳을 떠나야 했다. 우리가 그 현실을 받아들이기 힘들었지만 우리는 무슬림들 가운데 일할 수 있는 새로운 문이 열릴 것을 믿었다. 그 문이 케냐에서 열렸다. 모가디슈에서 일한지 10년 정도 지난 1973년 1월에 우리는 케냐의 나이로비로 이동했다. 케냐는 소말리아의 남동부와 국경을 맞대고 있다. 우리 식구는 여섯 명으로 불어 있었다. 우리는 이스트리Eastleigh로 불리는 도시의 소말리아 무슬림 구역에 정착했다. 처음에 우리는 독서 공간 하나를 마련했다. 그 후 몇 년간 다양한 측면을 지닌 공동체 센터와 프로그램들이 개발되었고 오늘날 그 센터는 한 주에 천 명 가량을 상대하는 기관으로 성장했다. 그 센터가 제공하는 서비스에는 상당한 규모의 도서관과 여성들을 위한 다양한 종류의 특별 수업들, 연습 시설들을 제공하는 스포츠 프로그램이 포함되어 있다. 그곳의 농구팀도 유명한데, 이름이 메노 기사단이다. 그 센터는 아프리카의 뿔 각 지역을 가로지르는 사람들을 위한 교차로의 기능을 수행했다. 신자들의 모임도 생겨났다. 다양한 전통을 지닌 여러 회중들이 센터에서 모였다. 우리 팀이 마련한 성경공부는 지금도 매년 수백 명의 학생들에게 영향을 미치고 있다.

케냐에서 사역하면서 누린 또 하나의 놀라운 일은 케냐타 대학Kenyatta University College에서 나를 세계 종교들을 가르치는 종교학부 강사로 초빙해 준 일이었다.

우리는 그곳에서 케냐인 고등학교들에서 진행되는 종교학 수업을 맡을 교사들을 양성했다. 놀랍게도 나는 우간다 출신 무슬림이자 나와 함께 그 종교학부에서 가르쳤던 바드루 카테렉가Badru Kateregga 교수와 친구요 동료가 되었다. 우리의 우정의 산물로서 『어느 무슬림과 그리스도인의 대화』를 함께 펴냈는데 그 책에서 그는 자신의 신앙을 고백하고 내가 반응했으며, 내가 나의 믿음을 나눈 후에는 그가 반응을 덧붙였다. 24장으로 구성된 이 간단한 책은 12개 언어로 번역되었으며, 여전히 상호간의 신앙이해를 증진시키기 위한 유용한 자료로 사용되고 있다.

수피 무슬림과의 관계 개발

이스트리 센터Eastleigh Fellowship Center는 수피 모스크9 건너편에 위치하고 있다. 우리는 무슬림 공동체로 들어가는 문이요 영적인 열망을 드러내는 문인 수피들과 관계 맺기 시작했다. 수피들은 하나님께로 흡수되는 길을 탐구하는 무슬림 구도자들이다. 일반적으로 그들은 평화의 무리로 알려져 있다. 무슬림 운동들 안에는 하나님께로 흡수되고픈 수피들에게 소망을 주는 네 흐름이 있다. 첫째는 어느 날 밤 무함마드가 메카에서 예루살렘을 지나 하나님의 존전으로 올라갔다는 신비로운 여행 이야기인 "미으라즈"다.10 여기서 무함마드는 하나님께로 흡수되기 위한 길잡이요 선도적인 구도자로 여겨진다. 둘째는 아브라함이 하나님의 친구반려자였다는 꾸란의 주장이다.11 셋째는 경건한 옛 성인들이 현재의 구

---

9) 수피 무슬림에 대해 내가 쓴 글로는 John Azumah와 Lamin Sanneh가 편찬한 *The African Christian and Islam*(Cumbria, UK: Langham, 2013)에 실린 "아프리카 기독교인과 이슬람 신비주의: 민속 이슬람"이 있다.

10) 꾸란: 제53장 나즘(별) 13~18절.

11) 꾸란: 제4장 니싸아(여성) 125절.

도자들이 하나님께 흡수될 수 있도록 돕는 중재자로 하나님에 의해 임명받았을 것이라는 소망이다.[12] 넷째는 하나님의 이름을 부르고 또 부르고 반복해서 부르는 신비한 경험이다. 각 개인들이 신성 안으로 흡수되는 길을 제공하는 그 수피 공동체들은 소란스러운 소말리아계 혈족 관계들 속에서 공동체간의 평화를 지켜주는 섬들처럼 인식되고 있었다.

한 가지 비극적인 사실은 북동부 아프리카 대부분의 수피 운동이 그 지역에 편만한 마약문화에 강탈당했다는 점이다. 이스트리 지역도 예외가 아니었다. 목요일 밤 집회 때마다 까트정신을 몽롱하게 해주는 식물를 씹으며 알라의 이름을 읊조리는 것을 하나님께 흡수되는 올바른 증거로 여겨졌다. 이런 행위들은 사람들을 무감각하게 만들어 결국에는 치매에 걸리게 한다. 슬프게도, 아프리카 북동부의 수많은 사람들이 그처럼 불완전한 모습으로 영성을 추구함으로써 그 지역의 경제와 교육이 제대로 발전하지 못하고 있었다. 물론 그곳에는 이슬람의 영성을 꾸란의 가르침에 부합하는 모습으로 추구할 뿐 아니라 영성을 증진시키려는 목적으로 까트를 사용하는 것을 비난하는 울라마무슬림 종교학자들도 있었다.

우리는 그 수피들에게 메시아와 성령의 사역이 하나님을 경험하고자 하는 수피들의 열망을 성취했다는 메시지를 전했다. 하지만 차이점이 있다! 수피는 우주 안으로 흡수됨으로써 자아의 소멸을 추구한다. 그러나 메시아를 통해서는 개인이 소멸되거나 신성에 흡수되지 않는다. 오히려 메시아는 우리 신자들을 하나님과 또 서로와 살아있고 행복하며 생명을 주는 관계 속으로 들어오도록 초대하신다. 나는 여러 차례 그들의 기도센터에서 수피들을 만났고 그들의 성인들 중의 하나의 무덤 순례에 동행했다. 수피들과 만난 후에 예수님과 성령에 바탕을 둔 의미 있는 영적 대화들의 물꼬가 트였다. 수피 공동체들은 무슬림들이 인

---

12) 꾸란: 제10장 유누스(요나) 3~5절.

정하는 평화의 사람들이었다.

다른 기독교 공동체들과의 연합으로 이스트리 센터의 자매기관이 케냐 북동부 무슬림 지역인 가리사 읍내에 설립되었다. 그 센터는 수피들의 지역봉사를 본떠서 설립되었다. 하나는 가리사에, 또 하나는 이스트리에, 있는 두 기독교 센터는 수피로 둘러싸인 환경 속에서 그리스도인 신앙공동체로서 상황화 되었다. 그러자 무슬림들은 가리사와 이스트리의 기독교 공동체들이 경건과 기도와 봉사와 평화 실천을 추구하는 무리들인 사실에 감사를 표했다.

우리는 가리사에 있는 센터에서 촉발된 기도사역에 관하여 솔직하게 나누고 싶다. 그 사역은 비전의 사람이었던 어느 캐나다 자매로부터 시작되었다. 소말리아 사람들을 위한 그녀의 이 기도사역에 작은 규모의 팀이 동참했다. 갈등과 혼란이 계속되었을 때에도 그들은 치유의 은혜를 위한 그 기도사역에 전념했다. 그들은 물러서지 않았고 때로는 생명의 위협도 받았다. 순교자들도 나왔다. 기적들이 일어났다. 상처 입은 난민여성에게 그녀의 은혜로운 치유자인 예수님이 나타나시기도 했다. 그 기도 팀은 끊기 있는 기도사역을 이십 년 넘게 지속했다.

그리스도인-무슬림 관계들을 위한 세계적인 초점

우리가 케냐에 도착한지 6년이 지났을 때, 우리가 감당해 오던 많은 사역들을 현지인 형제자매들에게 이양해 주고서 그 필드를 떠나야 할 시간이 다가온 것이 분명해졌다. 우리는 미국으로 돌아왔고 펜실베이니아 랭커스터 카운티에 있는 모교회로 귀임했다. 수년간 나는 EMM의 지역 대표로 일한 후에 세계선교 프로그램을 이끌었다. 또한 그런 공식 임무를 수행하면서도 무슬림들 가운데 신실하게 머물며 진리를 증언하는 일을 나의 최우선 과제로 삼았다.

1998년에 EMM의 행정책임을 내려놓은 이후, 그레이스와 나는 그리스도께 온전히 헌신한 방식으로 평화를 구축하고 증언하면서 무슬림들과 관계를 맺는 사역에 동참했다. 한 팀이 우리와 함께 일했다. 우리는 그리스도를 고백하는 평화의 일꾼들인 그리스도인—무슬림 관계 팀으로 불렸다. 팀의 최우선 과제는 우리 지역의 무슬림 지도자들과의 관계를 개발하는 일이었다. 우리는 또한 글도 썼고 책을 출판했다. 나의 책들은 열두 개 이상의 언어로 번역되었다. 우리는 북미권에서 일했지만 또한 국제적으로도 사역했다. 최근에는 동유럽과 남동 아시아권으로 여행하면서 우리 팀원들이 평화구축에 대한 열두 회 이상의 세미나들과 간담회들을 열었다. 그 집회들의 절반 정도가 무슬림들의 후원으로 개최되었다. 우리 팀의 최우선 과제는 평화를 증진시키면서 무슬림 공동체들과 연결될 수 있도록 교회들을 무장시키는 일이다.

그 옛날 모가디슈 찻집에서의 첫 번째 대화 이후로 수없이 반복되어 온 수많은 대화들은 내게 무슬림들과의 다양한 대화를 경험하게 해준 학교가 되어 결국 나를 세계 전역으로 이끌어주고 있다. 하지만 나에게 가장 뜻 깊은 것은 모가디슈에서의 그 대화가 내가 살고 있는 이곳 펜실베이니아 랭커스터의 이웃들을 포함하여 나의 조국인 미국에서 무슬림들과 수없이 많은 대화를 나눌 수 있도록 나를 무장시켜 준 것이다.

무슬림들 가운데서 평화를 세워나가기 위한 우리의 헌신을 묘사한 이 책에는 나의 인생 여정 가운데 경험한 여러 이야기들이 규칙적으로 언급되어 있다. 독자들이 이 보고서에 격려를 받아 그리스도인—무슬림 관계들에 관한 여러분의 도전적인 간증들을 만들어나갈 수 있기를 기대한다. 예수님께서 사셨고 섬기셨던 그 다원주의 세상에서 주님이 본을 보여주셨던 그 관계들처럼 이 책에 묘사된 관계를 세워나가는 원리들이 주 예수님의 모습으로 무슬림들과 관계를 맺도록 우리를 도울 수 있으리라 믿는다.

토의를 위한 질문들

1. 여러분과 다른 신앙을 가지고 있는 사람과 여러분이 어떤 관계를 맺고 있는지 나누어 주십시오. 당신의 그 관계에서 놀라운 점들이 있다면 무엇입니까?

2. 여러분이 무슬림 나라들 중 한 곳에서 직장생활을 시작하게 되었다고 가정해 보십시오. 그 모험이 가져다줄 몇몇 특별한 도전들이 무엇일까요?

3. 신실한 무슬림들과 신실한 그리스도인들은 삶의 모든 영역을 하나님의 다스림에 굴복시키길 원합니다. 무슬림과 그리스도인이 그들의 헌신 안에서 동역할 수 있는 몇몇 영역들이 무엇일까요? 그런 동역이 성공할 것 같지 않은 몇몇 다른 영역들은 무엇일까요?

4. 무슬림과 그리스도인 공동체들을 형성하는 서로 다른 중심들은 무엇입니까? 서로 다른 그 중심들이 무슬림과 그리스도인 공동체들의 삶과 사역에 만들어 놓을 차이점은 무엇일까요?

1장: **진실하게 살아라**

―

"모스크의 이맘이 당신을 대적하는 설교를 하고 있으니 조심하세요." 내 친구 파라가 충고해 주었다. 소말리아에 도착한지 몇 달 지났을 때였다. 나는 이렇게 대꾸했다. "그가 만약 몇 가지 이유로 저를 대적하고 있다면, 제가 그를 꼭 만나봐야겠네요. 그 이맘의 이름을 좀 가르쳐주세요. 제가 지금 모스크에 가서 그를 좀 만나볼게요. 저는 숨길 것이 하나도 없거든요. 그와 꼭 만날 수 있게 도와주세요." 파라는 그 이맘을 우리 집에 데려오겠다고 약속했다.

며칠 후 그 이맘이 자신의 몇몇 제자들과 함께 우리 집을 방문했고 그레이스와 나는 그들에게 특별한 차와 대추야자 쿠키들을 대접했다. 그 이맘이 입을 열었다. "당신이 죽으면 천국에 갈 것을 바란다는 소문이 마을에 돌더군요. 그게 만약 사실이라면, 어떻게 하면 천국에 갈 수 있는지 내가 당신에게 말해주고 싶소!" 나는 깜짝 놀랐다! 한 때 나를 대적하는 설교를 했다는 이맘으로부터 그런 말을 들을 줄은 기대하지 못했던 것이다. 안도의 한숨을 내쉬며 내가 힘 있게 반응했다. "그 말은 정말 사실입니다! 천국에 갈 수 있는 길을 저에게 알려주려고 찾아오셨다니 정말 감사합니다." 그 이맘은 이렇게 실토했다. "내가 생각하기론 그리스도인들은 천국보다는 지옥 가기를 더 좋아하는 것 같소. 천국에 가는 길은 이슬람의 다섯 가지 기둥들에 복종하는 것이요. '알라 외에는 신이 없으며 무함마드는 알라의 사도다'는 신앙을 고백하고, 라마단 달에 금식하며, 가난한 이들에게 자선을 베풀고, 하루에 다섯 번 기도하며, 가능하면 메카로 순례를 가는 것이지요."

내가 대답했다. "기본적으로 저는 그 다섯 가지 의무들을 행하고 있습니다. 그리고 제가 약한 부분은 더 보완해 가겠습니다. 그리고 제가 준비가 되는대로 메카에도 한 번 가보면 좋겠습니다." 그가 외쳤다. "하나님을 찬양하라! 당신은 이미 무슬림이 되었군요! 제발 비밀 신자로 남아 있으시오. 당신의 아내에게도 말하지 말고 말이요. 그래야 선교회가 당신에게 월급을 계속 지급할 것 아니겠소. 그리고 당신은 틀림없이 천국에 들어가게 될 것이요." 나는 이어서 이렇게 간청했다. "저는 저의 운명을 알고 싶습니다. 제발 천국에 이르는 참된 길을 제게 알려 주십시오." 그가 대답했다. "각 사람에게는 그의 선행과 악행을 달아보는 저울이 있지요. 이 다섯 가지 의무를 행하면 그 저울의 선행 부분에 쌓이게 되고 우리의 악행들은 저울의 반대편에 쌓이게 됩니다. 그 저울에 쌓인 자신의 선행들과 악행들 중에 어느 쪽이 더 무거운지는 아무도 모릅니다. 그것은 나도 모르지요. 하지만, 이슬람이 천국에 이를 수 있는 최고의 길인 것을 우리가 압니다."

그 이맘의 진실한 모습이 인상 깊었다. 나는 자신의 영원한 운명에 관한 견고한 확신이 없다는 그의 고백을 출발점으로 삼았다. 내가 물었다. "제가 당신에게 메시아 예수께서 그것에 관하여 무엇이라고 말씀했는지 나누어도 되겠습니까? 그분은 '내가 길이요, 진리요, 생명이다'고 말씀하셨습니다. 그분은 자신이 바로 그 길이라고 약속했습니다. 그렇다면 제가 어느 길을 택해야겠습니까? 예수입니까? 아니면 다른 길입니까?" 그 이맘은 놀라면서 이렇게 말했다. "만약 예수가 정말 자신이 그 길이라고 약속했다면 당신은 계속 그리스도인으로 남아 있어야 하오!"

그 대화가 있은 후 어느 날 내 친구 파라가 나에게 알려주었다. 어떤 사람이 나를 비난하는 말을 그 이맘이 듣게 되었을 때 그가 이렇게 대꾸했다는 것이다. "나는 데이비드와 그의 아내의 초대를 받아 그들의 집에서 차를 마셨소. 그 때 우리는 하나님의 깊은 것들을 이야기했고요. 나는 그 친구가 천국에 들어갈 것을 확신합니다." 그 이맘과의 대화는 기독교 포교가 금지되어 있는 지역에서 발생한 일이었다. 하지만 문제가 되는 이슈들을 숨기지 않고 있는 그대로 진실하게 나누는 헌신적인 태도가 참된 관계를 열어주는 놀라운 문이었던 것이다.

소말리아인들은 SMM이 임명한 일꾼들을 진실한 사람으로 묘사하곤 했다. 고린도 사람들도 사도바울을 그렇게 생각했던 게 분명하다. 그는 하나님의 사람들이 "예"와 "아니오"를 함께 말하지 않는다고 썼다. 변덕이 들어설 곳이 없다. 하나님의 모든 약속들에서 그리스도는 항상 "예"가 되신다! 동일한 정신에서 바울은 고린도교회를 향한 자신의 약속들을 지키려고 노력했다.[13]

우리가 생강-향신료 맛 홍차를 홀짝이고 있었을 때 나를 면밀히 조사했던 그 길거리 찻집의 친구들을 회상해보라. 속 빈 대답들로는 그들의 질문을 돌파할 수 없었을 것이다. 꾸란은 이중성을 경계한다. 무슬림들과 맺는 그리스도인의 우정은 진짜 동기를 그 밑에 감추고 있는 껍데기에 불과하다고 경계한다.[14] 그 저녁 카페에서의 질문들은 적개심에서 나온 것이 아니었다. 그것들은 솔직한 질문들이었다. 나와 동행했던 그 친구들은 단지 소말리아인들을 기독교 신앙으로 개종시키는 동기들은 환영받지 못할 것을 나에게 분명히 말해주기 원했다. 그

---

13) 성경: 고린도후서 1:17~21.
14) 꾸란: 제58장 무자달라(변론) 14~19절.

래서 나는 "나는 여기에 하나님의 지시에 의해, 혹은 부르심에 의해, 왔습니다."
라고 대답했던 것이다. 그런 대답은 무슬림들의 흥미를 이끌어낸다. 무슬림 신
앙에는 하나님이 모든 사건들을 명령하신다는 신학이 강력하게 흐르고 있기 때
문이다. 따라서 하나님의 지시를 따라 소말리아에 왔다는 나의 태도는 그들에
게 매우 놀라우면서도 또한 충분히 이해할만한 행동이었던 것이다.

참된 증언

그럼에도 불고하고, 나와 함께 차를 마셨던 그 친구들은 염려가 되었다. 하
나님이 정해놓으신 의도를 믿고 따랐다는 것은 내가 소말리아인들을 기독교 신
앙으로 개종시키러 왔다는 것을 의미하는가? 만약 그렇다면, 어떻게 서로 알기
만 하는 그 관계를 우정으로 성숙시킬 수 있을까? 다르 알 이슬람무슬림이 지배하는
지역의 전체적인 구조는, 본질적으로, 무슬림 공동체의 온전함을 지켜내는 것이
다.[15] 그것은 그 어떤 차원에서든 이슬람 공동체를 떠나는 무슬림들을 보호하는
개념도 포함한다.

무슬림들은 이슬람을 전 세계에 선포해야 한다는 의무감을 가지고 살아간
다. 세계 전역에서 울려 퍼지는 무슬림들의 기도시간이 되면 사람들을 초대하는
이슬람의 메시지가 무슬림 기도인도자들에 의해 선포된다. 그 초대메시지를 요
약하면 다음과 같다. "하나님이 가장 위대하시다. 알라 외에는 신이 없으며 무
함마드는 알라의 사도다. 그러니 와서 복된 삶을 경험하라. 와서 예배하라." 어

---

15) 다르 알 이슬람은 "이슬람의 집"을 의미한다. 같은 의미로 사용되는 움마는 문자적으로 "어머니"를
뜻한다. 무슬림 공동체는 움마로 알려져 있다. 움마가 형성된 지 4세기 후에 다르 알 이슬람이
이슬람의 정치적, 지역적 통치를 의미하는 개념으로 널리 통용되었다. 비록 다르 알 이슬람이
히즈라(무함마드가 그의 추종자들과 함께 메카에서 메디나로 옮겨간 622년) 4세기 이후로
광범위하게 사용되었음에도, 다르 알 이슬람의 개념은 무슬림 운동의 시작부터 현저했다. 이
책에서 나는 무슬림 공동체의 발달을 언급할 때 다르 알 이슬람과 움마를 함께 사용할 것이다. 다르
알 이슬람은무슬림 운동의 정치적, 영토적, 측면에 대한 강조점을 둔 용어다.

느 무슬림 친구는 그 기도메시지를 온 인류를 향한 증언이요 초대라고 알려주었다.

　무슬림들과 어울리면서 내가 발견한 한 가지 사실이 있다. 무슬림들은 우리 그리스도인들 역시 전 세계에 진리를 증언하도록 부름 받았다고 믿고 있음을 인정하기 힘들어한다. 나는 무슬림들과 수십 번도 넘게 이 문제로 대화해 왔고 종종 모스크 안에서도 대화했다. 우리 그리스도인들에게는 진리를 증언해야 하는 부르심이 있으며 그 복음의 초대에 응할지 응하지 않을지는 그 초대를 받은 사람들이 자유롭게 선택할 수 있어야 한다는 사실은 무슬림들과 대화할 때 그들이 가장 받아들이기 힘들어 하는 도전적인 이슈들 중 하나다.

　이슬람 공동체는 이슬람이 우리가 반드시 믿고 행해야 할 것에 관한 하나님의 영원한 가르침이라고 믿는다. 그 영원한 가르침은 변할 수 없다. 그것은 곧 이슬람이 인류를 위한 처음이요 중심이며 마지막 종교임을 뜻한다. 그러니 어느 누가 감히 그 최종적인 종교를 떠날 마음을 먹을 수 있겠는가? 무슬림의 세계관에서는 무슬림이었던 사람이 다른 길을 선택할 수 있다는 생각이 들어서기 힘들다. 우리가 소말리아에 도착하고서 거주했던 지역 관리도 개종을 통해 이슬람을 떠나게 만드는 것에 대한 경계심을 품고 있었다. 나에게 허락된 임무는 성장하고 있는 기숙중학교를 잘 세워나가는 것뿐이었다. 기독교를 전파하는 것은 불법이었다. 우리는 학생들을 성경연구반에 초대할 수 없었다. 만약 누구든지 성경공부를 하고 싶다면 우리는 그 학생에게 그 성경공부가 그들의 요구에 의한 것이라는 문서에 서명해 줄 것을 요청해야 했다. 그래야 경찰이 그 성경공부들에 대해 우리를 조사하게 될 때 그 문서를 제출할 수 있을 테니 말이다.

권위자들에 대한 우리의 책무

내가 20대 중반이었을 때다. 나는 우리 앞에 놓인 영적인 도전들과 기회들을 마음껏 즐기고 있었다. 어느 날 그 지역 관리가 나를 자신의 사무실에 출석하라고 명했을 때에야 현실을 직시했다. 거대한 사무실 안이 사람들로 가득 차 있었다. 그들이 보는 앞에서 그 관리가 나를 몰아붙였다. "당신이 책임지고 있는 학생들 중에 몇몇이 그리스도인이 되었다는 신고가 들어왔소. 그것은 불법이요. 내가 철저한 조사를 명했으니, 단언컨대 그 불법을 당장 멈추시오!" 나는 그 때 사람들로부터 "알라후 아크바르!"하나님이 가장 위대하시다!라는 외침이 연이어 터져 나올 것을 염려했다. 나는 침묵으로 기도했다. "성령님, 예수님은 우리가 이런 상황에 처하게 될 때 무슨 말을 해야 할지 당신이 가르쳐 주실 것이라고 약속하셨습니다. 그러니 제발 서두르십시오! 지금 한가하게 계실 때가 아닙니다."

나는 그 관리에서 한 명의 증인을 제외하고는 이 모든 사람들을 사무실에서 나가게 해달라고 요청했다. 바른 판단력을 가진 그 관리가 내 말에 동의해 주었다. 단지 경찰서장만이 자리를 지켰다. 그 후 내가 답변했다. "나는 그 학생들이 메시아를 믿는 신자들이 되었는지에 대해서는 언급하지 않겠습니다. 하나님만이 사람의 마음을 아시기 때문입니다. 그러니 일어난 일에 대한 당신의 조사를 실행하시고 당신 스스로 판단해 보십시오. 메노나이트 선교회의 교사들로서, 우리는 당신 나라의 손님으로 이 학교를 섬기고 있습니다. 우리는 소말리아 사람들과 함께 일하며 당신들을 섬기는 특권을 누리고 있음에 늘 감사하고 있습니다. 우리가 손님들인 이상 우리는 늘 이 나라의 법을 따르기 위해 노력하고 있습니다." 나는 말을 계속했다. "하지만, 제게는 한 가지 문제가 있습니다. 당신의 조언을 부탁합니다. 제가 수년 전에 처음으로 예수님을 믿었을 때, 하나님의 영이 제 마음을 기쁨과 사랑으로 가득 채웠습니다. 저는 하나님으로부터 온 이 선물을 부인할 수 없습니다. 때때로 학생이 찾아와서는 '나는 당신 안에 있는 기쁨과 사랑의 선물을 봅니다. 나는 그 선물이 당신 안에 있는 기독교 신앙에서 왔다고 믿습니다. 제발 나에게 당신의 그 믿음을 설명해 주셔서 나도 신자가 되도록 도와주십시오.'라고 말합니다. 이럴 때 제가 과연 어떻게 반응해야 합니까? 학생들이 제게 와서 성경공부를 요청하면 어떻게 반응해야 합니까? 만약 당신이 믿기를 원한다면 저나 혹은 정부가 그런 당신을 막을 수 있겠습니까? 다른 것을 다 떠나서, 당신이 자유인이 아니란 말입니까? 제가 이런 학생들에게 도대체 어떤 반응을 보여야 하는 것입니까?"

그 관리는 내 말을 끊으며 이렇게 말했다. "당신이 옳소. 나는 자유인이요. 그 누구도 나를 위해 나의 믿음을 대신 결정해줄 수 없소. 그 학생들에 대해서는 당신이 하던 대로 계속 하시오. 당신은 잘 하고 있소. 앞으로 더 이상의 조사는 없을 것이오." 그 사건은 신뢰를 쌓는 자산이었다. 진실함이라는 기초 위에 신뢰가 구축되었다. 또 한 경우에 나는 고위급 교육 관리와 함께 있었는데 내가 믿기로 그는 교육부 장관이었다. 그 때 나는 선교회의 대표였다. 나는 그에게 우리가 모든 방면에서 개방성과 진실함에 헌신되어 있다고 설명했다. 그리고는 이렇게 말을 이었다. "우리 SMM은 이 땅의 법을 준수하는 태도로 섬기길 원합니다. 기독교 신앙으로의 개종을 금지하고 있는 법으로 인해 그 태도는 우리에게 특별한 도전이 되고 있습니다. 그래서 우리가 그 법의 테두리 안에서 어떻게 활동하고 있는지 말씀드리고 싶습니다." 그러자 그가 이렇게 답했다. "아니오, 당신들이 어떻게 하고 있는지 말하지 마시오. 우리가 다 알고 있소. 당신들이 하던 대로 계속 하시오. 만약 당신들이 실수하게 되면 그때는 알려드리겠소. 하지만 실수하지는 마시오."

우리국민이 그리스도인이 되기를 바란다면 집으로 돌아가시오

무슬림 사회에서 진실하게 살아가기 위해서 가장 중요한 과제는 그리스도인이 그곳에 와서 섬기는 진짜 동기는 전도일 것이라는 그들의 지배적인 의심을 정면으로 다루는 것이다. 그것이 바로 소말리아에서 사역을 시작했던 내가 그 길거리의 찻집에서 받았던 첫 질문이었음을 회상해 보라. 그것은 또한 그리스도인이 된 학생들에 대한 문제로 우리 학교를 조사하기 시작했던 그 관리가 염려했던 부분이었다. 어떤 사람들은 그리스도인이 와 있는 것은 봉사만을 위해서가 아니라 전도를 위해서라는 이런 의심을 입으로는 드러내지 않고 마음속으로만 품고 있다. 그것이 소말리아 사람들이 우리를 향해서 가지고 있던 염려였다.

필리핀에서도 기독교 증언에 관한 그런 염려를 직면해 보았다. 동료들과 내가 필리핀 남부의 민다나오 섬을 방문했을 때였다. 중앙정부와 무슬림 분리주의 그룹들이 간헐적인 전투를 벌이고 있었던 그곳에 메노나이트 기관들 중 하나가 파견한 캐나다인 평화특사가 머물고 있었다. 마을 방문을 마친 우리는 그 평화 특사의 사역에 감사하는 그 지역 술탄의 집에서 근사한 저녁을 대접받았다. 저녁식사가 진행되는 동안 그 술탄의 여러 아들들이 예민한 헛기침들을 하면서 동일한 질문을 꺼냈다. "당신들이 우리 마을에 들어와 있는 진짜 이유가 무엇입니까?" 그들의 자상한 아버지인 술탄은 그 질문을 계속 밀고 나갔다. "나는 대대로 이어져 내려오는 술탄들의 자손입니다. 술탄들이 대대로 지켜온 임무는 사람들이 무슬림 공동체를 떠나 기독교인이 되지 못하도록 이 읍내를 무슬림지역으로 보존하는 것이었소. 우리는 여러분의 특사의 활동에 감사드리지만 만에 하나라도 당신들이 이 마을 사람들을 그리스도인으로 개종시키길 바란다면 그것은 종교적인 제국주의이니 나는 결코 그것을 용납할 수 없소. 그런 경우라면 당신들은 당신들의 집으로 돌아가야 하오!"

물론, 그 술탄에게, 기독교는 예수를 믿는 것 이상을 의미했다. 그는 자신이 이슬람을 바라보는 포괄적인 지정학적 체계로서 기독교를 이해했다. 민다나오에서는 서로 다른 두 체계들이 수십 년간 갈등하고 있었다. 그가 볼 때에는 기독교에 가입한 사람은 곧 그들의 적인 제국주의적 체계에 가입한 것이었다. 그것이 바로 내가 무슬림들과 대화할 때 나 자신을 "기독교인"이라고 규정하기를 꺼리는 이유다. 나는 나 자신을 "메시아 예수를 믿는 신자"로 정의한다. 우리는 그 신사적이고 경건한 술탄의 집중 포화를 맞고서 다소 흔들렸다. 그는 우리의 섬김이 개종의 도구가 될까봐 두려워했다. 아마 나의 몇몇 그리스도인 동료들은 그런 염려들을 접하고서 이렇게 반응할 것이다. "오, 이런, 아닙니다! 우리는 당신의 마을에서 그리스도인이 될 사람이 나오는 것을 결코 기대하지 않을 것입니다. 우리는 단지 여기에 봉사자로만 왔습니다. 우리는 그런 개종자를 만들어내어 무슬림들을 실망시키고 싶지 않습니다." 그런 식으로 대답한다면 어느 날 만약 어느 무슬림이 기독교인이 되겠다고 결심해버리면 어쩔 것인가? 신뢰가 무너진 것으로 인한 엄청난 후폭풍이 몰아칠 것이다. 봉사자들의 진실성이 의심받을 것이다.

내가 가장 연장자였기 때문에 사람들이 다 나를 쳐다보고 있었고 내가 그 술탄에게 대답해야 했다. 나는 침묵 가운데 기도했다. "주님, 이 대화를 이끌어 주십시오." 나는 이렇게 입을 열었다. "당신의 염려를 우리에게 솔직하게 표현해 주셔서 감사합니다. 저는 네 가지로 답변 드리고 싶습니다. 첫째로, 우리 모두는 그리스도인들이나 무슬림들 모두 개종을 시도해서는 안 된다는 데에 동의합니다. 돈이나 그 밖의 다른 유인책을 써서 사람들로 하여금 그들의 종교를 바꾸도록 해서는 안 된다는 말입니다. 우리는 세계 어느 곳에서든 그런 행위들을 혐오하고 정죄합니다. 우리는 꾸란의 다음과 같은 주장에 동의합니다. '종교에는 강요가 없나니'16 성경도 강요 없이 선택할 인간의 자유를 이렇게 선언합니다. '원하는 자는 값없이 생명수를 받으라'17 둘째로, 무슬림들은 종종 나에게 무슬림이 되라고 초청합니다. 그들이 이렇게 말하는 것은 그들이 나에게 감사하기 때문이고, 이슬람이 나에게 엄청난 복이 될 것이라고 그들이 믿기 때문입니다. 같은 이유로 그리스도인들 역시 다른 사람들이 복음을 믿게 되기를 갈망하는 것이지요. 셋째로, 우리 모두는 우리 중 그 누구도 사람을 개종시킬 수 없음을 잘 알고 있습니다. 개종은 사람과 하나님 사이에서 결정할 문제입니다. 넷째로, 우리는 여기에 당신의 초대를 받아 와 있습니다. 언제든 당신이 우리가 떠나야 할 때라고 느끼시면, 우리는 평화롭게 떠날 것입니다. 우리의 특사는 원수까지도 사랑하라고 가르쳐주신 메시아 예수의 종으로 여기에 와 있습니다. 사실 예수님은 반역자였던 유다의 발까지 씻겨주신 분입니다. 우리는 메시아의 사랑이 개인과 공동체를 치유할 수 있음을 믿습니다. 우리는 그리스도의 치유하시는 사랑을 증언하기 위해 여기에 와 있습니다. 아마도 당신의 마을에서도 메시아 예수께 헌신한 우리에게 합류하여 원수까지도 사랑하는 섬김의 삶에 동참하려는 사람이 있을 것입니다. 그러면 우리가 어떻게 그 사람을 거절하면서 당신들 가운데 손님으로 머물고 있는 우리만 예수를 믿고 따를 수 있으며 이 삶의 여정에 다른 사람은 합류할 수 없다고 거절할 수 있겠습니까? '메시아 예수는 오직 우리만 위해 존재할 뿐, 다른 사람들을 위해서는 아니요.'라고 말하는 것이 바로 종교적인 제국주의 아니겠습니까?"

술탄의 반응은 즉각적이고도 감정적이었다. "오, 아니오! 당신은 당신들만

---

16) 꾸란: 제2장 바까라(암소) 256절.

17) 성경: 요한계시록 22:17

메시아 예수를 믿을 수 있다고 말해서는 안 되오. 그것이 바로 종교적인 제국주의니까 말이요. 당신이 옳소. 예수는 모든 사람을 위한 분이요!"

기독교인에게 물어보라

수년 후, 그 술탄의 마을에서 젊은 남자들이 그곳의 정부군과 맞붙을 준비를 하고 있었다. 그들은 모두 중무장하고 있었는데 전투를 시작하기 전에 반군 지도자들이 술탄을 만나 그의 조언과 축복을 구했다. 그 술탄은 그 전사들에게 그들 가운데 머물고 있는 그리스도인 손님에게 가서 그의 조언을 구하라고 말했다. 외국에서 온 그 손님은 중무장한 전사들이 조언을 구하려고 자신을 찾아오자 깜짝 놀랐다. 그는 그들에게 하나님이 이 전투에 대해서 무엇이라고 말씀하시는지를 기도하면서 들어보라고 조언했다. 그 후 그들이 다시 찾아와서는 자신들이 하나님으로부터 아무 말씀도 듣지 못했다고 말했다. 그러자 그는 그들에게 다시 조금 더 기도해보라고 조언했다. 며칠간 이런 식으로 기도하기 위해 왔다 갔다 하는 동안 그들이 그 그리스도인에게 이렇게 말했다. "하나님이 우리에게 말씀하시기를, 우리가 전쟁하러 가면 안 된답니다." 그래서 그 전사들은 그들의 무기들을 팔아서 현금을 만들어 학교를 설립했다!

그들의 변화된 태도가 참으로 놀랍다. 자신의 마을 사람들 중에 몇몇이 그리스도인이 되기를 희망한다면 당장 집으로 돌아가라고 우리의 특사에게 경고했던 그 술탄이었다. 그랬던 그가 이제는 그 젊은 전사들이 전쟁하러 가야할지 말아야 할지를 그 그리스도인에게 가서 물어보라고 충고했다. 바로 이것이 예수께서 그의 제자들에게 이 땅의 소금이 되어야 한다고 말씀하신 의미라고 생각한다. 아직 교회가 설립되지는 않았음에도 메시아의 특사로서 그리스도께 중심을 두고 살아가는 이의 증언을 통하여 하나님 나라의 소금이 이미 그 지역공동체를 변혁시키고 있었다.

진실함의 소금

진실한 사람이 되는 것은 대부분의 사회에서 바람을 거슬러 항해하는 것과 같다. 우리는 그런 맞바람을 때로는 미묘하게 때로는 강력하게 경험했다. 일례로 소말리아의 학교에서 학생들이 종종 떠들썩한 드라마들을 연기하곤 했다. 그 드라마들 중 하나의 줄거리는 이렇다. 문맹인 어느 유목민이 하루를 묵기 위해서 어느 마을에 와서는 그의 돈을 모스크에 있는 와다드문맹인 민속종교 지도자에게 맡긴다. 저녁이 되어 그 유목민이 그의 돈을 되찾으려 하지만 그 와다드는 미친 척 하면서 그 유목민이 무엇을 원하는지 이해하지 못하는 시늉을 한다. 그래서 그 문맹 유목민은 그의 돈을 다 빼앗긴 채 집으로 돌아간다. 매우 재미있는 드라마였다. 다음날 수업들 중에, 학생들이 그 드라마에 관한 의견을 나누었다. 나는 깜짝 놀랐다. 학생들은 그 와다드가 그 멍청한 목동에게 제대로 한 방 먹였다는 사실에 박수를 보냈다. 나는 낙심했다. 산상수훈을 믿은 우리 그리스도인의 존재가 그곳에 필수적인 "소금"과 "빛"이 되어 그곳에서는 기대하기 힘든 진실함을 학생들에게 심어줄 것을 소망하고 있었기 때문이다.

그런데 우리 학교의 직원으로 일하고 있던 동료 무슬림 교사들과 신학자들 역시 그 학생들의 반응을 보면서 섬뜩하게 놀랐다. 이슬람을 가르치는 그들에게도 진실함이 그들이 반복해서 가르쳐온 덕목이었기 때문이다. 그 이슬람 신학자들은 그에 관한 이슬람의 끔찍한 경고를 잘 알고 있었다. "만약 어떤 자가 다른 사람을 거짓되게 고소하면, 그 거짓 고소를 당한 사람이 받을 뻔한 그 형벌로 그 자를 처벌하라" 거짓 증언에 대한 저항이 우리가 함께 일했던 무슬림 사회들 속에서도 깊은 영향을 미치고 있었던 것이다. 그래서 우리 학교들 내에서는 무슬림과 그리스도인 영성이 손을 잡고서 그 연극에 등장한 와다드의 윤리를 비평할 수 있는 진실함을 학생들에게 지속적으로 가르쳤다. 무슬림들 가운데 섞여 진실함을 지켜내는 태도를 강화시키는 교육에 힘쓰는 그리스도인의 모습을 보면서 무슬림들의 헌신도 새로워지게 되었다. 그런 이유에서 무슬림 소말리아인들이 종종 "우리는 당신들을 신뢰합니다!"라고 언급했다.

예수님은 그분의 제자들이 "소금"과 "빛"이라고 말씀하셨다.[18] 그리스도인이라면 무슬림 사회를 포함한 세계 곳곳에서 진실한 모습으로 살아가야 한다. 나는 그런 진실함의 소금을 중앙아시아에서 양계사업을 하고 있는 어느 그리스도인의 모습에서도 발견했다. 곡물을 길러낸 농부들은 그것을 직판장으로 가져가서 혼합하는 공정을 거친 후에 모이로 만들었다. 그 공동체는 그 모이를 다는 저울을 "참된 저울"이라고 불렀다. 그 모이 판매업은 그 지역 전역에서 정직한 사업으로 정평이 나 있었다.

진실함의 소금과 빛은 삶의 모든 영역에 침투해야 한다. 어떤 나라는 사업가들이나 영어교사 같은 전문가들에게만 비자를 발급해준다. 그런 비자는 특별한 사업이나 직업을 위해서만 발급되었는데도 때로는 그 비자를 발급받은 사람이 실제로는 아무런 사업도 시작하지 않는 경우가 있다. 그녀는 분명 명함이나 사업등록증 같은 외관을 가지고 있겠지만, 실제로 하고 있는 사업은 없다. 아니면 교사로서 단지 매주 몇 시간만 영어를 가르치면서 자신이 받은 비자에 부합하지 못하는 삶을 살아가는 경우도 있다. 비자가 특별한 직업을 위해 허락되었다면 그 비자를 받은 사람은 그 비자가 제공된 직업에 전념할 것을 명령받은 것이다. 만약 그 지역 관리들이 자신들이 발급해준 비자가 의심스러운 방식으로 이용되고 있다는 것을 발견하고서 그 일꾼들을 추방했다면 우리는 그 관리들을 그리스

---

18) 성경: 마태복음 5:13~16.

도인을 대적한 사람들로 비난해서는 안 된다. 그들은 단지 그리스도인 봉사자들이 진실한 모습으로 일할 것을 요구했을 뿐이다.

나는 어떤 개인이 만약 선교를 목적으로 한 나라에 들어갔다면 가능한 선교회로 등록하는 것이 지혜롭다고 믿는다. 그것이 소말리아에서 우리가 택한 방식이었다. 우리만 그랬던 것이 아니다. 교회와 연계되어 있었던 다른 기관들 역시 일반적으로 "선교회" 혹은 "기독교 섬김" 같은 이름으로 등록했다. 우리는 소말리아 메노나이트 선교회였다. 40명이 순조롭게 비자를 받아 100% 무슬림인 나라에서 봉사했다. 각 비자는 정부가 허가한 봉사들과 연계되어 있었다. 나는 SMM 학교들의 책임자로 봉사했다. 내 아내는 전업주부로서 비자를 받았다. 선교회의 교육파트에서 일한 우리 모두는 탁월하게 봉사하기로 헌신했다. 우리의 학교들은 그 나라에서 최고의 학교들이라는 평판을 얻었다. 우리는 초등학교와 중학교에 이어서 최고 수준의 고등학교를 설립했고 강력한 성인 교육 프로그램도 개발했다. 우리는 교육 선교회로 알려졌다.

우리는 탁월함을 추구하는 것이 하나님나라의 표시라고 이해한다. 우리 학교들은 사람들에게 보여주면서 발표하는 수업들과 같아서 국가 전체가 탁월함에 헌신한 우리의 모습을 보고서 큰 감명을 받았다. 우리 학교들은 껍데기만 그럴싸했던 것이 아니다. 그 학교들은 단지 전도를 위한 가림막이 아니었다. 물론 우리는 신앙에 대한 질문들에 대답했다. 신자들의 모임들이 생겨났다. 그것은 비밀이 아니었다. 하지만 교회의 성장은 사람들 눈에 띄지 않았다. 우리는 진실함에 헌신된 총체적인 삶의 모습으로 그들 가운데 존재했다. 소말리아에서 섬겼던 기독교 기관은 우리만이 아니었다. 탁월함은 그 나라의 개발에 기여했던 여러 그리스도인 기관들 모두의 보증수표였다. 내가 믿기로 일반적으로 세계 전역의 그리스도인 봉사 단체들이 그들의 탁월함과 동정심 때문에 사람들의 주목을 받고 있으며 그들의 기여를 인정받고 있다.

비둘기 같은 순결함

물론, 우리는 우리가 누구인지 설명할 때 매우 지혜로워야 한다. 가끔 나는 목사의 모자를 쓴다. 소말리아에서 나는 교사였다. 다른 때에는 대학 교수이거나 학자였다. 때로는 단지 관광객이었다. 그때는 정말 진짜 관광객으로 행동했다. 어떤 이들은 사업가로 가서 사업을 할 것이다. 우리는 모든 환경에서 신중하게 행동할 것이다. 깃발을 흔드는 것은 대부분의 경우에 지혜롭지 못하다. 남의 눈에 띄지 않게 그리스도의 이름으로 섬기는 것이 지혜롭겠지만 우리는 속임수를 쓰지는 않을 것이다. 이런 우리의 헌신이 다음 장으로 우리를 인도한다. '정체를 분명히 하라' 예수님이 조언하셨다. "너희는 뱀 같이 지혜롭고 비둘기 같이 순결하라"[19] 예수님의 충고를 늘 귀담아 들어야 한다.

---

19) 성경: 마태복음 5:13~16.

토의를 위한 질문들

1. 캐나다나 미국의 공립학교에서 일하는 그리스도인 교사들이 경험하는 제한들과 여러 무슬림 사회들에서 그리스도인 증인이 경험하는 제한들을 비교해 보십시오. 그리스도인 교사들이 그처럼 제한적인 제도들 안에서도 어떻게 하면 최상으로 사역할 수 있겠습니까?

2. 종교의 자유는 무슬림들과 그리스도인 관계의 핵심적인 이슈입니다. 이 논쟁적인 이슈에 관하여 어떤 식으로 무슬림들을 납득시킬 수 있을까요?

3. 봉사와 증언이 함께 가야 한다는 본장의 주장을 당신은 어떻게 평가하십니까? 본장에 제시된 정직한 봉사와 증언에 대한 헌신들을 당신은 어떻게 평가하십니까?

2장: 정체를 분명히 하라

미국이 이라크를 점령하고 있는 동안, 나는 인도네시아 중부 자바에서 80명의 무슬림-그리스도인 리더들의 모임에 초대받아 메시아의 평화에 대하여 강연했다. 그 때 강의실 뒤쪽에서 이런 질문이 날아왔다. "당신은 메시아를 자신의 적들을 용서함으로써 복수의 악순환을 끊어버리는 분으로 묘사했습니다. 하지만 당신의 대통령인 조지 부시는, 자신이 그리스도인이라고 주장하면서도, 당신의 나라를 두 곳의 전쟁터로 내몰았습니다. 우리는 혼란스럽습니다."

정치질서와 하나님의 나라

여러분이라면 어떻게 답변하겠는가?

그 모임의 인도네시아인 사회자가 그 질문자를 꾸짖으며 이렇게 말했다. "우리가 모셔온 손님에게 이런 도전적인 질문을 던지다니 참으로 무례하군요." 하지만 그것은 매우 중요한 질문이었고 명확한 답변을 들어야 할 의문이었다. 그래서 나는 그 사회자에게 나는 아무렇지도 않다고 말해주고서 그 질문자에게 이렇게 답변했다.

“저는 여기에 미국 정부의 대표자가 아니라 메시아 예수의 대사로 와 있습니다. 제가 하나님의 은혜로 여기에 있는 것은 메시아 예수의 나라를 말씀드리려는 것인데 그 왕국은 영원하며 십자가에 매달려 세상의 죄를 용서해주시길 부르짖은 예수의 고난과 화목케 하심과 용서의 사랑으로 세워집니다. 나라들은 있다가 없어집니다. 제국들도 일어났다가 망합니다. 나라들과 제국들은 전쟁을 합니다. 그 전쟁들은 우리의 죄악 됨을 드러냅니다. 하지만 하나님의 나라는 영원하며 그분의 나라는 생명을 주시는 하나님의 사랑으로 세워졌습니다. 이라크 전쟁이 시작되기 전에, 제가 소속되어 있는 교회들의 연합회가 부시 대통령에게 편지를 써서 전쟁을 일으키지 말 것을 간청했습니다. 7,000명의 사람들의 서명이 게재되어 있는 편지였습니다. 우리는 미국 정부가 전쟁에 나서지 못하게 막으려고 노력했습니다. 하지만 우리는 아무런 대답을 듣지 못했습니다. 저희가 더 많이 노력하지 못한 것을 하나님이 용서해 주시길 바랍니다!”

나는 나의 그 연설이 국영 텔레비전에 방영되었다는 소식을 나중에 알았다. 나의 그 진술이 중요한 이유는 그리스도인은 하나님의 나라가 국가의 정치적인 질서가 아님을 분명하게 증언해야하기 때문이다. 예수의 제자들은 예수님과 그분의 왕국에서 자신의 정체성을 찾아야 한다. 교회가 그 왕국의 표시다.

각 나라의 시민들인 우리에게 이것이 큰 도전임을 나도 인정한다. 우리가 어떻게 하면 한 국가의 시민이면서 동시에 메시아와 그분의 왕국에 충성할 수 있을까? 우리의 이런 실존이 그리스도인들에게 특별한 도전들을 안겨주고 있는 것을 나도 안다. 하지만 우리의 궁극적인 충성은 하나님의 나라가 되어야지 이 세상 나라가 되어서는 안 된다.

우리가 이 세상 곳곳에서 봉사할 때 우리의 정체성을 분명하게 지켜내는 것이 도전이다. 우리는 이번 장에서 특별히 우리가 무슬림 사회에서 살아가며 섬길 때 찾아오는 우리의 정체성 문제를 주목하고자 한다. 인도네시아에서 있었던 위의 대화도 이러한 도전들 중의 하나다.

우리의 정체성을 다루는 문제는 진실함과 깊이 연관되어 있다. 정체성과 진실함은 동전의 양면이다. 무슬림 운동이 시작된 후로 지난 1,400여 년간 이 정체성의 문제가 그리스도인-무슬림 관계의 큰 이슈였다.

무슬림 공동체의 중심에는 무슬림의 "타자성" 개념이 존재한다. 한편에는 무슬림 "움마"의 세계가 있고 다른 한 편에는 "움마"가 아닌 세계가 있다. 무슬림의 이런 타자성의 실재는 그들이 하루 다섯 번 모여서 기도할 때마다 명백하게 드러난다. 무슬림들은 그것을 나에게 이렇게 설명했다. "발에 발을 붙여 서있는 기도자들의 각 열은 카바[성별된 흑석을 그 안에 가지고 있는 사우디아라비아 메카의 작은 정육면체 건물]를 향하고 있는 동안 비무슬림 세계를 차단한다. 우리는 그 기도를 다른 전 세계 무슬림들과 동시에 행한다." 그들의 기도시간은 이 세상에 근본적으로 두 공동체가 있음을 상징하는 것이다. 하나는 이슬람 공동체이고 또 하나는 비이슬람 공동체다. 양옆으로 발을 붙이고 늘어선 기도자들은 그 "움마"를 외부의 위협들로부터 보호하는 벽이다.

그리스도인들 역시 그들이 세상의 죄악 됨을 거절하도록 부름 받았다고 믿는다. 예수께서는 그의 제자들이 세상 안에 있지만 세상에 속하지 않았다고 말씀하셨다.[20] 세상으로부터 부름 받은 교회는 그것의 타자성을 매주일의 예배모임으로 상징한다. 더 큰 사회에 대한 교회의 타자성은 많은 방법으로 표현되었지만 특별히 세례와 입교를 통해 분명히 드러났다. 이 예식들은 교회가 이 세상에 있는 다른 공동체들과는 분명히 구별되는 공동체임을 나타낸다.

무슬림과 그리스도인 운동 양쪽에 실재하는 이 타자성의 흐름은 양쪽이 서로

---

20) 성경: 요한복음 15:18~19

를 신뢰하는 관계를 정립하는 데에 특별한 도전이 있음을 뜻한다. 이런 이유로 무슬림 사회에 받아들여지길 원하는 그리스도인들은 때로 자신이 그리스도인 이라는 정체성을 감추려는 경향을 보이는데 특히 그들이 무슬림 사회나 국가에 서 소수자일 때는 더욱 그렇다.

서로를 격려하기

서양의 다원주의 사회들 속에 거주하는 무슬림들 역시 그 사회에 동화되라는 엄청난 압박을 경험하는 것이 분명하다. 부모들은 그들의 자녀들이 서양 문화 의 매력에 굴복할까봐 걱정한다. 이러한 압력들에 대한 통찰들을 모아 둔 자극 적인 제목의 책이 하나 있는데『젊은 아랍인으로 미국에 사는 것이 왜 문제라고 느끼십니까? *How Does It Feel to Be a Problem? Being Young and Arab in America*』이다. 저자인 무스타파 바유미Mustafa Bayoumi는 부룩클린Brooklyn에 사는 일곱 명의 젊은 아랍인 들의 삶을 묘사했다. 야스민Yasmin이 그들 중 하나다. 그녀는 부룩클린에서 태어 난 헌신된 무슬림이다. 고등학교 2학년인 그녀는 히잡을 착용하고서 학생회장 선거에 출마하여 회장으로 당선되었다. 학생회장으로서의 그녀의 임무들이 주 어졌다. 첫 일정은 교내 댄스대회에 참석하는 것이었다. 야스민은 선한 양심과 정중한 태도로써 그녀가 그 행사에 참석할 수 없음을 학교 행정처에 알렸다.

행정처에서는 학생회장이 댄스대회에 참석하는 것이 그들의 정책이라며 그 녀가 사임할 것을 요구했다. 그녀는 뉴욕시 교육부를 포함한 다방면의 지원을 요청했다. 하지만 찾아가는 곳마다 퇴짜를 맞았다. 그 싸움에서 그녀는 완전 혼 자였다. 그 책에 의하면 그녀의 외로운 투쟁에서 그녀를 격려하기 위해 나서준 그리스도인 학생은 없었다. 그녀에게 남은 선택은 사임밖에 없었다. 그 때 어느 이주민 변호사가 그 소동에 끼어들어, 미국 헌법은 양심의 자유를 허락한다고 주장했다. 학교 행정처는 그 도전을 심각하게 받아들이고는 학생회장이 댄스대회에 참석해야 한다는 규정을 보류했다. 야스민은 그 다음해에 학생회장 선거에 재출마하여 재선되었다. 결국 그녀는 그렇게 학생회장직에 복권되었다.[21]

이 젊은 아랍 무슬림은 엄청난 반대와 실망 속에서도 예의바르면서도 담대하게 자신의 정체성을 지켜냈다. 그리스도인 학생들은 왜 아무도 그녀를 지원하지 않았단 말인가! 만약 그 때 야스민을 위해 도덕적인 지원을 했더라면 자기 가족을 받아준 국가를 성실하게 섬기면서도 자신의 원칙들을 지켜내는 일에 열렬히 헌신된 젊은 무슬림을 격려하는 엄청난 발걸음을 뗄 수 있었을 텐데 말이다.

야스민처럼, 세계에 흩어져 있는 무슬림 여성들은 최근 몇 년간 눈에 띄는 무슬림 복장을 착용하곤 한다. 무슬림 남성들도 마찬가지다. 무슬림 모자인 쿠피 Kufi를 쓴 한 이맘은 나에게 그런 복장으로 캐나다에서 미국으로 육로여행을 하는 것은 모험이 될 수 있다고 말했다. 쿠피를 쓰고서 국경을 통과하는 것은 자신의 무슬림 정체성에 대한 그의 자부심을 나타내준다. 무슬림들은 자신들의 정체성을 담대하게 드러내길 원하고 있다.

감추지 않기

이와는 반대로, 수년 전에 중앙아시아에서 만나 대화했던 미국 출신의 어느 그리스도인 봉사요원은 자신의 정체성을 감추며 살고 있었다. 그는 자신이 그 주에 겪었던 일을 나에게 흥겹게 말해주었다. "저와 많은 시간을 함께 보내고 있는 젊은이들이 제게 아주 흥미로운 질문을 하더군요. 그들은 제가 왜 여자들을 집적이거나 술을 마시거나 하지 않는지를 물었습니다." 나는 큰 소리로 대꾸했

---

21) Mustafa Bayoumi, *How Does It Feel to Be a Problem? Being Young and Arab in America* (New York : Penguin, 2008), 83~114.

다. "그 얼마나 대단한 질문입니까! 그래서 뭐라고 하셨는데요?" "저는 그들에게 여자들이나 술은 저의 취향이 아니라고 대답했습니다." 나는 기겁하고 말았다. "제가 볼 때 그것은 당신이 소유하고 있는 복음과 순결하고 의로운 삶으로 그리스도를 따르기로 한 당신의 결단을 나눌 수 있는 복된 기회였습니다! 당신은 왜 그리스도 안에 있는 새 생명의 메시지를 전할 수 있는 그 기회를 잡지 않으셨나요?" 그는 나의 말에 깜짝 놀라며 이렇게 대답했다. "오, 나는 그럴 수 없었어요. 그러면 제 정체가 탄로 나는 걸요. 저는 여기에 비즈니스 비자로 있어요. 저는 제가 그리스도인이라는 비밀을 밝힐 수 없어요."

그래서 내가 물었다. "그러면, 도대체 당신은 무엇을 위해 여기 있는 것입니까? 무슬림 사회에서 종종 일어나듯이 오늘 밤에 천사가 이 읍내의 어떤 무슬림에게 찾아가서 이런 지시를 내릴지도 모릅니다. '너는 그리스도인을 찾아가서 메시아에 대해 너에게 말해달라고 부탁해라.' 과연 당신이 그리스도인이라는 사실도 알지 못하고 있는 그 사람이 그 천사의 지시를 따르기 위해 당신에게 찾아올 수 있을까요?" 자신의 가족을 떠나 그 중앙아시아에 봉사하러 온 그 젊은이는 나에게, 자신이 아는 한 그 읍내에서 그가 그리스도인이라는 사실을 아는 사람은 없다고 대답했다.

자신의 정체를 감추며 살고 있는 그 젊은이와는 정 반대로, 어느 아시아인 사업가는 내게 말하기를 그는 그리스도 안에 있는 자신의 정체성을 자기 사무실 벽에 걸어놓은 이름으로 드러내고 있다고 했다. 그는 이런저런 제한이 많은 환경에서 살고 있었다. 그는 그곳의 법을 온전히 따르며 자신의 회사를 합법적으로 등록했다. 그 등록 증서에는 그 회사 CEO의 이름이 적혀있어야 했다. 그는 그곳에 예수 그리스도를 자신의 회사의 CEO로 적어두었다. 그 등록 증서를 사무실 벽에 반드시 게시해 두어야 하는 것이 그 나라의 규정이었다. 많은 고객들과 사업동료들이 그에게 묻는다고 한다. "당신 회사의 CEO인 예수는 어떤 분입니까?" 그에게는 복음을 나눌 기회가 많이 찾아온다. 또 실제로 그는 그 등록 증서를 통해 사무실 바로 옆에서 사람들을 그리스도에게로 인도하고 있다. 그의 회사는 번성하고 있고 그는 자신의 큰 재산을 복음 사역들을 위해 많이 투자하고 있다.

필라델피아 교회의 정체성

물론, 우리들은 대부분 우리가 그리스도인이라는 사실을 선언하는 표시를 벽에 붙여놓지는 않는다. 하지만 우리는 그리스도와 그분의 교회를 향한 우리의 헌신을 감추지 말아야 한다. 필라델피아에 있는 교회의 사자에게 보낸 메시지인 계시록 3:7~13 말씀에는 우리의 정체성에 관한 중요한 진술이 들어있다. 그 사자를 통해 필라델피아 교회에 말씀하신 주님의 약속에 의하면, 예수께서 문을 열어주실 것인데 아무도 그 문을 닫지 못한다. 나는 그것을 무슬림들에게 전도하는 문을 열어주신 주님의 약속으로 간주한다. 이에 대한 더 확장된 논의는 12장에서 다룰 것이다.

계시록에 기록된 모든 교회들에게 전도의 문을 열어주신 것은 아니다. 필라델피아 교회에게만 그 문을 선물로 열어주셨다. 왜 그런가? 그 교회만 자신의 정체성을 분명히 했기 때문이다. 놀랍게도 그 교회에 대한 일곱 가지 진술들은 모두 정체성에 관한 것이다.

1. 이 교회의 구성원들은 기둥들이었다. 그들은 견고하게 서 있었다.
2. 하나님의 이름이 그들에게 있었다. 그들은 하나님의 사람들로 알려졌다.

3. 하나님의 도시의 이름인 새 예루살렘이 그들에게 있었다. 그 도시는 교회다. 사람들은 그 참여자들을 교회의 지체들로 인식했다.[22]

4. 예수님 자신도 그분의 이름을 그들에게 두심으로 그들의 정체성을 확증하셨다. 이것이 초대 교회에 일어났던 일이다. 사람들은 신자들에게 "그리스도인"이라는 별명을 붙였다. 그들은 "그리스도 같은 사람들"로 인식되었다.

물론 그 교회에도 약점들이 있었다. 완벽한 교회는 없다. 모든 교회들은 흠을 가지고 있다. 나는 종종 기독교 사역자들이 지역 교회들의 연약함 때문에 무슬림에서 회심한 신자들을 그 지역의 교회에 소개하기 원치 않는다는 말을 듣곤 한다. 때때로 지역 교회에 한계가 있는 것이 사실이다. 나는 우리의 국제적인 그리스도인-무슬림 관계 팀도 당연히 그렇다고 생각한다. 하지만 교회는 이 세상에서 그리스도 안에 있는 하나님의 은혜를 고백하는 유일한 공동체로서 기쁨이 샘솟는 공동체다. 그래서 그리스도인들은 함께 예배로 모일 때마다 늘 노래를 부른다. 물론, 몇몇 지역의 지하교회들은 그들의 찬송을 침묵으로 올려야 하지만 말이다. 지역 교회는 그 마을에서 예수의 이름으로 모여 생명을 주시는 주님의 임재를 기뻐하는 유일한 공동체다. 예수께서 약속하셨다. "두세 사람이 내 이름으로 모인 곳에는 나도 그들 중에 있느니라"[23] 흠이 있고 실패도 있겠지만, 예수님은 교회 가운데 임하시어 그분의 새롭게 하시는 은혜를 예배하는 자들에게 부어주신다.

---

22) 새 예루살렘은 여러 의미를 지닌다. 그 중 하나가 교회다. 아마도 그 이름은 교회보다 더 넓은 의미를 지닌 하나님의 나라와도 관련되어 있을 것이다. 새 예루살렘의 의미는 이 짧은 책에서 가능한 것보다 더 많이 설명되어야 하기에, 이후로 나는 새 예루살렘과 하나님의 도시를 교회로 언급할 것이다.

23) 성경: 마태복음 18:20.

정체를 분명히 할 때 전도의 문이 열린다

전 세계를 여행하면서 종종 나의 직업에 대한 질문을 받곤 한다. 나는 대개 이런 식으로 대답한다. "나는 이 세상에 치유와 소망을 주시는 그리스도의 사명을 따르는 그리스도인입니다." 나는 내가 가입되어 있는 교단을 추가적으로 밝힌다. 나에게 교회란 우주적이면서도 특정한 공동체이기 때문이다. 몇 년 전 나는 영국에 있는 무슬림 학생 연합의 초대를 받아 대학교들에서 진행된 공개담화들에 참여했다. 내가 히드로 공항에 도착했을 때, 주최자에게 왜 나를 초대했는지 물어보았다. 그가 말했다. "당신이기 때문이죠." 내가 물었다. "내가 누군데요?" 그가 대답했다. "당신은 예수 그리스도에게 헌신된 분이잖아요. 우리는 당신이 쓴 책들에서 그것을 보았어요. 우리는 자신이 어디에 서 있는지를 잘 알고 그리스도에 대한 그들의 헌신을 분명히 하는 그리스도인들에게 고마워하고 있습니다."

모스크를 방문할 때의 정체성

모스크들을 방문하는 것이 항상 가능한 것은 아니다. 몇몇 나라들이나 지역들에서는 그렇게 하지 않는 것이 바람직하다. 하지만 미국이나 내가 몇 년 살았던 동아프리카에서는 모스크들을 방문하는 것이 가능했다. 나는 늘 내가 이끄는 그리스도인 그룹이 그들의 기도시간 이후에 그들과 대화할 수 있는지를 문의했다. 나는 결코 그들의 쌀랏무슬림 기도에 동참하지 않았다. 그렇게 되면 그들은 모두 우리가 무슬림이라고 생각하게 되어 나의 정체성이 여지없이 혼란스러워질 터였다. 그 대신 우리는 그들의 기도하는 모습을 지켜보며 모스크 뒤쪽에 앉아서 우리의 대화에 성령께서 참여해 주시기를 침묵으로 기도했다. 무슬림들의 기도가 끝나면 우리는 둥글게 모여앉아 대화를 시작했다. 때때로 메시아 예수에 관한 대화가 이어졌다. 그때는 마치 예수께서 직접 그곳에 우리와 함께 앉으셔서 그 대화를 실재적으로 이끌어 가시는 것 같았다. 나는 지난 수년 동안 200번 정도 여러 모스크들을 방문했던 것 같다. 그 중에서 예수님이 완전히 무시되었던 방문은 단 한 번도 없었다. 몇 번이고 나는 예수를 증언할 수 있는 그 열린 문들을 허락해 주신 하나님께 감사드렸다. 그리고 나는 항상 다시 방문해 달라는 요청을 받아왔다! 만약 우리의 정체성이 분명하지 않았다면 다시 방문해달라는 그들의 요청을 받을 수는 없었을 것이다. 소란스러웠던 그 영국에서의 대화들에 나를 초대해 주었던 주최자의 지적이 옳았다. 내가 환영받은 것은 내가 메시아 예수를 믿고 있는 사실이 분명했기 때문이다.

가면 쓰는 것을 반대하는 이유들

나의 그리스도인 동료들 중 몇몇은 우리의 정체성을 모호하게 만드는 것이 전도의 문을 더 많이 열어줄 것이라고 믿는다. 나는 그 길을 가는 사람을 정죄하지 않는다. 그러나 그런 태도에 대한 나의 두 가지 염려를 나누고 싶다. 첫 번째는 꾸란 자체가, 그리스도인이면서 무슬림인척 하는 행위를 비판하고 있다는 사실이다. 내가 믿기로 우리는 꾸란의 그러한 반대를 심각하게 받아들어야 한다. 우리는 꾸란이 그렇게 반대하는 이유를 충분히 납득할 수 있다. 만약에 어느 무슬림이 내 교회에 들어와서는 우리가 그에게 주일학교 교사를 맡길 정도로 신뢰할 만한 그리스도인으로 행동하면서 뒤로는 주일학교 아이들에게 무함마드가 최후의 선지자라고 가르친다면 우리 마음이 어떻겠는가? 우리는 매우 불쾌할 것이다.

나의 두 번째 염려는 우리가 우리 자신에 대한 불확실한 정체성을 스스로 껴안았을 때 우리 영혼 안에 깃들게 될 부정적인 영향이다. 내 친구 아흐메드 하일리가 종종 말했듯이 한 발은 교회에, 또 한 발은 모스크에, 들여놓는 것은 두 마음을 품는 행위다. 무슬림 공동체들 속에서 좋은 의도를 가진 몇몇의 교회 지도자들은 예배당 앞쪽에 꾸란과 성경을 나란히 놓을 것이다. 그것이 우리의 정체성을 어떤 식으로 표현해 주는가? 그것은 꾸란과 성경이 동일한 권위를 지니고 있음을 말하는 것 아닌가? 그것은 분리된 두 집을 짓는 것 아닌가? 그런 집이 오래갈 수 있을 것 같은가?

모스크는 교회가 아니다. 모스크에는 꾸란이 중심이다. 교회에서는 그리스도가 중심이다. 무슬림들과 그리스도인들이 만나 서로 대화를 나눌 때, 그들 중 한편은 꾸란의 권위에 헌신하고서 말하고 또 다른 한 편은 그리스도의 권위에 헌신하고서 말한다. 건강한 대화는 그처럼 서로 다른 중심들이 실재하는 것을 존중하면서 이루어진다. 다음 장에서 나는 메시지를 상황화시키는 문제를 논할 것이다. 여기서는 단지 이렇게만 언급하겠다. 건강한 상황화는 우리의 차이점들을 씻어버리는 것이 아니라 서로의 다른 중심들을 솔직하게 인정하는 것이다.

오늘날 예수님의 몇몇 제자들은 자신들을 "무슬림들"이라고 정의하거나 "예수를 믿는 무슬림들"이라고 언급할 것이다. 물론 모든 무슬림들은 예수님을 대단한 선지자로 믿는다. 내 기억에도 수많은 무슬림들이 나에게 천 번 정도나 이렇게 말했다. "당신도 예수를 믿고 무슬림들도 예수를 믿으니, 우리는 다 무슬림이지요." 말하자면, "나는 예수를 믿는 무슬림입니다."라는 것인데, 그런 언급은 우리 모두가 종말의 때에 무슬림들이 될 것이라는 무슬림의 주장을 확증하는 것에 불과하다. 무슬림이라는 말의 의미를 기술적으로 따져보자면 그 말도 맞다. 무슬림은 하나님을 믿고 그분의 평화에 복종하는 사람을 의미하기 때문이다. 하지만 무엇이 하나님의 평화인가? 꾸란에 복종하는 것과 예수 그리스도를 믿는 것이 동일한가? 나는 그것이 사실이라고 믿지 않는다. 따라서 내가 보기에 "나는 예수를 믿는 무슬림입니다."라고 말하는 것은 메시아 예수가 구원자요 주님이라는 성경적 증언을 심각하게 혼동한 결과다. 메시아 예수가 주님이요 구원자라는 성경적인 고백은 예수를 믿는다는 무슬림들의 선언과 동일한 것이 아니다.

정체성과 장소

장소로부터 정체성을 분리시킬 수 있는 사람은 없다. 이슬람에게 그 장소는 카바다. 교회에게 그 장소는 하나님의 백성이 예배하러 모이는 곳이다. 기독교 운동에는 카바가 없다. 그렇다면 우리는 교회 건물들로 알려진 장소에 대해서 뭐라고 말해야 하는가? 인도네시아에서 무슬림들에게 선교하는 교회들은 일반적으로 그 장소가 주는 정체성을 두 가지 다른 측면으로 접근한다.

어떤 이들은 무슬림들에게 다가갈 때 지어올린 건물이 필수적이라고 주장한다. 그들은 교회당 건물이 믿음의 공동체가 일시적인 현상으로 끝나지 않고 확립된 운동으로 자리 잡았음을 보여주는 지속적인 표시라고 믿는다. 가장 큰 메노나이트 교회건물은 자바 섬의 스마랑에 있는데 2만 명 정도를 수용할 수 있는 규모다. 때로 그 건물에 사람들이 가득 들어찬다. 그곳에 모인 대부분의 사람들은 무슬림이었다가 개종한 신자들로서 선교하는 그 교회들의 증언을 통해 기독교신앙을 가지게 되었다. 같은 인도네시아의 다른 지역에 있는 이들은 정체성과 교회 건물을 다른 관점에서 접근한다. 너무나 왕성한 무슬림 환경 속에 있는 그들에게는 교회 건물을 세우는 것 자체가 불가능하다. 따라서 이 신자들은 남들의 눈에 띄지 않도록 가정에서 예배한다. 또한 그들은 그 지역의 악기로 예배한다. 그 작고, 눈에 잘 띄지 않는 예배 모임들은 탄탄한 무슬림 사회 안에서 교회를 위한 공간을 제공하고 있다.

그런데 이 두 경우 모두에서 정체성에 대한 분명한 헌신을 발견할 수 있다. 두 모임이 다 그리스도의 이름으로 만나 그분을 구주와 주님으로 고백한다. 모스크에 모인 무슬림들은 이 그리스도인 공동체들이 무슬림이 아닌 것을 확실히 인식한다. 그들은 그리스도 중심의 공동체들이거나 회중들이다.

정체성을 드러내는 상징들

무슬림들 가운데 있는 교회의 상징들과 행위들은 메시아가 천국에서 오신 구원자임을 증언해주어야만 한다. 모스크의 상징들과 행위들은 꾸란을 천국에서 주어진 선물이라고 선포하고 있기 때문이다. 무슬림들이 받아들일 수 있는 방법을 통해 메시아를 증언하려고 헌신한 어떤 신실한 그리스도인들은 메카를 향해 기도하는 이슬람식 예전을 사용한다. 그들은 메시아를 믿은 회심자들에게 모스크 안에 남아있으라고 격려할 것이다. 그렇다면 이러한 그들의 행위가 무슬림들에게 어떤 메시지를 드러내고 있는 것인가? 이러한 상징들과 행위들은 모스크와 교회 사이에, 복음과 이슬람 사이에, 실재적인 차이점이 없음을 이야기하려는 것인가? 우리가 무슬림의 상징들과 행위들을 흉내 내려고 할 때, 그것은 혼동의 씨앗들을 뿌리는 것이 아닐까?

사람들은 그들이 예수 안에서 새로운 삶과 자유를 발견했기 때문에 예수를 믿는 신자들이 된다. 그러나 이슬람은 영원한 구원의 은혜와 기쁨을 제공하지 않는다. 사람들은 예수님이 이슬람이 제공하는 것과 동일한 것을 주시기 때문에 그분께 나아오는 것이 결코 아니다. 우리의 정체성이 그리스도 안에 있음을 기억하자! 그 실재를 온전히 다 드러낼 수 있는 상징들은 없다. "그리스도 안에 있는 생명"은 성령님의 선물이다. 그리스도인들은 떡을 떼고 포도주나 주스를 나누어 마심으로써 십자가에 못 박히시고 부활하신 예수님이 중심된 믿음을 표현한다. 그러나 이슬람은 메카 주변에 처음으로 내려왔다는 하나님의 계시에 대한 믿음과 헌신으로 초대한다. 그래서 무슬림들이 카바를 바라보며 기도하는 것이다.

모가디슈에서 정체성을 분별하기

몇 년 전 모가디슈에서 예배 장소의 역할과 예배 행위들에 관한 중요한 대화들을 나누게 되었다. 메시아를 믿는 스무 명의 소말리아 신자들이 일 년 정도 매주 금요일 아침에 모여 교회에서의 예배행위들에 관하여 대화했다. 그들은 교회가 소말리아의 무슬림 문화와 종교 환경에 알맞게 상황화 되기를 바랐다. 국제적인 참석자들도 그 모임에 초대받았다.

모든 상황들은 서로 다르다. 모가디슈에서는 그곳만의 독특한 실재들이 있어서 다른 곳에 무턱대고 적용할 수는 없다. 그럼에도 나는 그 소말리아 신자 그룹에 의해 내려진 결정들의 전체적인 윤곽만은 나누고 싶다. 이 사례가 의미심장한 이유는 그것이 특정한 공동체가 상황화에 관한 질문들에 답하며 해결책을 내놓은 방식을 잘 보여주기 때문이다. 내가 믿기로는 그들이 내린 결정보다 그들이 그 질문들을 놓고 논의한 방식이 더 의미심장하다. 신약성경에서 우리는 초대교회가 비슷한 종류의 모임을 예루살렘에서 열어서 유대인과 이방인의 행위들에 관련된 질문들을 논의했음을 발견한다.[24] 그 모임은 예루살렘 공의회라고 불린다. 소말리아의 신자들도 비슷한 모임을 가졌으니 그것을 모가디슈 공의회라 일컬을 수 있을 것이다.

그 그룹은 자신들을 소말리아 신자 모임Somali Believers Fellowship으로 부르기로

---

24) 성경: 사도행전 15:1~35.

했다. 어떤 이들은 메시아의 사람들이라는 용어를 사용했다. 그들은 그리스도인이라는 용어는 피했는데 그 용어가 너무나 서양적인 냄새를 풍기기 때문이었다. 그들은 또한 교단적인 명칭을 붙이는 것도 피했다. 그들은 그들의 모임 장소에 십자가도 걸지 않기로 결정했는데 그것이 잠재적인 우상숭배의 상징으로 여겨질 것이기 때문이었다. 그들은 또한 그들이 기도할 때 절하는 행위를 하지 않기로 했는데, 이슬람에서 절하는 행위는 항상 카바라는 장소를 향하는 것을 의미했기 때문이다. 반대로, 그리스도인들은 하나님을 우리의 사랑스러운 천국 아버지로 예배한다. 그곳의 문화에서 아들들은 일어나서 아버지와 대화한다. 그래서 그들은 하나님의 자녀들로서 교회에서 하나님께 기도할 때마다 다 같이 서서 기도하기로 결정했다. 그들은 또한 주님의 기도에 음조를 넣어 규칙적으로 기도하기로 결정했는데, 그것은 예전에 그들이 무슬림이었을 때 기도했던 알 파티하Al-Fatiha: 꾸란 1장의 대체물 격이었다.

그들의 무슬림 환경을 인식해 볼 때, 그들의 신앙고백은 주목할 만한데, 그들은 사도신조사도신경를 그들의 신앙고백으로 받아들이기로 결정했다. 그들이 그 신조를 좋아한 이유는 그것이 교회의 우주적인 실체 뿐 아니라 역사적인 기초들까지 잘 드러내주었기 때문이다. 소말리아인들이 그들의 자존심과 비타협적인 태도로 유명하다는 점을 인식하고서 그들은 그들의 교회에서 종종 세족식을 열기로 결정했는데, 그분의 제자들의 발을 씻기신 예수님을 따르기 위함이었다. 그들은 이 세족식이 교회의 행위로서 중요하다고 느꼈는데, 그것이 다른 사람의 발을 결코 만지지 않는 그들의 문화에 급진적인 대안을 제시하는 행위였기 때문이다. 성찬식을 위해서는 가능하다면 달콤한 색소를 탄 물을 사용하기로 했는데, 다른 경우에는 낙타 젖을 사용할 준비도 되어 있었다.

그 소말리아 신자들은 그들의 예배와 삶을 나타내는 상징들을 통해 전 세계 교회들과 같은 정체성을 보여주는데 헌신되어 있었다. 그래서 그들은 일반적으로 주일에 모여 예배하는 전 세계 교회들에 참여한다는 상징으로서 주일에 모여 예배하기로 결정했다. 이후에 소말리아 당국에서 주일 모임을 금지시키자 그들은 다시 금요일에 모이게 되었지만 말이다.

소말리아 신자들의 규모는 흩어져 있는 작은 모임들이다. 소말리아에서 사역하는 대부분의 국제적인 참여자들은 메노나이트 교회와 동역하고 있다. 그들이 스스로를 메노나이트라 부르지는 않지만 소말리아 신자 공동체들은 세계적인 메노나이트 교회와의 관계를 돈독하게 세워가고 있다. 그 관계는 그들이 신자들로 구성된 세계적인 가족에 참여하고 있음을 그들에게 확신시키고 있다. 그들에게는 그러한 연결이 중요했다. 외국에서 그들을 방문한 손님들과 외국 교회들을 방문하는 그 모임의 지도자들은 지금도 서로에게 큰 격려를 주고받고 있다.

그들은 전통적인 두운법을 따르는 토착적인 노래들을 개발하는데 심혈을 기울이고 있다. 그들은 함께 모여 예배하는 장소를 소유하려고 노력했지만 그곳 무슬림 공동체의 반대로 그것이 불가능한 것이 곧 판명되었다. 수년간 신자들은 SMM 센터에서 모였다. SMM의 재산들이 마르크스주의 혁명정권에 의해 접수되었을 때에는 가톨릭성당이 소말리아 신자들을 위한 특별한 예배장소를 제공했다.

그들은 지도자에 관해서도 염려하고 있다. 그들은 한 사람씩 격려하여 그가 위엄을 갖춘 복장을 입고서 각 주간의 예배를 서서 인도하도록 했다. 그런 과정을 통해 그들은 신자들 중에 한 사람을 그들의 목사로 장립했다. 그는 신자들의 몸의 대표로서 정부 당국과 좋은 관계를 맺었고 말씀의 설교자요 교사로서도 효과적으로 사역했다.

상황화에 관한 논쟁

소말리아인이면서 동시에 메시아를 믿는 신자로 존재하기 위해 40년 전에 이루어졌던 그 논의는 상황화에 관한 논의들과 관련되어 있다. 상황화를 둘러싼 이슈들은 오늘날 무슬림 사회들 속에서 사역하고 있는 선교학자들 사이에서 뜨겁게 논의되고 있다. 선교 지도자들은 종종 상황화의 단계를 C1~C6의 연속적인 스펙트럼 중에 하나로 나타낸다. 맨 끝에 있는 C6에 위치하는 "무슬림 신자"는 메시아를 믿는 신앙을 고백하면서도 모스크와 무슬림 행위들에 완전히 뿌리내리고 있는 사람을 의미한다. 반면에 C1에 위치하는 신자들은 그들의 무슬림 유산을 완전히 떠나 국제적인 교회의 일원이 되어 있는 사람들이다. 모가디슈에서의 논의들에서는 C1~C6 스펙트럼을 결코 언급한 적이 없지만, 그러한 고민들이 40년 전에 없었던 것은 아니다. 그런데 우리가 모가디슈에서 내렸던 결정들은 사실상 C4단계와 잘 들어맞는다. 우리는 소말리아 문화에 뿌리내린 소말리아 신자 모임이 되었지만 메시아의 사람들인 것을 분명하게 드러냈다.

C1~C6 논쟁에서 핵심적인 질문은 메시아 예수를 믿는 신자가 계속 모스크 안에서 예배해야 하느냐 아니면 반드시 모스크를 떠나야 하느냐에 있다. 내가 묘사했던 모가디슈에서의 논의들은 의견일치를 이루었다. 그 모임은 예수를 믿는 신자들에게 모스크를 떠나라고 격려했다. 그러나 그들은 그들이 살고 있는 무슬림 환경 속에서 복음을 효과적으로 증언할 수 있는 예전들과 예배 패턴들을 개발했다. 예를 들어, 메카를 향해 절하면서 알파티하를 읊는 것은 무슬림 예배의 핵심인데 신자들의 모임이 열렸을 때마다 그들은 그들의 아버지들 앞에 선 아들들과 딸들처럼 서서 기도했다. 그들은 주님의 기도를 낭송함으로써 알파티하를 대체했다. 사도신조가 그들의 신앙고백이 되었다. 그들의 이러한 모습들은 그리스도인들이 자신이 살고 있는 무슬림 환경 속에서 그들의 중심 되신 그

리스도께 초점 맞춘 예배로써 상황화를 실천한 좋은 사례들이다.

무슬림 배경을 지니고 있는 신자들이 이 문제에 있어서 모두 한 마음을 지니고 있는 것은 아니다. 모가디슈 교회의 핵심 리더들 중 한 명이 회중의 마음에 있던 그 문제를 이렇게 잘 표현해 주었다. "모스크는 교회가 아니고, 교회도 모스크가 아닙니다. 내가 메시아 예수를 믿은 그날 나는 모스크에 가서 기도하기를 멈추었습니다. 계속 모스크에 가는 것은 두 마음을 품고 사는 것입니다." 이와 반대로 수단에 있는 또 다른 신자는 나에게 이렇게 말했다. "예수를 믿는 신자로서 나는 모스크에 계속 기도하러 갔습니다. 하지만 내가 기도할 때 무슬림 신앙고백을 반복하는 대신에 마음으로 예수님이 주님이요 구원자임을 고백했습니다. 모스크 안에 머물러 있음으로써 내가 모스크를 떠나면 결코 열리지 않을 많은 복음전도의 문이 열려 있음을 발견했습니다." 당신 생각은 그렇군요! 엄청난 논쟁이 계속되었다. 하지만 아는 것이 없으면서 논쟁으로 뛰어들진 말자. 나의 입장은 아흐메드 하일리의 경험과 신학에 의해 많은 영향을 받았고 그의 책을 이미 소개하기도 했다.[25]

자유의 복음

그 모가디슈 모임은 반복적으로 우물가에서 사마리아 여자를 만나주신 예수님의 이야기를 떠올려 주었다. 예수님과 그 사마리아인은 참된 예배에 대한 열띤 대화를 나누었다. 대화 도중에 예수께서 선언하셨다. "하나님은 영이시니, 예배하는 자가 영과 진리로 예배할지니라"[26] 모가디슈의 신자들에게 예수님의 이 말씀은 엄청난 자유와 생명을 허락하신 선언이었다. 그들은 그리스도의 복

---

25) Ahmed Ali Haile, David W. Shenk에게 구술된, *Teatime in Mogadishu : My Journey as a Peace Ambassador in the World of Islam* (Harrisonburg, VA : Herald Press, 2011)

26) 성경: 요한복음 4:24.

음이 이슬람의 요구들로부터 그들을 해방시켰음을 기뻐했다. 그것은 또한 그들이 속한 정황 속에서 그들 자신의 예배 형식들을 만들어 갈 수 있는 자유를 안겨 주었다. 그 모든 형식들을 통해 그들은 성령과 진리로써 그들의 사랑스러운 하늘 아버지 하나님을 알아갈 것이었다.

토의를 위한 질문들

1. 사도시대에 그리스도인들은 종종 유대교 회당들이나 성전에서 예배했습니다. 무슬림 배경을 가지고 있는 신자들이 모스크 안에서 예배할 때 그것의 긍정적인 면들과 부정적인 면들은 무엇이라고 생각하십니까?

2. 모가디슈에 있는 교회가 그들이 처한 상황 속에서 어떤 식으로 적절한 상황화를 분별해 내었는지 평가해 보십시오.

3. 외국에서 온 그리스도인 사역자가 전 세계 교회와 연결될 필요가 있는 무슬림 배경을 지닌 회중을 도울 수 있는 방법들이 무엇일까요? 무슬림 사회에서 신흥 교회들이 일어나야 하는 이유는 무엇일까요?

4. 정체성이 중요한 몇 가지 이유들은 무엇이었습니까? 그리스도인의 정체성을 숨기는 것이 지혜롭고 올바른 선택이 되는 특별한 경우들이 있을까요?

3장: 무슬림을 존중하라

잘 알려진 어느 무슬림 성직자와 나의 대화가 진행된 런던 중심부의 모스크에는 400여 명의 무슬림들로 가득 찼다. 우리는 세 시간에 걸쳐 핵심적인 신학적 도전들을 주고받았는데 그것은 교회와 이슬람의 집이 서로를 솔직하게 대면하는 기회였다. 무엇보다도 이슬람의 기독론이 성경적인 기독론의 가르침에서 많이 벗어나 있다는 사실이 가감 없이 드러났다. 그 대화에서 무슬림 성직자는 복음의 핵심인 예수의 삶과 가르침, 메시아로 나타난 하나님의 성육신과 예수의 십자가 죽음과 부활에 대하여 무자비한 비평을 퍼부었다. 나는 기도하는 마음으로 메시아 예수님을 그분의 충만한 모습 그대로, 가능한 분명하고 매력 있게, 설득력 있고 솔직하게, 고백하려고 노력했다.

다음 날 나는 그 무슬림 논객의 말을 듣고서 깜짝 놀랐다. "어제 저녁 당신은 기독교의 복음을 솔직하고 명료하게 고백함으로써 그 모스크에 모여 있는 무슬림들의 핵심 신앙들에 도전했습니다. 그 때 모든 사람들이 앉아서 경청했습니다. 그곳을 떠나는 사람이 없었습니다. '알라후 아크바르!' 같은 외침도 없었습니다. 모든 회중이 당신의 말을 잘 듣고 있었습니다. 왜 그랬는지 아십니까?"

내가 말했다. "이유가 무엇이었지요?"

그가 말했다. "당신이 우리를 사랑하고 존중했기 때문입니다. 만약 당신이 우리를 존중하지 않았다면, 우리는 소리를 지르며 당신을 강단에서 끌어내렸을 것입니다. 당신은 우리를 존중했을 뿐 아니라 꾸란이나 무함마드를 공격하지 않았습니다. 만약 당신이 그런 소재를 가지고 이슬람을 공격했다면, 우리는 결코 당신의 말을 듣지 않았을 것입니다."

내가 이 연속적인 대화들을 위해 런던에 도착했을 때를 회상해 보라. 주최자가 내게 말하기를 그들이 나를 초대한 이유는 내가 그리스도에 헌신되어 있었기 때문이었다. 그 때 그는 또 다른 언급도 했었다. "우리는 당신이 무슬림들을 사랑하고 존경한다는 사실도 압니다." 존경하는 마음자세는 참으로, 관계를 친밀하게 만들어줄 뿐 아니라 그리스도를 증언하는 기회까지 제공한다.

무엇보다도, 그날 저녁 모스크에 모인 사람들은 생전 처음으로 복음을 듣게 되었다. 나는 그들이 복음의 놀라운 소식에 큰 충격을 받았으리라 믿는다. 만약 내가 그들을 존중하는 태도로 대하지 않았더라면 그런 증언의 기회는 얻지 못했을 것이다.

상호존중을 소중히 하기

물론, 존중은 양방향으로 오가야 한다. 런던 모스크들에서 보낸 저녁시간 동안, 나는 나의 무슬림 동료가 성경에 존중을 표하지 않는 것에 대한 실망감을 표현했다. 나는 그 때 솔직하게 말했다. "저는 여기에 이슬람이나 꾸란이나 무함마드를 공격하러 온 것이 아닙니다. 저는 여기에 복음을 제시하러 왔습니다. 그러므로 저는 당신도 성경이나 교회의 믿음들을 공격하지 않음으로써 제가 표현하는 존중에 화답하여 주시길 기대합니다. 우리는 서로 동의하지 않을 수 있습니다. 사실, 우리가 우리 각자의 서로 다른 영적인 기초들에 충성한다면 우리는 동의할 수 없게 될 것입니다. 하지만 저는 당신에게 부탁합니다. 의견불일치 가운데서도 성경적인 신앙을 존중해 주십시오. 꾸란은 우리에게 별명을 붙이기를 '그 책의 사람들'이라고 했는데 그 책이 바로 성경입니다. 우리가 그 별명을 좋아하는 것은 그것이 성경에 대한 우리의 존경 때문에 초기 무슬림들에 의해 우리에게 주어진 이름이라고 믿기 때문입니다. 사실상 꾸란이 우리 기독교인들에게 하나님이 우리에게 맡겨주신 성경으로부터 떠나지 말 것을 경고한 셈이지요."[27]

우리가 동의해야 서로를 존중하는 것이 아니다. 사실, 나는 무슬림들과 함께하는 나의 여정 속에서 예수님에 대한 왜곡된 설명을 대할 때마다 비통함 심정에 사로잡힌다. 그 때마다 나는 나의 영혼을 정직하게 살펴본다. '혹시 나도 무슬림들을 왜곡해서 소개한 적이 있었는가?' 일반적으로 꾸란은 기독교인들에게 높은 존경을 표한다.[28] 꾸란 당시의 무슬림들이 가지고 있었던 그리스도인에 대한 존경심은 그 무슬림들을 향한 당시 그리스도인들의 존경과 종종 관련되어 있다.

물론 엄청난 경고들도 포함되어 있다. 꾸란은 이슬람의 진리를 들은 이후에 이슬람을 거절하는 사람을 정죄한다. 또한 꾸란은 공개적으로는 꾸란과 무함마드에 대한 그들의 충성을 고백하면서도 실제로는 이슬람을 거부하는 위선자들을 매우 무자비하게 정죄한다.[29] 그러한 사람들은 신실한 마음을 지니고 있지 않다. 무슬림들은 무슬림 경전들을 믿지 않으면서도 무슬림들의 친구들이 되고자 하는 그리스도인들을 조심해야 한다는 말을 듣는다.

---

27) 꾸란: 제5장 마이다(식탁보) 65~66절.
28) 꾸란: 제5장 마이다(식탁보) 82절.
29) 꾸란: 제5장 마이다(식탁보) 51, 54, 57절.

당신은 무함마드에 대해 어떻게 생각합니까?

남아시아를 방문했을 때, 그 지역의 목사 한분과 그의 동료들이 나를 그곳의 마드라사무슬림의 이슬람 교육기관로 데려갔는데, 이맘과 그의 동료들이 50여명의 학생들을 가르치고 있었다. 우리는 정말 마음이 통하는 대화를 나누었다. 우리는 건물 안에 있었고 학생들은 밖에 모여 있었는데 그들은 우리가 대화를 나누고 있는 방에 있는 두 개의 창문에 그들의 얼굴을 빼곡하게 들이밀고 있었다. 그들은 우리의 대화를 공손하면서도 호기심어린 눈빛으로 경청하고 있었다. 그리스도인이 그 마드라사에 나타난 것이 처음이었음이 분명했다. 그 목사가 그 지역에 살아 온지가 20년이 넘었지만 그는 단 한 번도 그 지역에 있는 무슬림 지도자들을 방문하지 않았다. 교회 지도자들은 자신들이 혹시라도 무슬림들을 불쾌하게 만들까 조심스러웠기 때문에 그동안 교회 지도자들과 무슬림 지도자들은 서로를 피해오기만 했던 것이다.

우리 양측의 지도자들이 진심에서 우러나온 대화를 계속 이어나갈 때였다. 이맘이 나를 바라보더니 이렇게 물었다. "당신은 무함마드와 꾸란을 어떻게 생각하십니까?" 내가 어떻게 대답해야 했을까? 사실 내가 그 질문을 받게 된 것이 감사했던 것은 그것이 무함마드나 이슬람이 제공하지 않는 선물인 예수 안에서 우리가 가진 구원을 고백할 수 있는 문을 열어주었기 때문이다.

나는 이렇게 대답했다.

"매우 중요한 질문을 해 주셔서 감사합니다. 무함마드가 그랬던 것처럼 저도 동일한 가치들을 매우 높이 평가하고 있습니다. 예를 들면, 그는 여아들을 유기시켰던 그가 속한 사회의 관행들과 같은 불의에 저항했습니다. 그는 또한 우상숭배에 대항했습니다. 그가 죽었을 때, 아라비아인들 대부분이 다신교 숭배행위들을 포기했습니다. 그가 생존해 있을 동안 아라비아인들은 다신교숭배에서 이 우주의 창조자이신 전능하신 한 분 하나님을 향한 예배로 돌아섰습니다. 이 모든 것이 우리가 주목할 만한 역사입니다. 저는 또한 메시아 예수에 대한 성경의 증언을 한 마디 덧붙이고 싶은데, 저는 성경을 믿는 사람이기 때문입니다. 아담과 선지자들의 가르침이 보존되어 있는 성경이 우리에게 증언하기를 하나님이 어느 날 죄로부터 우리를 구원해줄 진리요 구원자인 한 선지자를 보내주시겠다고 약속하셨습니다. 그 선지자들은 그분을 믿는 모든 사람이 죄 용서와 영생이라는 은혜로운 선물을 받게 될 것을 약속했습니다. 오래 전에 저는 메시아 예수를 믿었고, 하나님의 은혜로 그 메시아 예수를 통해 구원을 선물로 받았습니다. 저는 지금 하나님께 깊은 감사를 드리며 고백합니다. 저의 죄는 다 용서받았고 저의 운명은 하나님 앞에서의 영원한 생명입니다. 이런 점에서 제 영혼의 질문이 하나 있다면 무함마드와 꾸란이 메시아 예수를 진리의 중심이요 세상의 구원자로 증언하느냐는 것입니다. 아니면 무함마드가 우리를 다른 방향으로 인도합니까? 저에게는, 나의 선지자와 구원자는 메시아 예수입니다. 그분의 제 삶의 중심이고 그분 안에서 저는 영원한 구원을 선물로 받았습니다.”

그들은 우리에게 진심으로 감사를 표하며 더 많은 대화를 나눌 수 있도록 늦지 않게 다시 방문해 달라고 요청했다. 그 마드라사에서 제기된 질문은 존중하는 태도에 헌신된 우리를 시험하는 좋은 질문일 뿐 아니라 예수님의 사명을 나눌 수 있는 열린 기회를 제공해 준다. 어떤 그리스도인들은 우리가 염려하는 무함마드의 몇몇 면모들에 대한 가차 없는 논의를 선호할 것이다. 왜냐면 그들도 예수님의 면모에 대하여 일치된 의견을 보이지 않기 때문이다. 하지만 무함마드의 부정적인 면모에 대한 비판은 도움이 되지 않으며 사실상 복음을 전할 기회를 빼앗아가게 될 것이다.

나는 메시아 중심의 대답을 선호한다. 그것은 나의 대답을 듣는 사람들로 하여금 이슬람이 메시아에 대한 성경의 증언과 조화되는지, 아니면 이슬람이 우리를 다른 방향으로 인도하는지를 생각해보도록 만든다. 나는 사람들이 예수님이 누구인지에 대한 질문을 깊이 생각해보도록 인도하는 방식으로 대답하길 좋아한다.

대화의 장벽들을 쌓는 일을 피하기

내가 아는 사람이 아프리카의 무슬림 지역들에서 무함마드에 대한 세미나들을 진행한다. 그는 꾸란과 무함마드 둘 다에 비판적이다. 그가 강연한 아프리카인 공동체들에서는 반발이 일어날 것이고 그것은 재앙이 될 수 있다. 이와 같이 저명한 미국교회 지도자들이 때로 무함마드에 대해 부정적으로 언급하는 것은 무슬림 세계의 신문들에 그대로 보도되어 왔다. 몇몇 상황에서 그 결과는 무슬림들 중의 일부가 엄청난 실망감과 분노에 사로잡히는 것이었다.

내가 아시아의 어느 식당에 있었을 때였다. 식당 저쪽에 있던 목사 한 분이 나를 보고는 내가 앉은 테이블 쪽으로 와서는 이렇게 하소연했다. "미국의 그리스도인들에게 좀 전해 주십시오. 그냥 입 좀 다물고 있으라고 말입니다. 무함마드에 관한 당신들의 선언들 때문에 지역 무슬림 공동체의 분노가 우리에게 떨어지고 있습니다. 이런 무책임한 행동을 제발 중단해 주십시오."

우리는 존중과 신뢰를 쌓는 방식으로 우리의 언어를 사용해야 한다. 이것은 서로의 관심사를 무시하는 것을 뜻하지 않는다. 하지만 그 관심사에 대한 우리의 표현은 평화로운 관계를 허무는 게 아니라 세워나가는 방식으로 제시되어야 한다. 나는 무함마드와 무슬림들에 대해 서구 미디어에서 광범위하게 떠도는 몇몇 불친절한 언급들을 반복하기를 거절할 것이다. 경멸적인 언급들이 교회 지도자들의 입에서 너무나 자주 나온다는 점이 비극이다. 성경은 우리에게 명령한다. "생명을 사랑하고 좋은 날 보기를 원하는 자는 혀를 금하여 악한 말을 그치며 그 입술로 거짓을 말하지 말고 악에서 떠나 선을 행하고 화평을 구하며 그것을 따르라"[30]

꾸란과 성경

행복하게도, 꾸란과 무슬림 전통들에는 그리스도인들과 다른 종교인들에게도 호감을 얻을 내용들이 많다. 꾸란은 하나님이 다양한 문화들과 종교들로 구성된 세상을 창조하셨다고 보기에 무슬림들은 다양성을 지닌 세상을 존중하는 태도를 배울 것이다.[31] 무슬림들이 다양한 문화와 종교로 이루어진 세상 속에서 서로 존중하는 기회들을 소중히 여기라는 것은 꾸란의 분명한 명령이다.

성경을 존중하는 꾸란의 가르침에 대해서는 좀 더 있다가 다루겠다. 성경에 대한 꾸란의 진술들에 대한 꽤 포괄적인 목록을 위해서는 부록 C를 보라. 꾸란에서는 그리스도인들이 존중받아야 할 "책의 사람"으로 언급된다. 유대인들과 그리스도인들이 이전의 성경들을 지닌 이들로 여겨진다. 특별히 모세오경, 다윗의 시편, 복음서들이 계시된 성경들로 꾸란에 언급되어 있다.

무함마드는 이전의 성경들을 가지고 있는 이 사람들에게 어떤 질문이든지 하라고 명했다.[32] 그리스도인들은 그들의 성경들을 숨기지 말고 그 책들을 모두가 사용할 수 있도록 하라고 명령받았다. 그리스도인들은 그들의 성경들을 신뢰해야 할 것은, 그렇게 하지 않으면 그들이 신뢰할 것이 아무것도 없기 때문이다. 나는 성경을 신뢰할 수 없다고 열렬히 주장하는 무슬림들이 있음을 알고 있다.

---

30) 성경: 베드로전서 3:10~11.
31) 꾸란: 제5장 마이다(식탁보) 48절; 제11장 후드(선지자 후드) 118절.
32) 꾸란: 제10장 유누스(요나) 94절.

하지만 그런 반대들은 꾸란에서 발견되지 않는다. 꾸란에서 성경은 그리스도인들과 유대인들에게 맡겨진 성경으로 존중되고 있다.

하지만 우리는 경고들을 발견한다. 꾸란은 그리스도인들이 그들의 성경들을 흐리지 말 것을 경고한다. 가짜 성경들을 쓰고 퍼뜨리는 몇몇 사람들에 대한 고발들이 담겨 있다. 또 다른 구절은 그리스도인들이 그들의 성경들을 숨기고 있다고 염려한다. 꾸란이 그리스도인들이 그들의 성경들을 신뢰하고 그 말씀들을 자유롭게 이용할 수 있도록 명령하고 있음을 주목해야 한다. 게다가 꾸란은 그리스도인들을 기록된 성경본문을 바꾸는 이들로 고발하지는 않지만, 모든 사람들에게 성경말씀을 경감시키지 말라고 경고한다.

꾸란이 성경을 이처럼 존중함에도 전 세계 무슬림들에게는 현재의 성경이 원본 성경을 왜곡한 책이라는 억측이 퍼져있다. 반면에, 그들은 아랍어로 된 꾸란은 천국에서 내려온 정확한 복제물이라고 믿는다. 이러한 현실은 그리스도인-무슬림 대화에서 특별한 도전들을 낳는다.

많은 무슬림들이 꾸란 전체를 암기한다. 수세기동안 무슬림 세계의 가장 뛰어난 예술가들이 복잡한 꾸란 구절들을 장식예술로 그려내는 데 헌신했다. 그 책이 이슬람 문명을 낳았다. 그리스도인들이 꾸란을 악평할 때 무슬림들이 받을 충격과 실망과 분노를 상상해보라. 나는 그리스도인들이 꾸란을 계시된 성경으로 받아들어야 한다고 제안하는 것이 아니다. 꾸란의 핵심과 복음의 핵심 사이에 있는 상이함들은 어느 누구도 두 책 모두를 동등한 권위를 지닌 책으로 받아들일 수 없음을 보여준다. 메시지들이 다르기 때문이다. 그리스도인들은 꾸란이 아니라 성경을 신뢰한다.

하지만 그것이 우리가 꾸란을 경멸적으로 대해야 함을 의미하지는 않는다. 예를 들어, 나는 꾸란이 예수님을 메시아로 호칭하고 그분이 처녀에게서 태어났다고 말한 것에 깊은 인상을 받았다. 그래서 나는 메시아가 처녀에게서 태어났다는 꾸란의 가르침이 의미하는 바를 무슬림들이 어떻게 이해하고 있는지 존경하는 마음으로 경청한 후에 예수의 동정녀 탄생과 메시아 됨의 의미에 대한 복음의 증언을 들어볼 수 있도록 그들을 초대할 것이다.

우리 가족은 아주 최근에 시아파 이란인 가정을 초대했다. 그들은 기대감을 가지고 우리의 주일 오전예배에 참석했다. 하지만 그 가정의 남편은 강당의 장의자에 앉는 대신 교회당 뒤편 의자에 앉아야만 했다. 왜냐하면 성경책들이 장의자 밑의 작은 선반에 놓여 있는 것을 보았기 때문이다. 예배 후에 그는 우리 교회 지체들에게 다가와 성경을 대하는 이런 무신경한 태도를 그만둘 것을 조언했다.

무슬림들에게는, 꾸란이 한 공간의 가장 높은 곳에 위치해야 하므로 만약 성경이 어느 공간에 있다면 그것 역시 최고의 존경을 나타내는 위치에 놓여있어야 한다. 이런 이유에서 나는 무슬림들을 만나러 갈 때 나의 아랍어-영어 꾸란을 여행용 가방에 넣어가는 것을 피한다. 나는 나의 영어 꾸란만 가져갈 것이다. 영어로 번역된 것은 진짜 꾸란으로 여겨지지 않기 때문이다. 무슬림들에게는 아랍어로 된 꾸란만이 진짜다. 성경과 꾸란을 다룰 때 나는 그것들을 바닥에 절대 내려놓지 않는다. 무슬림 공동체가 교회에 줄 수 있는 하나의 선물은 우리의 성경들과 거룩한 전통들을 최고의 존경심을 가지고 다루어 달라는 요청이다.

존경의 정신에 대한 반대들

어떤 그리스도인들은 꾸란과 무함마드를 향해 존경심을 가지고 접근하라는 이런 요청에 이의를 제기할 것이다. 어느 동료가 나에게 말한 적이 있다. 물이 담긴 어느 항아리에 약간의 독이 섞여 있다면 그것은 독이 담긴 항아리라고 말이다. 꾸란이 예수님의 성육신과 십자가와 부활을 인정하지 않는다면 어떻게 그 꾸란에 복음의 흔적이 담겨있다고 말할 수 있느냐는 것이다.

예를 들어, 꾸란은 예수님의 동정녀 탄생을 주장한다. 나는 동정녀 탄생을 사실로 믿으며 그것은 복음의 흔적이다. 나의 동료는 이런 접근에 동의하지 않는다. 내가 추천하는 이 접근은 몇몇 초기 교부들이 헬라 철학을 대하던 태도와 유사하다. 터툴리안 같은 몇몇 교부들은 헬라 철학에 선한 것이 없다고 믿었지만 알렉산드리아의 클레멘트와 같은 다른 교부들은 철학이 복음을 위한 예비과정이 될 수 있다고 믿었다. 그는 철학에 복음에 반대되는 몇몇 주제들이 있음을 인정했다. 그럼에도 불고하고, 그는 다신교에 대한 철학의 비판에서 하나님의 손을 보았다.

나는 클레멘트의 접근을 추천한다. 복음을 증언해 내기 위한 모든 노력을 다함에 있어서 우리는 반드시 "발끝으로 서서" 무슬림 운동을 자세히 들여다보며 성령께서 심어주신 진리의 씨앗들을 찾으려는 기대를 품어야 한다. 그 진리의 씨앗들이 복음의 예비과정이 될 수 있는 것이다.

복음의 흔적들을 분별하기

꾸란에 담긴 이런 흔적들을 찾아나갈 때 우리는 진리를 왜곡하고 복음으로부터 떠나려는 인간의 경향성을 충분히 인식하고 있어야 한다. 꾸란을 읽을 때 나는 그것이 복음을 제대로 이해하지도, 그렇다고 부인하지도, 않는 것에 슬픔을 느낀다. 꾸란은 예수님의 구원의 은혜를 놓치고 있다. 또한 우리는 꾸란에서 무슬림들을 대적하는 자들에 대한 폭력적인 언급들을 발견한다. 평화를 사랑하는 무슬림들과 그리스도인들은 무슬림 전사들이 그들의 폭력적인 노선을 정당화하기 위해 꾸란의 명령들을 사용하는 것에 슬픔을 느낀다.

하지만 동시에 나의 마음은 꾸란이 많은 부분에서 복음을 예비하는 흔적들을 포함하고 있는 것 때문에 하나님을 향한 찬양으로 충만하다. 나는 무슬림들이 복음으로 나아올 수 있도록 하나님이 예비해 놓으신 길들을 발견할 수 있도록 내 눈이 열리기를 기도한다. 선교학에서 우리는 그런 흔적들을 "구속적인 유비들"이라고 부른다. 나는 우리가 꾸란을 존중하지 않음으로써 그런 흔적들을 못보고 지나치게 될까 두렵다. 그 흔적들이 복음은 아니다. 하지만 그것들을 통해서 무슬림들이 직접 그 신비로운 사람을 탐구해 보도록 무슬림들을 초대할 수 있다. 꾸란에 의하면, 예수님은 모든 나라들을 향한 신호다. 이 사람은 누구인가? 우리는 우리의 무슬림 친구들이 꾸란에 나와 있는 예수에 관한 놀라운 언급들이 의미하는 바를 명확하게 설명해 주는 복음의 증언을 받아들이도록 초대한다.

책의 사람들

무함마드와 꾸란을 존경하지 않는 정신은 무슬림들과 그리스도인들 사이에 의심과 적개심의 장벽들만 세우게 될 것이다. 그런 무례함은 또한 그리스도인들의 눈을 감겨버려 성령께서 무슬림들이 복음을 들을 수 있도록 때로는 그들의 경전을 통해서도 예비해놓으신 길들을 찾지 못하게 만들 것이다.

내가 아는 한 사람은 이따금 아프가니스탄과 파키스탄의 탈레반 지역으로 들어가 평화를 위한 대화를 나눈다. 그에 대한 신임장이 무엇인가? 그는 책의 사람들에 속한 자로 알려져 있다. 탈레반은 그들의 경전에 있는 "책의 사람들"을 존중하라는 명령을 인지하고 있었다.

"나는 그 책의 사람입니다"라는 말이 무슬림들의 마음 문을 열어주는 것을 나는 발견해왔다. 책의 사람들을 존경하라는 꾸란의 요구들 위에 우리의 모든 관계들을 맺어가는 것이 지혜로운 접근이며, 분쟁 지역에서는 더더욱 그렇다. 이처럼 꾸란이 책의 사람들을 존경하라고 요구한다면 메시아 예수라는 이름을 지닌 평화의 왕의 사신들은 얼마나 더 평화로운 관계들을 정립하는데 헌신해야 하겠는가?

꾸란에서 일반적으로 명백한 그리스도인들에 대한 선의의 정신을 강조함으로써 그리스도인들과 무슬림들이 서로 간에 좋은 관계를 맺을 수 있을 것이다. 그리스도인들에 대한 무슬림들의 선의는 무함마드가 300명에 달하는 그의 추종자들을 에티오피아로 보내어 그리스도인 왕이었던 아르마 느가시Armah Negash의 보호를 요청했던 초기 무슬림 시대에 시작되었다. 느가시는 결코 무슬림이 되지 않았음에도, 무슬림들을 받아들이고 보호해주기 위해 벌린 그의 두 팔은 무슬림들과 기독교인들이 그와 같이 서로를 존중해야 할 하나의 증언으로 수세기에 걸쳐 내려오고 있다.[33]

---

33) Alfred Guillaume, *The Life of Muhammad: A Translation of Ibn Ishaq's Sirat Rasul Allah* (Oxford: Oxford University Press, 1988), 146~55.

토의를 위한 질문들

1. 무슬림들에게 다가갈 때 장벽만 쌓게 만들 태도들은 무엇입니까?

2. 존중하는 태도를 일으키기 위해 꾸란에서 발견할 수 있는 몇몇 접촉점들은 무엇입니까?

3. 다음과 같은 질문들을 받았을 때 당신은 어떻게 대답하겠습니까? "꾸란을 어떻게 생각하시나요?" "무함마드에 대해 어떻게 생각하시나요?"

4. 그리스도인과 무슬림의 대화에서 그리스도인들이 꾸란을 사용해야 하는 이유는 무엇인가요? 꾸란을 사용하는 몇몇 지혜롭지 못한 방법들은 무엇인가요? 꾸란을 지혜로운 태도로써 사용하는 예들을 말해보십시오.

4장: **신뢰를 쌓으라**

"우리는 당신을 신뢰합니다!" 소말리아에 여러 해 머물면서 우리가 종종 들었던 감탄사다. 씨족들 간이나 개인들 간의 신뢰가 종종 고통스럽게 깨어지는 그 사회에서 북미 그리스도인의 박애주의 기관인 소말리아 메노나이트 선교회 SMM만큼은 신뢰할 수 있다는 그 말은 우리에 대한 소말리아 사람들의 보배로운 확증이었다.

신뢰를 위한 기초들

우리가 어떻게 신뢰를 얻었는가? 그것은 아마도 우리가 많은 시간, 함께 차를 마시고 담소를 나누었기 때문일 것이다. 우리는 많은 사람들의 가까운 친구가 되었다. 아마도 그것은 우리의 솔직함과 진실함 때문이었을 것이다. 아마도 그것은 소말리아인들에 대한 우리의 사랑 때문이었을 것이다. 아마도 그것은 우리가 소말리아 사회로 들어간 방식과 그들을 섬긴 방식 때문이었을 것이다. 선교회가 소말리아에 처음 들어갔을 때 선교회의 특사들은 정부 지도자들을 만나 교회 선교 기구가 도움을 줄 수 있는 소말리아의 필요들이 무엇인지 물어보았다. 그들의 대답은 "교육"이었다. 사회의 90%가 문맹이었고, 기초적인 교육이 너무나 절실했다. 때가 무르익었을 때, 우리 선교회는 그 나라의 여섯 지역을 섬기고 있었다. 각각의 경우마다 우리가 해야 할 일이나 하지 말아야 할 일을 결정하는 것은 각 마을의 지도자들이었다. 필요한 안건들을 결정한 것은 우리가 아니라 그 지역 주민들이었다.

우리가 소말리아를 떠났던 1973년을 회상해보면 우리 가족은 나이로비의 혼잡한 이스트리Eastleigh 지역 안에 자리를 잡았다. 우리는 그 지역의 필요들을 찾아내기 위하여 단순하게 풀뿌리 탐문을 시작했다. 이스트리의 이 끝에서 저 끝까지 일관된 요구사항은 도서관과 독서 방이었다. 대부분 방 하나로 이루어져 있는 소말리아의 집에서는 학생들이 따로 공부할 공간을 찾을 수 없었다. 우리는 그 초대에 응했고 곧 80여명의 학생들이 지붕이 있는 독서 방에 모여들게 되었다. 저녁에 공부하는 공간이 필요하다는 그들의 요청에 간단히 반응하기만 했는데도 그 도시 전체 학생들의 학업 성취도가 변화되었다.[34] 우리는 지역 사람들이 희망하는 것을 듣고서 그 희망이 성취되도록 함께 일할 수 있는 길을 찾는 경청의 정신을 통하여 신뢰를 쌓아갔다.

신뢰를 쌓기 위한 의도적인 단계들

수년 전에 무슬림 지역을 섬기는 어느 기독교계 국제 개발단체가 베드루 카테렉가Bedru Kateregga와 나를 초대했다. 그리스도인과 무슬림 운동 내에서 신앙을 기초로 한 공동체 개발에 관한 담화를 나누기 위해서였다. 그들이 말해주기를 그들의 국제적인 직원들은 모두 그리스도인이며 각 지역의 직원들은 모두 무슬림이라고 했다. 그들은 서로 간에 그들의 신앙에 관해 토의하기를 두려워했지만 그들 모두는 그 개발 사역에서 자신들이 행하는 모든 봉사가 신앙을 기초로

---

34) 이스트리 센터의 발전에 대해서는 서론을 참고하라.

하고 있음을 알고 있었다. 그들이 서로를 신뢰하지 못했다면 그들의 신앙에 관해서도 말할 수 없었을 것이다.

우리는 이틀간 30명 정도의 그리스도인-무슬림 직원들과 시간을 보냈다. 담화의 초점은 평화를 구축하기 위한 기초들이 되는 신앙이었다. 우리의 교재는 우리 두 사람이 저술한 『무슬림과 그리스도인의 대화』였다. 우리는 먼저 무슬림들과 그리스도인들을 서로 분리시켜 놓고서 이틀간의 일정을 시작했다. 각각의 그룹에 속한 사람들이 상대편 그룹에 대하여 감사하는 것이 무엇인지 토의하게 한 후에 그들이 나눈 것을 상대편 사람들 앞에서 보고하게 했다. 무슬림들은 그리스도인들이 그들에 관하여 감사하는 내용이 참으로 많은 것에 깜짝 놀랐다. 마찬가지로, 그리스도인들도 무슬림들이 자신들에게 감사하는 내용들을 들으면서 놀라워했다.

대부분의 참석자들이 우선적으로 꼽은 감사 내용은 우정이었고 양쪽 모두 그들의 동료들의 특징인 하나님에 대한 헌신을 이야기했다. 그 순서는 우리가 함께했던 이틀간의 분위기를 결정지었다. 상대방이 자신들에게 감사한다는 사실을 알게 된 각각의 그룹들은 서로에 대한 경계심을 풀게 되었고 그들이 이전에는 결코 감히 나눌 수 없었던 믿음과 동료애에 관한 영역에서 자유롭게 토의할 수 있게 되었다.

이틀간 함께 하면서 가장 힘들었던 순간들은 바드루Badru와 내가 각각 우리의 서로 다른 믿음 때문에 우리가 서로를 고통스럽게 했던 경험들을 나누었을 때였다. 바드루는 내가 꾸란을 하나님의 최종적인 계시로 믿지 않아서 슬펐다고 말했다. 나는 바드루가 예수를 하나님이 보내신 구원자일 가능성을 전혀 고려하지 않는 것에 슬픔을 느꼈다고 나누었다.

그 모임은 소말리랜드Somaliland 지역에서 잔치에 참여하기 위해 우리를 만나러 온 40명의 이맘들과 함께 마무리되었다. 바드루와 내가 각각 인사말을 하게 되었다. 그는 대화를 통한 상호이해의 필요성에 대해 말했다. 나는 메노파 그리스도인들과 무슬림들이 어린이들의 행복을 증진시키기 위해 함께 일하는 방식에 대해 이야기했는데 그것은 예수께서 보여주신 본과 고아에 대한 무함마드의 깊은 염려였다.

그 저녁 시간이 마칠 때 즈음, 그 지역을 대표하는 두 명의 종교지도자들이 나에게 제안했다. 지난 60년 넘도록 소말리아인 가운데 무슬림들과 메노파 그리스도인들이 누려온 그 놀라운 관계들을 언약으로 기념하기 위해 그들이 각각 나의 손녀들 중 하나와 결혼하겠다는 것이었다. 그들의 관점에서 보자면, 그것은 하나의 엄숙한 제안으로서, 무슬림–그리스도인 관계에 있어서 엄청난 진보가 될 것이었다. 나는 우선 서로의 신뢰를 쌓기 위한 그들의 제안에 감사드렸다. 하지만 나는 그처럼 중요한 문제는 내 손녀들의 부모의 동의가 필요하다는 점을 그들에게 납득시켰다. 물론 조부모들인 우리 역시, 우리의 손녀들은 물론이고, 그들의 제안에 몇몇 이견들이 있었지만 말이다!

혁명적인 현존

우리가 누린 그 신뢰는 우리의 현존이 매우 혁명적이었기 때문에 더욱 특별한 주목을 받았다. 그 특별함은 SMM 팀에 있는 여성들과 관련된 것이었다. 우리가 소말리아에 도착한 직후에 몇몇 SMM 자매들이 거리에 있는 찻집에서 함께 차를 마셨던 사건을 회상해보라. 그들이 그 자리에 현존한 것 자체가 매우 혁명적이었다. 그들의 활동은, 여성들이 머물 장소는 집안뿐이라고 믿고 있었던 사회에서, 놀라운 광경이었다. SMM 팀을 섬기는 여성들은 무역을 가르치고 교육 프로그램을 지도하며 의료사역을 진행하는 전문가들이었다. 그들의 사역은 소말리아 사람들에게 도전의식을 불어넣었고 크게 주목받았다. 나는 우리 팀의 자매와 어느 젊은 사업가의 대화를 엿듣게 된 적이 있다. 그가 말했다. "우리는 우리의 여성들이 집에서만 일해야 한다고 믿습니다. 그곳이 그들이 머물 곳입니다." 그러자 그 자매가 대답했다. "집은 좋은 곳이지요. 하지만 하나님은 여성들이 집 밖에서도 일할 수 있는 기회를 주셨답니다. 저 같은 의료전문인이 될 수 있도록 말입니다!"

우리 팀의 자매들을 바라보는 소말리아인들의 시선은 때로 나에게 소말리아 속담을 떠올려 주었다. "자기 아기를 어르는 엄마가 온 나라를 이끈다." 그 남자들은 우리 팀의 자매들이, 그녀들의 모범을 통해, 소말리아 사회를 근본적으로 바꿔줄 여성들의 혁명을 시작하고 있음을 알고 있었다. 그녀들이 본을 보인 그 변혁이 고맙게 여겨졌기 때문에 우리 팀의 자매들이 받는 신뢰는 늘 현재진행형이었다. 우리 팀의 엄마들이 그런 생동감 있는 신뢰를 받는 주역들이 될 수 있었던 것은 그들의 여가활동이 전통적인 소말리아 엄마들의 기대에 부응했기 때문이다. 모든 SMM 가정들처럼 나의 아내 그레이스도 종종 우리의 아이들과 함께 소말리아 가정들을 방문하기 위해 마을로 들어갔다. 그런 관계들의 결과로 소말리아 여성들을 위한 재봉 모임이 생겨났다. 소말리아 여성들이나 십대소녀들이 그들의 재봉 모임을 위해 매주 우리 집을 방문했다. 그러고는 수다를 떨었다! 그 재봉 모임에 대한 기억은 수년간의 소말리아 생활 가운데에서 그레이스가 가장 즐겁게 떠올리는 추억이다. 그 유쾌한 시간들이 모여 참된 신뢰를 쌓았고 결국 새로운 우정을 만들어냈다.

소말리아 여인들에게는, 우리가 보여주는 일부일처제의 유익들과 행복한 가정생활만큼, 독신생활 역시 놀라움 그 자체였다. 우리의 서점을 운영하는 자매에 의하면 소말리아 여성들에게 가장 인기 있는 책은 『그리스도인의 결혼관』이었다. 학생들은 우리 집 거실 벽에 걸려있는 그레이스 부모님의 결혼 50주년 기념사진에서 10명의 자녀들을 발견하고는 종종 이렇게 물었다. "당신의 아버지는 아내를 몇 명이나 두었나요?" 그레이스는 이렇게 대답했다. "나의 아버지에게는 나의 어머니 말고는 어떤 여자도 없었어요." 그러면 학생들은 이렇게 소리 질렀다. "그럴 수 있다는 얘기를 들어본 적이 없어요! 한 남자와 한 여자가 50년이나 같이 살았다고요? 그거 정말 끝내주네요!"

누가 당신들에게 돈을 주나요?

종종 나는 이런 질문을 받았다. "SMM과 다양한 개발 사역들을 운영하는 자금들을 어디서 가져오나요?" 우리를 모르는 사람들이 일반적으로 추측하는 것은 그 자금들이 미국 정부의 몇몇 산하기관들로부터 온다는 것이었다. 하지만 우리가 소말리아에 고등학교를 세우기 위해서 끌어온 자금들은 미국이 아니라, 독일과 네덜란드의 것이었다. 다만, 우리들이 주일 아침에 예배하러 모이기 위해 얻어낸 자금들은 주로 펜실베이니아 동부에 있는 이백 여 교회에서 온 것이었다. 그 자금들은 하나님의 은혜에 감사하는 이들이 전 세계에 있는 곤핍한 사람들에게 하나님의 사랑을 나누고 싶은 열망에서 자발적으로 드린 것이었다.

많은 이들이 사업이나 전문직에 종사하며 국제적으로 봉사하고 있다. 몇 년간 나의 보수는 케냐인으로 구성된 나이로비의 대학에서 지급되었다. 다른 이들은 연구원이나 사업가로 봉사했다. 무슬림 사회에서 일하는 그리스도인들이 믿을만한 지원 체계 속에서 합법적으로 일할 수 있는 무수히 많은 방법이 있다. 핵심적인 것은 무슬림 사회가 인정하고 환영하는 방법으로 지원받는 것이다.

물론, 사역기관들은 다양한 통로로 기부금을 받고 있으며, 서로 다른 수입원들이 있다. 몇몇 기관들은 정부의 지원금들을 받는다. 하지만 나는 후원 교회와 투명하게 연결되는 것을 훨씬 좋아한다. 그로 인해 이렇게 말할 수 있기 때문이다. "우리는 그리스도인 친구들이나 교회들로부터 자금을 얻습니다." 후원금의 출처가 어디이든, 그 직원이 행하고 있는 사역의 성격이 무엇이든, 자금 출처가 투명해야 신뢰가 쌓인다.

커리큘럼에 이슬람 과목을?

소말리아에 있을 때 신뢰를 쌓는 가장 결정적인 국면들 중 하나는 우리 학교들에서 이슬람을 가르쳐야 한다는 정부의 요구가 내려왔을 때였다. 그것은 엄청나게 도전적인 국면이었다. 우리의 복음주의 미션파트너는 그 요구를 받아들이기 보다는 그들의 학교들을 폐쇄하기로 결정했다. SMM에게 가장 결정적인 질문은 소말리아에 있는 작은 신자들의 공동체의 의견이 무엇인가였다. 얼마나 작고 흩어지기 쉬운 공동체인가에 상관없이 그 지역 교회가 그 결정에서 핵심적인 역할을 해야 한다는 것이 우리의 믿음이었다.

1960년대 초반이었던 그 시간, 그곳에는 신자들의 몇몇 무리가 존재했다. 그 신자들은 우리에게 정부의 요구를 받아들을 것을 권했는데, 복음은 하나님의 능력이기에 우리가 이슬람을 두려워할 필요가 전혀 없다는 것이었다. 교실에서 이슬람이 가르쳐지고 기독교로의 개종이 금지되어도, 성령은 매이지 않는 것을 그들이 목격했기 때문이었다.

미국에 있는 우리의 보수적인 후원 그룹에게, 그 결정은 놀라운 국면이었다. 많은 사람들이 실망했다. 선교를 위한 그들의 선물들이 이슬람을 가르치는 학교들을 운영하는데 쓰일 판이었다. 주교들이 하루 금식을 선포했고 우리 선교회의 지도자들과 주교들이 기도와 분별을 위한 모임을 가졌다. 그 논의의 핵심은 소말리아에서 부상하고 있는 토착 교회의 의견이었다. 그 신자들의 의견이

주교들에게 전달되자 정부의 정책을 받아들이고 정부가 지정한 이슬람 교사들을 우리가 세운 학교들에 받아들이겠다는 놀라운 결정이 내려졌다.

그 결정이 분수령이 되었다. 소말리아의 모든 국민이 우리를 이슬람과 싸우기 위해서가 아니라 자신들을 섬기기 위해 온 사람들로 새롭게 인식하게 되었다. 신자들의 공동체가 주목할 만한 방법들을 통해 영적 지원을 계속했다. 이슬람 수업을 받아들여 신뢰를 쌓는 행위가 교회가 성장하고 침투하기 위한 더 많은 공간을 만들어주었다. 소말리아 신자들이 나에게 종종 말해주듯이 선교회를 향한 정부의 신뢰와 감사가 우산이 되어 그 밑에서 그들의 교회가 소말리아인들을 더욱 풍성하게 섬길 수 있게 된 것이다.

내가 감독한 학교에서는, 신자들이 점점 증가하면서, 우리 집의 거실보다 더 넓은 공간이 필요하게 되었다. 우리는 신자들과 함께 우리 학교의 차고를 개조해서 작은 예배실을 만들었다. 그러자 무슬림 학생들이 그들이 기도할 수 있는 공간도 마련해달라고 요구했다. 그 때 그 고등학교는 독일 쪽의 자금으로 지어졌기에 그것의 일부가 무슬림들을 위한 작은 기도처를 마련하는데 사용되었다. 따라서 우리 학교는 작은 모스크와 채플을 함께 가지게 되었다. 그것 역시 신뢰를 쌓는 국면이었다. 우리는 그와 같은 방향이 도출 되는데 전혀 관여하지 않았다. 하지만 성령님의 인도하심을 따르고 부상하는 토착 교회의 조언을 듣는 중에 우리가 전혀 예상하지 못한 그 방향으로 나아가게 되었다. 이 모든 국면들 속에서 신뢰가 쌓여가는 모습이 확연했다.

청탁을 위한 뇌물?

이 책 첫 장의 주제는 진실한 삶이었다. 신뢰를 쌓으려면 진실해야 한다. 우리는 결코 뇌물을 주고받지 않았다. 우리는 결코 정부 관리들의 책상 밑으로 봉투를 밀어 넣지 않았다. 우리는 결코 우리 학교들에 들어올 자격이 안 되는 학생들을 밀어 넣으려고 건네는 봉투들을 받지 않았다. 그처럼 확고한 우리의 입장이 늘 친구들을 얻게 만들어주지는 못했지만, 그것은 분명 신뢰가 축적된 평판을 안겨주었다. 나는 "나무"라는 별명을 얻었다. 학생들과 학부모들은 내가 나무처럼 움직일 수 없는 사람이라고 말했다. 하지만 만약 우리가 원칙을 양보한다면 학교에 대한 신뢰 수준이 곤두박질할 것을 나는 알고 있었다. 다른 학교들처럼 우리도 친구들과 영향력과 돈에 영합하게 될 것이 빤했다.

성경공부들과 이맘들

섬세하게 접근해야 할 개종과 복음 전도의 문제에서도 신뢰를 먼저 쌓는 것이 매우 중요하다. 예를 들면, 나이로비에서 일곱 개의 팀들 중에 하나가 나와 함께 4년간 무슬림 세계관에 맞춰진 성경공부를 개발하고 있었다. 성경공부 교안이 완성되었을 때 우리는 그것을 무슬림 지역으로 가지고 가서 무슬림 학생들을 그 과정에 초청하여 그들에게 그것을 평가해 달라고 부탁했다.

우리는 그 과정을 진행하면서 꾸란을 종종 언급했다. 우리가 꾸란을 언급하는 것이 무슬림 경전들을 왜곡하거나 무슬림들에게 모욕적으로 들리지 않도록 주의했다. 하지만 우리는 또한 원칙에 입각한 꾸란 인용들이 신뢰를 증진시킬 수 있다고 생각했다. 우리는 꾸란 속에 진리의 표징들이 있음을 보았다. 이미 언급했듯이, 주목할 만하고 유용한 표징은 꾸란이 예수를 메시아로 언급하는 부분이다. 물론 우리는 또한 예수를 메시아로 부르는 꾸란의 이해가 성경적인 증언에서 벗어나 있음도 잘 알고 있다. 우리는 무슬림들이 성경을 통해 이슬람을 설교할 때 실망했다. 우리가 믿기로는 그것은 성경의 메시지를 왜곡한 것이었다. 마찬가지로, 무슬림 역시 그리스도인들이 꾸란의 메시지를 조작하는 것에 실망한다. 그래서 우리는 꾸란을 사용할 때마다 그것의 메시지를 왜곡하지 않기로 결정했다. 이것은 우리가 꾸란을 언급하지 않겠다는 의미가 아니라 우리의 초대를 받은 무슬림들이 우리가 전하는 성경메시지를 들어보게 하겠다는 것이다.

우리의 성경공부 과정을 평가해주도록 부탁받은 어느 지도적 인사는 파키스탄 성직자였다. 아마도 그는 이스트리에 있는 우리의 센터 근처에서 우리가 선포하는 기독교 신앙을 공격하는 설교를 할 것이다. 우리는 그와 그의 제자들을 수차례 우리의 센터로 초대하여 저녁식사를 대접하면서 복음에 관한 대화를 나누었다. 그는 매우 적극적인 논객이었다. 그래서 내가 그를 평가위원으로 초대한 것이었다. 나는 이렇게 설명했다. "나는 무슬림 공동체 안에서 당신이 모르는 것은 어떤 것도 하고 싶지 않습니다. 왜냐하면 나는 당신뿐 아니라 우리가 함께 살고 있는 무슬림들과 신뢰하는 관계를 맺고 싶기 때문입니다. 이것은 무슬림들을 위한 성경공부입니다. 우리는 종종 꾸란 구절들을 언급했습니다. 이 과정을 한 번 검토해 주십시오. 우리가 꾸란을 사용할 때 행여나 꾸란의 메시지를 왜곡했거나 이슬람을 폄하하지는 않았는지요? 우리는 이 과정에 힘을 실어달라고 당신의 허가를 요청하는 게 아닙니다. 케냐에는 종교의 자유가 보장되어 있기 때문입니다. 다만 우리는 무슬림 공동체에 모욕적인 방식으로 우리의 성경공부를 진행하고 싶지 않을 뿐입니다. 제가 당신의 비평을 듣기 위해 두 주 안에 돌아오겠습니다."

차 한 잔을 마신 후에 그와 헤어졌다. 그리고 두 주 후 그를 다시 찾았다. 그 성직자는 먼저 자신에게 비평할 기회를 준 것에 감사를 표한 후에 이렇게 말했다. "이것은 기독교 신앙을 매우 정확하게 묘사한 놀라운 과정입니다. 저는 그리스도인들이 무엇을 믿는지에 대해 이해하고 싶은 무슬림들을 낙담시키고 싶지 않으므로 이 과정이 우리 공동체에서 잘 돌아가도록 지원하겠습니다. 사실, 당신의 꾸란 인용과 이슬람에 대한 언급이 탁월했음을 꼭 말해주고 싶습니다. 당신이 이슬람에 대해 사실과 다르게 말했거나 모욕적으로 언급한 것은 전혀 없습니다. 하지만 그 과정의 세 번째 장에 대해서는 극도로 유감스럽습니다." 그는 나에게 그 장의 내용이 어떤 부분에서 틀렸는지에 대해 구체적으로 설명해주었다.

나는 인간의 상태에 대한 장과 관련된 그의 격렬한 반대에 충격을 받았다. 이슬람의 가르침에 의하면, 아담은 가르침을 통해 교정될 수 있는 실수를 저질렀을 뿐이었다. 근본적으로 선한 아담에게는 구원자가 필요 없었다. 하지만 성경적인 신앙에 의하면, 아담과 이브를 포함한 모든 인류는 하나님을 떠났다. 우리에게는 가르침 이상의 것이 필요하다. 우리에게는 구원자가 필요하다. 우리에게는 구원이 필요하다. 나는 그 이맘에게 그가 그토록 강하게 거부한 부분을 다시 쓸 수 있도록 도움을 달라고 요청했다. 우리는 그 곤란한 부분을 함께 작업했다. 우리는 아담과 이브가 그들의 불순종 속에서 하나님을 떠났다고 진술했다. 우리 모두가 하나님을 떠난 아담과 이브의 선택에 동참했다. 우리가 하나님을 떠날 때 우리는 하나님과의 분리, 사악함, 그리고 죽음을 경험한다.

우리의 공동작업 말미에 터번을 두른 나의 그 무슬림 조언자가 이렇게 말했다. "나는 당신의 그 신학에 동의하지는 않지만, 당신이 말하는 것이 무엇인지는 이해할 수 있겠습니다." 그것은 놀라운 언급이었다. 확성기로 우리의 거리에서 이슬람을 설파하는 그 성직자가 이제는 무슬림들이 이해할 수 있는 방식으로 복음을 설명하는 일에 나를 돕고 있는 것이었다.

『하나님의 백성』 과정에 무슬림의 비평을 수용했던 그 결정은 그 성경공부의 수용성을 향상시켰다. 우리는 그리스도인들의 조언 역시 광범위하게 받아들였다. 그들 중 한 명은 이슬람학으로 박사학위를 받은 그리스도인이었다. 그것은 4년간 이어진 프로젝트였는데 그 그리스도인 학자는 다달이 우리의 작업에 동참해 주었다. 저술 팀의 상당수가 무슬림 배경을 지닌 신자들이었다. 복음을 더 잘 이해시키기 위해 팀원 전체가 헌신적으로 일했다. 지난 수십 년간 그 성경공부 과정이 동부 아프리카 전역에서 수천 개의 코스들을 통하여 그 지역의 무슬림들을 접촉해오고 있다. 그리고 그 과정은 이미 45개의 언어들로 번역되었다. 지금까지 내가 아는 한 그 과정이 진행되고 있는 무슬림 공동체들 중에서 그것에 대한 반대를 표한 곳은 단 한 군데 밖에 없었다. 심지어 어느 아시아 국가에서는 그곳에서 그 성경공부 과정을 시작한 지 얼마 지나지 않았을 때, 국영 신문이 그 과정에 대한 1면 사설을 내고서는, 사람들이 그것을 무슬림 자료라고 생각할지 모르지만 사실은 기독교 자료라고 알려주었다. 그 사설은 그 성경공부의 내용을 일일이 설명해 주면서 사람들이 그 내용을 보면 그것이 기독교 자료인 것을 알 수 있다고 말했다. 그 결과 사람들은 그 신문의 설명을 읽음으로써 구원에 관하여 이해할 수 있는 기회를 얻게 되었다!

그 과정이 그처럼 우호적으로 받아들여진 핵심적인 이유가 무엇이었는가? 꾸란이 의도한 것을 우리가 왜곡 없이 이해하고 있다고 확신할 때만 꾸란을 사용했기 때문이었다. 우리가 꾸란을 사용한 방식이 그곳 무슬림들의 신뢰를 얻게 만든 것이다. 우리는 꾸란을 공격하거나 그 꾸란이 충만한 복음을 설명하고 있다는 식으로 말하지 않았다. 우리는 다만 꾸란을 복음의 증표들이 담겨 있는 무슬림의 경전으로만 보았다.

할리마가 복음의 진실성을 보증하다

모든 신학적인 뉘앙스를 정확하게 잡아내는 것보다 더 의미심장한 것이 바로 관계다. 사람들이 그 과정에 등록은 하겠지만 그들은 이내 편지를 써서 이렇게 말할 것이다. 그들이 저자들이나 그 일에 동참한 사람들 중 하나를 만나기 전까지는 그 커리큘럼이 무슨 도움이 되는지 알 수 없겠다고 말이다. 할리마의 이야기가 그 점에서 큰 도움이 될 것이다. 할리마는 이스트리에 사는 자그맣고 품위 있는 16살 소말리아 소녀다. 그녀는 우리 가족과 머물길 좋아했고 그레이스에게 성경을 가르쳐달라고 요청했다. 그레이스와 할리마는 규칙적으로 만나, 책상에 펼쳐놓은 『하나님의 백성』으로 복음을 탐구했다. 긴 시간이 지나지 않아서, 어느 장을 공부하던 중에, 그녀가 이렇게 외쳤다. "나는 예수를 믿는 신자입니다!"

그 무렵에, 500마일 떨어진 마을에 사는 그녀의 오빠가 이스트리에 왔다. 그녀의 신앙적 결단을 들은 그는 할리마를 가혹하게 때렸다. 그녀는 기도를 부탁하러 우리를 만나서는, 자신이 그녀의 오빠를 온전히 용서할 수 있도록 하나님께 기도해달라고 말했다. 그녀는 케냐 곳곳을 돌며 복음을 나눔으로써 그녀의 구세주를 섬기고 싶어 했다. 그녀의 견고하고 매력적인 영성이 수백 개의 과정들에 도움을 주었다. 사무실에 와서 할리마를 만나는 모든 사람들에게 그녀의 환한 얼굴과 기쁨은 그 성경공부가 실로 좋은 과정임을 확신시켰다.

무슬림 세계관 안에서 복음을 나누기

우리는 그 성경공부를 개발하면서 사다리를 오르는 장면을 염두에 두었다. 그 과정의 시작은 사다리의 첫 번째 가로대였다. 각각의 수업은 그 사다리의 또 다른 가로대로서 학생들이 복음을 이해하게 되거나, 더 바라기로는, 그리스도에게 헌신하게 되는 그 사다리의 꼭대기를 향해 더 가까이 가도록 이끌어 주었다. 만약 어느 한 가로대가 너무 멀리 놓여 있으면 학생은 그 사다리에서 떨어질 것이다. 그래서 각각의 수업에서 우리는 우리의 학생 친구들이 그 사다리를 한 단계 한 단계 올라가도록 구상했다. 우리는 각 가로대들이 이전의 가로대 위에 합리적으로 놓이도록 했다. 또한 학생들이 보기에 각각의 가로대가 위협이 되기보다는 모험처럼 느껴지도록 저술했다. 그 과정을 마친 이들이 기록해준 평가들은 많은 학생들에게 그 과정이 성경 이야기들에 담겨 있는 좋은 소식들로 들어가는 진짜 놀라운 모험이었음을 보여준다.

이슬람에서 복음으로 건너가는 의미심장한 다리는 그 과정을 위해 우리가 사용했던 성경들이었다. 꾸란 이외에 무슬림들에게 가장 친숙한 성경들은 토라, 시편들, 그리고 복음서들이다. 그래서 우리는 그 성경들을 가장 많이 사용했다. 우리는 그 과정들을 "하나님이 토라를 계시하시다"는 주장으로 시작했다. 네 개의 책으로 구성된 그 시리즈의 첫 책이 그 성경에 기초했다.[35] 무슬림들은 토라에 관한 호기심이 많다. 예를 들면, 토라는 꾸란이 제시하는 것보다 아브라함에 관한 더 풍성한 이야기를 들려준다. 성경 이야기들은 많은 무슬림들을 놀라게 만든다.

우리는 꾸란을 신중하게 사용한다. 예를 들면, 우리가 이미 언급한 것처럼, 꾸란은 예수를 메시아로 언급한다. 하지만 꾸란은 예수의 메시아 되심이 무엇을 의미하는지 충분히 설명해주지 않는다. 사실, 꾸란은 메시아가 제한된 미션을, 제한된 시간에, 오직 이스라엘을 위해서만, 행했다고 주장한다! 그래서 우리는 단지 꾸란이 예수를 메시아로 주장했다고만 언급한다. 그러고는 무슬림 독자들이 하나님이 그리스도인들에게 맡겨주신 성경들이 예수를 메시아로 계시한 것을 살펴보도록 초대한다. 이런 접근에서 이슬람을 비난하는 내용은 전혀 없다. 사실, 꾸란은 메시아가 이전 성경들을 성취했다고 말한다. 따라서 무

---

35) 꾸란: 제3장 알 이므란(이므란의 가족) 3절.

슬림이 예수에 대해 성경이 무엇이라고 말했는지 탐구해보도록 초대하는 것은 예수가 성경들을 성취했다는 꾸란의 주장과 조화를 이루는 것이다.

신뢰에서 믿음으로

수년 전에 싱가포르를 방문하고 있었을 때, 나는 내가 가르치던 세미나에서 그 성경공부 과정을 언급했다. 뒤에 서 있던 한 남성이 자기 손을 흔들어 보였다. 그가 이렇게 외쳤다. "그 과정 덕분에 제가 여기에 있습니다! 저는 파키스탄의 라호르 출신입니다. 어떤 사람이 그 성경공부 과정을 제게 주었습니다. 저는 그 성경들과 그 과정에 포함되어 있던 유용한 주석들을 공부하면서 예수님을 만났습니다." 그런 일이 어떻게 발생했는가? 우리 팀이 개발한 꾸란과 성경에 대한 접근이 신뢰를 쌓은 것이다. 그 신뢰로부터 흥미가 유발되어 복음의 메시지를 듣고 받아들일 마음까지 일으킨 것이다. 로하르 출신의 그 남성이 지나온 모든 영적 여정에서 가장 결정적인 것은 그에게 성경을 소개해 주었다는 어떤 믿을 만한 사람이었다.

사도 바울이 말했다. "그런즉 그들이 믿지 아니하는 이를 어찌 부르리요 듣지도 못한 이를 어찌 믿으리요 전파하는 자가 없이 어찌 들으리요 보내심을 받지 아니하였으면 어찌 전파하리요 기록된 바 아름답도다 좋은 소식을 전하는 자들의 발이여 함과 같으니라"[36]

---

36) 성경: 로마서 10:14~15.

토의를 위한 질문들

1. 무슬림들과 그리스도인들 간의 신뢰를 쌓는 것을 가로막는 몇몇 장애물들이 무엇이겠습니까?

2. 신뢰하는 관계를 구축하기 위해 사용할 수 있는 구체적인 단계들에는 무엇이 있을까요?

3. 소말리아에서 학교들을 운영하는 두 그리스도인 기관들에게 그들의 학교에서 이슬람을 가르치라는 정부의 방침이 전달되었습니다. 한 기관은 그들의 학교를 폐쇄했고 다른 기관은 당국의 방침을 수용했습니다. 이 상반된 반응들의 장점과 단점을 논의해 보십시오. 비슷한 상황에 놓인다면 당신은 어떻게 결정하겠습니까?

4. 무슬림 성직자에게 성경공부 과정에 대한 평가를 부탁하는 것을 당신은 어떻게 생각하십니까? 성경공부 과정에서 꾸란을 언급하는 것의 장점들과 주의할 점들은 무엇입니까?

5. 무슬림들에게 복음을 소개할 때 사용하는 사다리 접근법을 설명해 보십시오.

6. 당신과 당신의 교회 공동체가 무슬림들과 신뢰관계를 개발할 수 있는 방법들을 생각해 보십시오.

5장: 다른 중심들에 관해 대화하라

교회가 무엇인가? 이슬람의 집이 무엇인가? 우리는 여기서 잠시 이 두 질문을 명확하게 하고 넘어가야 한다. 이번 장의 주제는 이슬람의 집과 교회의 만남이다. 이슬람의 집과 교회를 형성하는 다른 두 중심들이 미치는 영향들이 무엇인가? 우리는 그 두 공동체간에 눈에 띄는 유사점들이 있음을 알고 있다. 모스크나 회당에 들어갈 때 나는 무수히 많은 신들이 들어선 힌두교 사원에 들어갈 때와는 사뭇 다른 느낌을 갖는다. 힌두교 사원에는 아브라함 종교의 영향력이 미치지 못했기 때문이다.

아브라함 종교들

아브라함 종교들은 우주의 창조자로서 인격적이고, 의로우며, 초월적이고, 전능한 하나님을 믿는다. 그 믿음은 우주 자체를 신성한 것으로 보는 세계관과는 완전히 다른 개념이다. 이 아브라함 종교들의 신도 수가 세계 인구의 절반이나 차지한다. 이 종교들의 지지자들은 이 세상에 자신들이 맡은 사명이 있다고 믿는다. 토라에 의하면 열방을 축복하는 것이 아브라함 가정의 사명이다. 무슬림들은 이 부르심을 다르게 표현하는데 아브라함이 열방을 위한 이맘이 되어야 하는 사명이다. 내포적이든 명백하든, 아브라함을 자신들 신앙의 조상이라고 주장하는 이 모든 종교들에게 복이 주어졌다.

무슬림과 동행하는 가운데 내가 발견한 것들을 좀 더 나누기 전에, 나는 무슬림 공동체와 교회를 구성하는 두 집의 성격을 밝혀주고 싶다. 이슬람의 집이 지니고 있는 본성이 무엇인가? 교회의 본성이 무엇인가? 우리는 이 두 신앙 공동체들을 형성하는 중심들을 주의 깊게 재론하며 탐구해야 한다.

이슬람의 집: 움마

움마Umma는 "엄마"라는 뜻이다. 무슬림 공동체는 "움마"라고 불린다. 무슬림 공동체가 무슬림 신자들을 돌보는 엄마인 것이다. 이슬람의 집은 무슬림 공동체의 구조물이다. 나는 그 무슬림 공동체를 지칭하기 위해 "움마"와 "이슬람의 집"이라는 용어를 함께 사용할 것이다. 이슬람의 집은 열 두 개의 기둥으로 지어져있다. 몇몇 무슬림들은 열 개의 기둥이라고 말한다. 여섯 개의 "믿음" 기둥에 여섯 개의 "의무" 기둥까지, 총 열 두 개의 기둥이 이슬람 공동체를 떠받치고 있다. 만약 당신이 세상 어느 곳에서든 무슬림을 만나게 되면 이렇게 한 번 물어보라. "무슬림의 믿음과 의무가 무엇입니까?" 만약 그 무슬림이 이슬람의 신앙을 알고 있다면 이렇게 대답할 것이다. "무슬림에게는 다섯혹은 여섯 개의 믿음 기둥과 다섯혹은여섯 개의 의무 기둥이 있습니다." 그 기둥들은 다음과 같다.

여섯 개의 믿음 기둥:

1. 한 분 하나님을 믿음—무슬림들은 유일하신 한 분 하나님의 아흔아홉 가지 이름들을 부른다. 첫 장을 제외한 꾸란의 각 수라장는, "자비로우시고 자애로우신 하나님의 이름으로"라는 표현으로 시작한다. 이처럼 무슬림은 다른 무엇보

다도 하나님을 연민하시는 분으로 바라본다.

2. **선지자들**을 믿음—성경에 나오는 모든 선지자들뿐 아니라 수천 명의 다른 선지자들을 믿는다. 지구상의 모든 종족에는 그들의 선지자들이 있다. 무슬림들은 무함마드가 선지자들을 확증하는 자로 믿는다. 그는 그 이전의 모든 선지자들을 확인해주는 마지막 선지자이며 그의 최종적인 선지자직은 지금 전 세계에서 섬기고 있는 124,000명의 사람들을 포함하고 있다.

3. **하나님**의 **책들**을 믿음—명백하게 언급되는 몇몇 책들은 토라, 시편들, 복음서들, 그리고 꾸란이다. 이슬람은 아브라함 두루마리들도 성경에 포함시키는데 그것은 아브라함이 받아서 기록한 것이다. 하지만 무슬림들이 믿기로 그 아브라함 문서들은 소실되었다. 무슬림들이 믿기로 그리스도인들과 유대인들이 이전 성경들을 소유하고 있지만, 꾸란이 모든 이전 성경들을 요약하고 확증하는 마지막 계시의 책이다. 계시된 모든 책들은 하늘에서 원본 그대로 내려왔기에 "보호받은 판"guarded tablet이라 불린다.

역사적인 이야기들이 가득한 기독교 성경들이 무슬림들에게 특별한 도전이 되고 있는 이유는 이야기보다는 가르침으로만 이루어져 있는 꾸란과는 너무나 대조적인 모습을 지니고 있기 때문이다. 꾸란이 기독교 성경들의 신빙성을 확인해줌에도 대부분의 무슬림들은 기독교 성경들이 변경되었다고 믿고 있다. 이야기와 가르침이 함께 엮어있는 성경을 어떻게 하면 달리 설명할 수 있을까?

무슬림들은 무함마드에 관한 그들의 역사를 가지고 있지만 역사적인 측면은 꾸란에 포함되지 않았다. 이슬람의 두꺼운 역사책들을 하디스 혹은 "전통들"이라 칭한다. 하디스는 무함마드가 죽은 지 이백년 이상 지났을 때 그의 추종자들이 수집해 모은 무함마드에 관한 이야기들이다. 하디스는 계시된 성경들로 여겨지지 않는다. 그것들은 무함마드가 말하고 행하고 승인한 내용들을 담고 있다.

무슬림들이 성경을 읽을 때, 그것은 그들에게 꾸란 같은 경전과 하디스의 혼합물로 느껴진다. 그럼에도, 성경에 대한 호기심이 생기는 이유는 꾸란이 언급하기는 하지만 전체 이야기는 들려주지 않는 선지자들의 이야기가 성경에 담겨 있기 때문이다. 일례로, 꾸란은 요셉을 언급하면서 몇몇 개요들과 그 이야기에 관한 흥미로운 언급들을 제공한다. 하지만 성경은 그 이야기 전체를, 흥미로운 세부내용과 함께, 기록해 놓았다. 그러니 많은 무슬림들이 성경 이야기들에 큰 흥미를 느끼는 것이 당연한 것이다. 성경이 "변질"되었다는 무슬림들의 의문에 대한 자세한 논의들은 7장을 보라. 부록 C에는 성경을 언급한 꾸란 목록을 제공해 두었다.

4. 천사들을 믿음—이 기둥은 계시에 대한 무슬림들의 이해에 매우 중요하다. 무슬림들은 하나님이 천사들을 통하여 이슬람을 무함마드에게 내려주었다고 믿는다. 이슬람은 계시된 하나님의 말씀이라는 아랍어 꾸란으로 의사소통된다. "내려진" 계시인 꾸란은 "탄질"내려진 것으로 호칭된다.

5. 최후심판을 믿음—무슬림들은 평형저울이 있다고 믿는다. 의롭게 살면서 이슬람의 의무들을 행하면 그 저울의 좋은 쪽에 그 공덕이 쌓인다. 불의하게 살면서 이슬람의 의무들을 등한시하면 그 저울의 나쁜 쪽에 그 악덕이 쌓인다. 최후 심판은 엄청난 두려움에 사로잡힌 인류가 서서 하나님 그분의 선고를 기다리는 모습으로 묘사되었다. 그 선고가 각 사람을 천국이나 지옥으로 운명 짓는다. 어떤 사람들은 지옥에서 잠깐 살아가는 벌을 받은 후에 천국의 영역에 단계적으로 진입한다. 나머지 사람들에게는 지옥의 형벌이 영원하다. 무슬림의 의무를 열심히 행하는 것은 지옥의 형벌을 피하기 위함이다. 이 기둥에 관한 나의 간단한 언급들을 균형 있게 평가하려면 무슬림들 가운데 최후심판과 상급에 관한 엄청난 토론이 있음을 기억해야 한다.

6. 운명을 믿음—이 마지막 믿음 기둥이 무슬림들에 의해 항상 언급되지는 않

는다. 하지만 이것은 순니파 무슬림의 신앙과 행위에서 중요한 차원이다. 이것은 하나님이 그분의 주권으로 일어날 모든 일을 결정하신다는 확신이다. 이 믿음기둥은 수많은 논란을 일으켰다. 하나님의 주권이라는 신학에 둘러싸인 한 개인이 자유롭게 선택할 여지가 있는가? 이 기둥이 늘 언급되지 않는 부분적인 이유는 이슬람 안에서도 자유 의지와 하나님의 주권에 관한 수많은 논쟁이 있기 때문이다.

여섯 개의 의무 기둥:

1. **신앙고백**샤하다 – "알라 외에는 하나님이 없고 무함마드는 알라의 선지자다." 두 명의 남자 무슬림 앞에서 이 말을 의식적으로 고백하는 자는 무슬림이다.

2. **기도 의식**쌀랏 – 이 기도를 하루 다섯 번 행한다. 기도하는 이들은 하나님 앞에서 몸을 숙이면서 메카를 향한다. 기도의 내용은 꾸란의 첫 수라장인 알파티하로 채워진다. 매일 알파티하를 열일곱 번 반복하니, 매 번 기도할 때마다 그것을 수차례 반복하는 것이다. 때로는 알파티하 기도를 반복하는 회수에 약간의 변화를 주기도 한다. 씻는 예식까지 포함하여 기도 의식들을 행하는 데에 대략 하루 한 시간 정도가 소요된다.

3. 가난한 자를 위해 **자선**자캇 – 이것은 빈곤에 허덕이는 이들을 위해 자선을 베푸는 행위다.

4. 한 달간의 **금식**라마단 – 낮에만 금식한다. 밤에는 잔치가 벌어진다. 무슬림들은 라마단에 꾸란의 계시가 시작되었다고 믿는다. 계시는 자기 훈련에 관한 것이고 또한 잔치에 관한 것이다. 따라서 라마단 기간에 매일 금식하고 잔치하는 리듬은 계시를 선물로 받았음을 기념하는 행위다.

5. **메카 순례**^{하지} – 순례길에 오를 수 있는 남성이나 여성 무슬림은 누구든지 자신의 생애에 한 번은 가야 한다. 아브라함의 집에서 쫓겨났을 때 물을 찾아 헤매었던 이스마엘과 하갈의 전설이 순례여정에서 재현된다. 수천마리의 짐승들도 이스마엘을 기억하기 위해 희생되는데 그들이 믿기로 이스마엘은 하나님이 제공하신 엄청난 대속 희생 덕에 죽음에서 건짐 받았다.

6. **하나님의 길을 위한 분투**^{지하드} – 지하드는 이슬람의 집을 온전하게 지켜내기 위한 헌신이다. 지하드에는 두 가지 형태가 있는데 작은 지하드와 큰 지하드다. 큰 지하드는 영혼을 위한 것으로 겉모습과 속마음의 헌신이 결합된 신실한 무슬림이 되기 위해 분투하는 것이다. 작은 지하드는 이슬람의 집이 위협을 당할 때 필요한 모든 방법을 동원하여 그것을 보호하는 것이다. 작은 지하드는 여러 가지 모습으로 표출된다. 첫 번째는 말이나 글로 이슬람을 변증하는 것이다. 두 번째는 다른 모든 시도가 실패했을 때 최후의 수단으로 칼을 드는 것이다.

이 간단한 구조-여섯 개의 의무 기둥과 여섯 개의 믿음 기둥-가 전 세계의 이슬람의 집을 연합시킨다. 이슬람을 배우고 이슬람에 헌신한 모든 무슬림들은 이 기둥들을 껴안을 것이다. 이 기둥들이 무슬림의 신학과 세계관과 헌신을 규정한다. 움마 안에서 이 열두 기둥들이 통합된 타우히드^{Tauhid}는 무슬림의 모든 삶의 영역들을 하나님의 권위 아래에 굴복시킨다.

기도하는 한 무슬림 친구를 관찰한 뒤에 그에게 이렇게 물었다.

"매일 한 시간씩 시간을 내어 매일 서른네 번씩 몸을 숙이고 알파티하^{꾸란의} 첫 장을 열일곱 번씩이나 고백하는 것이 싫증나지는 않습니까?" 그는 외과 의사로서 늘 바쁜 친구였는데 열정을 다해 이렇게 대답했다. "기도하기 위해 제 몸을 숙일 때마다 나 자신이 하나님의 뜻에 의해 씻음 받는 느낌이 듭니다. 나의 창조자이신 하나님을 생각해 보면 하루 단 한 시간의 기도로 나의 감사를 다 표현한다는 것이 죄송할 따름입니다.”

매일 다섯 번의 기도시간 동안 전 세계의 무슬림 움마는 동일한 중심을 향하는데 바로 카바라고 알려진 구조물 안에 있는 메카의 검은색 돌이다. 모든 무슬림은 카바를 향해 의무적으로 엎드린다. 미국을 방문한 무슬림 학자 아미르 교수는 카바에 있는 검은색 돌의 중요성을 이렇게 설명했다. “그것은 아담과 이브에게 제단을 쌓을 곳을 알려주기 위해서 하늘에서 내려온 거룩한 돌로 여겨집니다. 그 후에 그것은 아브라함이 지은 카바의 일부가 되었고 이슬람 이후에도 그대로 간직되어 왔습니다. 제 말의 요점은 그것이 하나님의 집인 카바의 일부분으로서 거룩함을 일깨워 알라에게 기도하도록 상징적으로 취해진 돌이라는 것입니다.”[37]

움마와 교회간의 간단한 비교

기독교인 모임에서 이슬람의 집에 관해 설명할 때 이렇게 질문해 본 적이 있다. “이 집에 여러분이 제공해 주고 싶은 것이 있습니까?” 열두 살쯤 되어 보이는 한 소녀가 그녀의 손을 들고 이렇게 말했다. “구원이요. 그 집에는 구원이 없어요.” 무슬림들도 그 소녀의 말에 동의할 것이다.

몇 년 전에 내가 바드루 카테렉가Badru Kateregga와 함께『어느 무슬림과 그리스도인의 대화』를 공저하면서 그가 이슬람의 구원론에 관한 장을 써 주길 권했다.

---

37) Eastern Mennonite 대학의 무슬림 방문교수인 싸이드 아미르 아크라미 교수가 2014년 6월 13일에 발송한 전자메일에서.

그는 사양하면서 말하기를 이슬람에는 복음에서 이해하는 것과 같은 구원의 개념이 없다고 했다. 그는 말하기를 이슬람은 사람이 믿어야만 하고 행해야만 하는 가르침이라고 했다. 이슬람은 이슬람의 집을 떠받드는 기둥들에 대한 가르침을 제공한다. 이슬람은 구원에 관한 종교가 아니라 가르침에 관한 종교다. 그래서 내 동료는 하나님의 뜻에 복종하는 평화에 관한 장을 썼다. 그는 설명하기를 이슬람에서 하나님은 그분의 뜻에 복종하는 자에게 낙원을 선사하시겠지만 하나님은 우리를 구원하거나 속량하기 위해 내려오지는 않으신다. 내가 무슬림들에게 들은 바에 의하면, 그들은 그들의 자비하신 창조주 하나님으로부터 영원한 상급을 얻을 수 있길 갈망한다. 이슬람은 하나님의 최후심판을 향해 점점 다가가고 있는 그들이 어떻게 바른 처신을 해야 할지에 대한 가르침이다.

교회는 살아계신 하나님의 성전으로 불린다. 교회는 우리가 생각하는 건물이 아니다. 교회는 메시아 예수가 중심에 자리 잡은 사람들이다. 교회는 메시아 예수 안에 드러난 하나님의 은혜를 통해 속량 받은 사람들의 공동체다.

거대한 도시: 교회

신구약성경을 결론짓는 성경인 계시록은 하나님의 집인 교회에 관한 놀라운 은유들을 담고 있다.[38] 교회는 하늘에서 내려오는 거대하고 아름다운 도시로 묘사된다. 그것은 "신부 곧 어린양그리스도의 아내"로 불린다. 이 은유는 그리스도와 교회의 신나는 사랑의 관계를 보여준다. 교회가 하늘에서 내려오는 도시로 묘사된 것은 교회가 하나님의 창조물임을 의미한다. 교회는 하늘에서 내려왔다. 하지만 그 도시의 모든 재료들은 다 땅의 것이다. 이것이 하나님의 비전이요 그분과 함께 일하며 하나님의 도시를 세워가는 이들의 비전이다. 나는 "하나님의 도

---

38) 성경: 요한계시록 21장.

시"와 "교회"라는 용어를 메시아 예수에게 헌신된 신자들의 공동체로 묘사하고 있다. 2장의 각주 22번을 보라.

열두 문

그 도시는 웅장한 진주들로 만들어진 열두 개의 문으로 둘러싸여 있다. 그 문들은 이스라엘의 열두 지파들로서, 항상 열려 있다. 모든 사람들이 환영받는다. 이 모든 것이 아브라함을 부르심으로 시작되었다. 하나님이 아브라함을 불러 다신교적 풍습의 덫에 걸려 있던 그의 백성들을 떠나라고 하셨다. 하나님은 아브라함의 후손을 통해 모든 민족들을 복 주시기로 약속하셨다. 아브라함의 손자인 야곱이후에는 이스라엘로 알려진에게는 열두 아들이 있었다. 이들이 이스라엘의 열두 지파가 되었다. 격동의 세월동안 부침을 겪었고 신실함과 실패가 반복되었다. 그런 와중에 하나님이 모든 민족들을 구원의 선물을 받을 수 있는 길을 준비하셨는데 그것은 약속된 메시아가 나타날 때 성취될 것이었다.

우리는 앞서 꾸란이 기독교 성경들에 대한 감사를 표하고 있음을 언급했다. 무슬림들은 하나님의 모든 선지자들과 구약을 포함한 모든 성경들을 존중해야 한다고 믿는다. 꾸란에서 다른 선지자들보다 더 많이 언급된 이가 모세다. 무함마드는 자신의 사명이 이스라엘 선지자들의 연장선상에서 이해되기를 열망했다. 무함마드 때부터 이미 시작된 현시대 무슬림들과 이스라엘간의 갈등은 이스라엘을 통해 우리에게 전해진 선지자들과 성경들의 중요성을 때로 모호하게 만든다. 일례로, 인류는 선지자 모세를 통한 하나님의 계시를 통해서 놀랄만한 뉴스를 처음으로 듣게 되었다. "태초에 하나님이 천지를 창조하시니라"[39] 이 선지자들과 성경들의 중요성은 꾸란에서도 특별히 "이스라엘의 아들들"바니 이스라

---

39) 성경: 창세기 1:1.

일리이라고 불리는 수라 17장에 묘사되어 있다.[40]

열두 기초석

하늘에서 내려온 그 도시에는 열두 기초석이 있다. 이 돌들은 열두 명의 사도들이다. 그 돌 하나하나가 모두 보석들이니 각 사도들이 자신의 특별한 은사로써 이바지한다.[41] 사도들의 증언과 또 특별히 그들의 저술들이 교회를 위한 견고한 기초를 제공한다. 무슬림들은 여섯 개의 의무와 여섯 개의 믿음으로 구성된 열두 기둥이 이슬람의 집을 지탱한다고 선포하지만 계시록에 묘사된 하나님의 도시는 열두 문과 열두 기초석으로 구성되어 있다. 그 문들은 그 도시로 들어가는 길이요 항상 열려 있다. 그들은 나라들과 왕들이 들어오도록 초대한다! 그 도시는 영원하다. 그 도시는 열두 사도의 생명과 증언 위에 안전하게 지어졌다.

교회의 중심에 계신 어린양

우리가 살펴보았듯이 무슬림들은 꾸란에 드러난 하나님의 뜻이 움마의 중심에 있다고 믿는다. 계시록에 드러난 바에 의하면 교회의 중심에는 죽임을 당한 어린양이 서 계신다! 예수님은 하나님의 어린양으로 불린다. 서 계시는 죽임당한 어린양은 십자가에 달리시고 부활하신 예수 그리스도가 교회의 중심에 계심을 의미한다.

교회가 움마를 만나다

때때로 나는 교회와 움마의 만남에 동참해 줄 것을 초대받고서 놀란다. 그 중

---

40) 『성 꾸란 의미의 한국어 번역』에서는 17장을 "이스라"(승천)장이라고 부른다. (역주)

41) 성경: 요한계시록 21:14, 19~20.

심이 서로 다른 교회와 움마는 확실히 공통점과 차이점을 지닌다. 그것이 내가 수년 전에 이란의 테헤란에서 겪은 일이다. 마흐디즘에 관한 국제회의가 테헤란에서 열린다는 소식을 담은 편지가 내 책상에 도착했다. 그 편지에는 출입국 서류들을 만들기 위한 초대장도 동봉되어 있었다. 회의에서 다루어질 한 가지 발제는 "아브라함 종교의 메시아적 소망"이었다. 나는 내가 기독교 신앙에 담긴 메시아적 소망을 발제하겠다고 회신했다. 주최 측에서 나를 발제자로 초대했고 다른 두 명의 그리스도인들도 함께 발제를 했다.

이란은 시아파 무슬림이다. 그들의 시아파 신학에 의하면 무함마드의 딸인 파티마의 후손이었던 열두 번째 이맘이 사라졌다. 그가 바로 메시아의 모습을 가진 마흐디다. 시아파 무슬림들은 어느 날 마흐디가 예수와 함께 돌아와 전 세계에 이슬람을 퍼트릴 것이라고 믿는다. 그는 이란 사회가 이슬람에 온전히 충성할 때 돌아올 것이다. 그것이 바로 이란의 이슬람 혁명이 추구한 가치였다. 예수와 마흐디가 돌아오는 날을 준비하기 위해 이슬람에 신실하게 복종하는 것 말이다.

2천 명은 족히 될 성직자들이 전 세계로부터 이란 중심에 있는 원형건물에 모였다. 로비에는 "예수께서 마흐디와 함께 속히 오실 것이다. 당신은 준비되었는가?"라는 비디오 메시지가 반복 재생되고 있었다. 회의 기간 내내 마흐디즘에 관한 스물 한 번의 메시지들을 들었다! 가장 긴 설교는 이란 대통령 마흐무드 아흐메디네자드의 것이었다. 그는 마흐디즘과 세계의 상황을 뒤섞어가며 설교했다. 나는 아흐메디네자드와 함께 짧게 연설하면서 그를 미래에 있을 북미 교회 지도자들과의 대화에 초청했다. 그 일이 일어났다. 내가 단에 올랐을 때 나는 그들 모두가 내가 방문하는 전 세계 교회들을 향해 그들의 손을 흔들어 인사해 달라고 요청했다. 전 세계에서 몰려온 이천 명에 달하는 터번을 쓴 시아파 성직자들이 전 세계에 있는 교회들을 향해 손을 흔들어주는 것을 보았을 때 나는 거의 울먹일 뻔 했다.

나는 20분간 연설했다. 나는 나를 초대해 준 그들에게 감사했다. 나는 그들에게 내가 복음에 대해 연설할 것이라고 말했다. 나는 동정녀 탄생부터 시작하는 예수의 생애를 이야기했다. 나는 나의 메시지를 그분의 고향인 나사렛의 회당에서 예수님이 전하신 첫 번째 설교로 시작했다. 그것이 내가 말하고 싶었던 근본적인 주제였다. "이 글이 오늘 너희 귀에 응하였느니라"42 나는 그분의 생애, 가르침들, 십자가죽음, 부활, 그리고 지상명령을 이야기했다. 그러자 사회자가 단호하게 말했다. "시간 다 되었습니다!" 그래서 나는 주기도를 발췌하며 마무리했다. "나라가 임하시오며 뜻이 하늘에서 이루어진 것 같이 땅에서도 이루어지이다"43 다시 내 자리로 앉아 신속히 헤드셋을 썼다. 의장이 말하고 있었다. "우리는 예수에 관한 이런 이야기를 몰랐었습니다. 우리는 셴크가 우리에게 나누어준 것을 반드시 연구해봐야 합니다. 그리스도인인 여러분에게 부탁합니다. 우리가 연구를 시작할 수 있도록 여러분의 책들을 우리들에게 제공해 주십시오." 물론, 내가 언급한 모든 책들은 성경 본문들이었다. 그런 확고한 반응을 접한 나의 영혼에는 감사가 충만했다.

여성들을 보고 놀라다

이 성직자들의 모임에서 몇몇 여성들도 연설했다. 이란 여성들이 억압받고 있다는 선입관을 가지고 있었던 나는 놀랐다. 이 여성들은 박사들이거나 박사 과정 학생들이었다. 그들은 청중들의 좋은 반응을 이끌어내는 명쾌하고, 강력

---

42) 성경: 누가복음 4:18~21.

43) 성경: 마태복음 6:10.

하며, 창의적인 발제들을 진행했다.

수년 후에 나는 북미에서 진행된 또 다른 학술모임에 참석하고 있었다. 그것은 이란인과 북미인의 대화였다. 열두 명의 이란 여성들이 성직자들과 다른 학자들과 함께 참석해 있었다. 그 행사의 논제는 인간학에 있어서 무슬림과 기독교인의 유사점들과 차이점들이었다. 공식적인 대화 후에 그 여성들은 어느 기독교 대학에서 진행되는 평화만들기에 대한 기독교적 접근에 관한 과정에 들어왔다. 내가 알기로 그것은 이란에 있는 신학교육기관들 중의 하나에 의해 조직된 교환방문이었다.

나는 이런 일화들을 통하여 무슬림 사회에서의 여성의 역할들에 대한 우리의 선입관들을 재고할 것을 촉구한다. 여성의 역할에 대한 무수히 많은 다양성이 무슬림 사회 안에 존재하기 때문이다. 우리가 무슬림 사회와 서구 사회 양쪽에서 여성의 역할을 향상시키는 사회적 변혁을 생각할 때 이미 많은 무슬림 사회들에서 거침없이 이어지고 있는 변혁적인 흐름들을 인식해야 한다.

나라들을 치유하는 공동체들

우리는 성경의 마지막 부분에서 하나님의 도시가 나라들을 치유하는 것을 본다. 또한 그 도시에 서 있는 어린양이 그 나라들의 빛인 것을 읽는다. 왜 이것이 나라들을 치유하고 그 나라들을 비추는 교회를 의미하는지 간단하게 설명하겠다. 나는 또한 움마를 향한 교회의 관계에 대하여 특별히 주목해 보겠다.

예수님은 두 세 사람이 그분의 이름으로 모이면 그분도 그 가운데 거하신다고 약속하셨다.[44] 둘이나 셋이라는 것에 특별한 의미가 있다. 세계의 많은 무슬림 지역들에서 교회는 문자적으로 단지 둘이나 세 명의 그리스도인으로 구성된

---

44) 성경: 마태복음 18:20.

다. 몇몇 지역들에서는 많은 수의 신자들이 있지만 종종 그들은 적은 수로 모인다. 그 수가 적든 많든 예수가 그 신자들 중에 거하시는 빛이다. 그분은 그 도시 가운데 서 계시는 십자가에 못 박히시고 부활하신 메시아다. 그분이 그 도시에 빛을 비추신다. 동시에 그분은 나라들에 빛을 제공하신다. 우리는 그분의 빛으로 나아오는 나라들을 만난다. 우리는 회개하여 그들의 이름이 어린양의 생명책에 있는 구원받은 이들을 만난다. 그들은 줄을 지어 그 도시로 들어간다. 나라들이 하나님의 도시의 빛을 보며 걸어가고 왕들이 그들의 영예를 그 도시로 가져오는 이것이 무엇을 의미하는가?

중동에서 일어난 일이 아마 그것을 설명하는 데 도움이 될 것 같다. 수년 전, 내가 아는 두 사람이 요르단의 선왕인 후세인을 만났다. 그 왕은 그들에게 중동에 있는 교회들이 그 지역의 유일한 소망이라고 말했다. 교회들만이 진정한 화해를 위해 헌신된 공동체들이라는 이유에서였다. 그 미팅시간에 관하여 갈릴리의 엘리아스 샤꾸르Elias Chacour 주교는 『피를 나눈 형제들 *Blood Brothers*』이라는 제목의 화해에 관한 책을 저술했다.[45] 왕은 그가 개인적으로 그 책을 5천부나 구입하여 그의 가족들과 모든 정부 요인들과 중동 전체의 정치 지도자들에게 보내주었다고 언급했다. 후세인은 그 주교가 묘사했던 화해와 용서가 절망에 빠진 자들을 치유하는 증언이라고 말했다. 세상 곳곳에서 우리는 그들 가운데 어린양의 임재를 환영하며 치유와 은혜의 공동체로 살아가는 신실한 교회들을 발견한다. 그것이 바로 그 도시의 빛이요 나라들이 나아갈 길을 보여주는 빛으로 예수님을 묘사한 이유다.

---

45) Elias Chacour with David Hazard, *Blood Brothers*. (Grand Rapids, MI: Zondervan, 1984).

개인을 위한 치유

메시아 예수는 나라들의 치유자일 뿐 아니라 개인의 치유자시다. 내가 이 책에서 예수님의 치유하시는 평화를 공동체와 국가의 측면에서 강조한 이유는 최근 들어 그리스도인-무슬림 관계에서 지정학적인 요인들이 크게 도전받고 있기 때문이었다. 하지만 개인을 위한 예수의 치유하시는 은혜를 인식하는 것도 동일하게 중요하다.

한 달 전, 그레이스와 나는 개인이 그리스도인이 되는 것이 불법인 어느 나라를 방문했다. 우리는 메시아에게 헌신함으로써 목숨이 위태로워진 어느 자매를 만났다. 그녀는 왜 그런 선택을 했을까? 그녀는 말하기를, 그것은 메시아 예수가 그녀를 발견했고 그녀가 그분 안에 있는 영원한 구원을 발견했기 때문이었다. 그녀는 자신이 메시아 안에 있는 평화를 체험했고 그녀의 영혼이 치유 받았다고 설명했다. 우리는 그런 이야기들을 세계 곳곳에서 듣는다. 사람들이 예수께 오는 이유는 그분이 개인을 위한 치유자이기 때문이다.

사회학자인 필립 젠킨스Philip Jenkins는 전 지구적인 교회에 관한 많은 책을 썼다. 남반구에서의 기독교 신앙에 관한 그의 책들 중 하나가 출판된 후에 나는 그가 국립공영라디오와 인터뷰하는 것을 들었다. 그를 인터뷰한 앵커가 물었다. "젠킨스 교수님, 남반구에 교회가 퍼져나간 것을 당신은 어떻게 설명하십니까?" 그가 대답했다. "예수입니다. 예수 때문에 교회가 퍼져나가고 있습니다. 예수는 치유자입니다. 육체적인 치유는 필수적이지 않습니다만 그는 개인의 치유자이십니다." 나는 그 교수의 말이 지당하다고 믿는다.

생명을 주는 강

그 도시에 대한 묘사에는 생명의 강이 등장한다.[46] 그 강은 하나님의 보좌와 어린양으로부터 흘러나온다. 그 강은 그 도시의 거리에 흐르는 성령으로서 모든 계절에 열매를 맺고 나라들을 치유하는 잎사귀가 무성한 생명의 나무를 자라게 한다. 얼마나 놀라운 강인가! 그 나무의 열매는 성령의 열매로서 사랑, 희락, 화평, 오래 참음, 자비, 양선, 충성, 온유, 절제다.[47] 치유하는 잎사귀들은 그들의 의로운 삶으로써 그들이 속한 공동체들과 나라들을 선하게 변혁시키는 의로운 사람들이다. 그렇다. 교회는 화해의 공동체가 되기 위한 특별한 책임을 지니고 있다. 교회가 메시아 예수를 십자가에 못 박혔다가 부활하신 메시아로 믿는 유일한 공동체라는 사실이 나라들을 치유하시기 위한 하나님의 거대한 계획의 핵심이다. 하나님은 사랑이시고 문들은 늘 열려 있으며 모두가 환영받는다는 복음이 선포되는 곳이 교회다.

---

46) 성경: 요한계시록 22:1~4.
47) 성경: 갈라디아서 5:22~23.

토의를 위한 질문들

1. 세 아브라함 종교들의 사명은 무엇입니까? 이 각각의 종교들은 하나님이 진리를 계시하신다고 믿습니다. 이 세 아브라함 종교들의 핵심 계시들은 무엇입니까?

2. 이슬람의 집을 떠받치는 믿음의 여섯 기둥과 의무의 여섯 기둥이 무엇입니까?

3. 새 예루살렘인 교회의 열두 문과 열두 기초석이 무엇입니까?[48]

4. 메카를 향해 머리를 숙여 기도하는 것은 무슬림들에게 어떤 의미가 있습니까?

5. 새 예루살렘의 중심에 어린양이 있습니다.[49] 교회의 중심에 계신 어린양은 어떤 의미가 있습니까?

---

48) 성경: 요한계시록 21:12~15.

49) 성경: 요한계시록 5:6; 21:22~23; 22:1.

6장: 환대를 실천하라

계시록에 묘사된 하나님의 도시의 성문들이 영원히 활짝 열려 있는 장면은 내게 나이로비의 아프리카계 동료목사의 집에서 받은 환대를 상기시킨다. 그가 어린 시절에 케냐의 시골에서 살았을 때, 그의 아버지는 종종 집 밖으로 나가 먼 곳을 내다보셨다고 한다. 혹시라도 낯선 나그네가 그의 집 너머에 있는 오솔길을 지나가고 있는지 살펴보는 것이었다. 그의 아버지는 어떤 나그네를 발견할 때마다 목청을 드높여 그들을 자기 집으로 맞아들였다. "여기요! 저녁 먹을 시간이네요! 우리 집에서 같이 먹읍시다!" 하늘에서 내려온 계시록의 도시가 보여주는 환대가 바로 이런 것이다.

이슬람의 집 역시 문들을 열어두었다. 모든 사람이 환영받는다. 하루 다섯 번, 전 세계에 있는 미나렛^{뾰족탑}으로부터 무슬림 공동체의 환대와 예배를 받아들이라는 초청이 울려 퍼진다. 무슬림의 증언과 초대는 명확하다: "하나님이 가장 위대하시다. 나는 무함마드가 하나님의 사도임을 증언한다. 와서 복을 받아라. 와서 기도하라."

앞서 밝혔듯이 이슬람의 집과 계시록에 묘사된 하나님의 도시를 비교하는 것이 유익하다. 서로 다른 두 공동체를 '초청하는 회중들'로 바라보는 것이 도움이 될 것이다. 사람들이 어떤 장소로 초청받고 있는지를 아는 것도 중요하다. 하지만, 이 책의 나머지 부분에서 나는 이슬람의 집을 칭하는 말로 "움마"를, 메시아 예수를 믿는 신자들을 칭하는 말로 "교회"를 사용하겠다.

환대하는 공동체들

신실한 교회와 신실한 무슬림 움마는 둘 다 환대하는 공동체다. 사실, 꾸란은 무슬림들이 그리스도인들보다 환대와 선행을 더 많이 하도록 격려한다. 꾸란은 또한 그리스도인들을 긍휼의 마음을 품은 사람들로 묘사한다.[50] 그리스도인들과 무슬림들이 함께 금식하라고 권유한다.[51] 꾸란은 희생적인 관대함을 칭찬한다.

동서로 고개를 돌리는 것이 진정한 신앙이 아니거늘 진정한 신앙이란 하나님과 내세와 천사들과 성서들과 선지자들을 믿고 하나님을 위해서 가까운 친지들에게 고아들에게 가난한 사람들에게 여비가 떨어진 여행자에게 구걸하는 자와 노예를 해방시켜준 자에게 예배를 드리고 이슬람세를 내며 약속을 했을 때는 약속을 이행하고 고통과 역경에서는 참고 인내하는 것이 진정한 정의의 길이며 이들이야말로 진실하게 사는 의로운 사람들이라[52]

실로 이것은 관대하라는 호소다! 우리는 종종 꾸란의 이런 영적이고 윤리적

---

50) 꾸란: 제57장 하디드(철) 27절.
51) 꾸란: 제5장 마이다(식탁보) 5절.
52) 꾸란: 제2장 바까라(암소) 177절.

인 가르침에 묘사된 것과 같은 과분한 환대를 무슬림들로부터 경험한다.

몇 년 전 소말리아를 방문했을 때, 나는 우리 학교 학생들 중에 하나의 집을 방문했다. 우리는 그의 본고장인 가난한 마을과 비교할 때 우리가 가진 막대한 부를 보여주는 자동차를 몰고 그곳으로 갔다. 우리가 그의 집에 앉았을 때, 그의 어머니는 동전 몇 개를 옷에서 꺼내더니 아이를 시켜 작은 붉은색 감미료 봉지를 사오게 했고, 그들이 영예롭게 생각하는 손님들을 대접하려고 강에서 물을 길어와 끓이고 있는 주전자 속에 넣었다. 나는 그 물이 내 몸에 좋지 않을 것을 알았다. 뱀을 집어 올리며 무슨 독을 마실지라도 해를 받지 아니할 것이라는 주님의 약속을 기억하며 그 친애하는 여인이 제공할 수 있었던 그 과분한 선물을 받아마셨다.

대학을 졸업한 직후에 우리의 아들들 중 하나는 반 년 동안 중동을 여행하는 데에 자신의 삶을 투자했다. 그 여행들에는 돈이 거의 들지 않았다. 각 지역의 환대가 그를 이곳저곳으로 이끌어갔다. 3주간 알제리에 머물 때에는 그에게 환대를 베푼 사람들에 의해 그의 모든 거주경비가 해결되었고 그들 중에는 트럭 운전사들과 무슬림 술탄도 있었다. 그가 알제리 국경에 이르렀을 때에 그와 동행했던 일꾼들은 그가 너무나 적은 돈을 사용한 것이 마음에 걸려 그를 다시 알제리 사막으로 되돌려 보내 현금을 좀 쓰게 해야 하는 것 아닌지 난감해 했다!

우리 아버지는 늘 환대하셨다!

우리가 종종 무슬림들의 환대를 경험하지만 그리스도인들인 우리 역시 환대의 부르심을 면할 수 없다. 수년 전에 나는 무슬림들이 대부분인 난민들에게까지 그리스도인의 환대가 이어져야 한다는 의미 있는 대화를 나누었다. 메시아 예수의 소말리아인 제자인 아흐메드 알리 하일리Ahmed Ali Haile의 회고록을 쓰고 있을 때였다. 나는 그의 십대 자녀들에게 그 회고록에 꼭 언급되어야 할 특별한 내용이 있는지 물어보았다. 그들이 잠시 머뭇거리자 그들의 아버지가 유쾌한 목소리로 말했다. "너희들이 머뭇거리는 걸 보니 너희 아버지가 독재자라고 말하고 싶은 거구나. 하지만 사실은 그보다 더 고약한 것 아냐?" 그러자 그들이 외쳤다. "오, 아니에요! 우리 아빠는 독재자가 아닙니다. 아빠에 대해서 꼭 이렇게 써 주세요. 아빠는 손님 접대에 늘 헌신된 분이셨어요. 만약 소말리아 난민이 새벽 두시에 우리 집에 나타날지라도 아빠는 그들에게 잠자리를 제공하실 분이에요. 우리 집 식탁에는 늘 손님들이 있었어요. 아빠는 늘 환대하는 분이셨기에 우리 모든 식구들도 그 손님들을 관대하게 섬겼어요. 우리가정은 손 대접을 통해 메시아의 사랑을 매우 선명하게 보여주고 있습니다."

그 말을 들은 나는 환대를 실천할 때마다 겪어야 하는 가장 힘든 점 하나를 지적했다. "하지만 여러분의 아버지가 손님들을 환대했다는 것은 곧 때때로 여러분이 새벽 두 시에 잠자리에서 일어나 여러분의 매트리스를 일면식도 없던 그 사람들에게 내어주고 정작 여러분은 맨바닥에 누워 잠을 청해야 했던 것 아닌가요?" "맞아요. 그건 사실이에요. 하지만 우리가 반드시 알아야 할 것은 환대란 우리가 불편해 질 때조차도 낯선 사람을 환영하는 행동이라는 사실입니다."

그 가정은 손님들을 접대하기 위해 매달 45kg 이상의 설탕을 구입했다! 대부분의 손님들은 그들이 대접받은 차에 다섯 숟갈 정도의 설탕을 넣었을 것이다. 그것은 그 집이 보여준 환대의 일부를 보여줄 뿐 그게 전부는 아니었다. 손님들의 대부분은 항상 식사자리에 동참했다. 이 가정은 그 집에 들르는 모든 사람들에게 마음을 열어 주었다. 그 가장의 삶에 깃들어 있었던 영적 유산은 오늘날 우리 주변의 난민들과 학대받는 자들에게 필요한 사랑의 돌봄을 보여주는 귀한 모델이었다. 내가 나이로비에 거주했던 6년을 돌아볼 때 가장 후회되는 것 한 가지는 엄청난 규모의 소말리아 난민 문제를 위해 우리 자신을 충분히 관대하게 내어주지 못한 부분이었다. 우리는 너무 쉽게 그 상황이 우리의 대처능력을 넘어서는 일이라고 단정했고 그 결과 우리가 기여한 부분도 매우 적었다. 게다가 우리는 난민들을 돕는 것을 좋아하지 않았던 정부 관료들의 눈치도 너무 많이 보았다. 우리는 그 일에 더 많이 관여했어야 했다. 나는 우리의 그 실수를 슬퍼하는 마음으로 몇몇 소말리아인들에게 용서를 구했다. 그의 회고록을 대신 써준 나의 친구 아흐메드의 삶이 나의 마음을 보다 관대하게 넓혀주었다.

냉수 한 그릇

예수님은 그분의 이름으로 냉수 한 그릇 떠 주는 자에게도 복을 약속하셨다.[53] 우리도 그 복을 경험했다. 비록 난민 위기를 돕기 위한 음식과 같은 자원들을 일일이 열거하지는 않았지만 우리의 집도 늘 열려 있었다. 그레이스는 대문을 두드리는 배고픈 사람들을 위해 바나나와 빵을 부엌 선반에 보관해 놓았다. 나이로비의 매우 혼잡한 지역에 있었던 우리 집은 그 구획에서 전화기를 소유한 유일한 가정이었기에 우리 집 거실은 종종 일시적인 전화방으로 변했다. 우리가 거주했던 다섯 가구가 들어올 수 있는 이스트리Eastleigh의 복합건물에도 한 가구를 위한 공간을 집이 없는 소말리아 친구들을 위해 따로 떼어두었다. 수많은 사람들이 그곳을 거쳐 갔고 그레이스의 음식대접이 큰 감동을 주었다.

우리 자녀들 역시 환대의 태도에 기여했다. 우리 가족은 모스크의 이맘과 그의 가족과 좋은 관계를 유지했다. 우리 딸들이 그의 딸들과 절친한 사이가 되었고 그가 병에 걸렸을 때에는 그의 회복을 위해 기도해 달라는 요청을 받고 그 집에 초대되었다. 우리 아들들은 모스크와 교회의 청년들과 함께 축구를 하면서

---

53) 성경: 마가복음 9:41.

거리축구의 빠른 움직임들을 익혔다. 우리의 자녀들은 놀라운 방법들을 통해 우리 가정이 이스트리의 지역 공동체에 잘 섞일 수 있도록 도와주었다.

나이로비에서의 6년 생활을 마무리하며 케냐를 떠나야 했을 때 친구들과 동료들이 환송 행사를 열어 우리를 공개적으로 칭송해주었다. 나는 대학에서 일했고 책을 저술했으며 수많은 프로그램들을 감독했지만 그 환송 행사에서 나의 그런 성취들을 언급한 사람은 드물었다. 우리가 들은 감사들은 대부분 우리의 환대에 관한 것이었다. 사람들은 이렇게 말했다. "그레이스는 그녀의 집에 들를 때마다 늘 냉수 한 그릇이나 따뜻한 차 한 잔을 대접해 주었습니다." 그들의 감사의 말을 듣고 있던 나는 그레이스와 우리의 자녀들에 의해 베풀어진 그런 자비로운 섬김이 지난 6년간 우리가 행한 사역의 가장 주목할 만한 열매였음을 깨닫게 되었다.

언어: 환대를 위해 넘어서야 할 장애물

언어는 환대를 실천하고 확장시키려 할 때 직면하게 되는 가장 큰 문제다. 예를 들어보겠다. 수년간 많은 그리스도인 친구들이 나와 함께 볼티모어의 이슬람가街에 위치한 모스크를 방문했다. 이 모스크는 어느 아프리카계 미국인에 의해 설립되었는데 그는 이슬람으로 개종한 후에 아랍어와 이슬람 연구에 빠져들기 위해 10년간 사우디아라비아에 머물렀다. 이맘으로서 그는 아랍어 공부가 매우 중요하다는 사실을 알고 있었다. 무슬림들은 아랍어로 기록된 꾸란을 하늘이 무함마드에게 내려주었다고 믿기 때문이다. 그 이맘이 볼티모어로 돌아온 직후에 나는 한 날을 정하여 그 모스크를 방문했고 그 때 어떤 늙은 남자가 그 모스크 안으로 들어왔다. 그는 우리가 그 이맘과 함께 앞에 있었던 앞쪽을 서성이더니 이렇게 말했다. "저는 무슬림이 되기 원합니다!" 그 말을 들은 회중들이 하나님을 찬양하는 경건한 탄성을 쏟아냈다. 그러자 그 이맘은 그에게 무슬림의 신앙고백을 아랍어로 반복해 보라고 요구했다. "하나님은 한 분이시고 무함마드는 하나님의 사도이다." 그가 그 말을 반복하자 그 이맘이 이렇게 선언했다. "이제 당신은 무슬림이니 무슬림의 의무를 행하시오. 기도들을 아랍어로 하고 꾸란 읽기도 마찬가지요. 그러니 당신은 아랍어를 배워야만 합니다. 오늘 저녁, 모스크를 떠나기 전에 이 모스크에서 열리는 아랍어 교실에 등록하십시오."

어느 늙은 이슬람 개종자에게 아랍어교실을 제공했던 그날 저녁의 극적인 장면은 전 지구적인 움마의 모습을 보여주는 창문이었다. 움마가 전 세계의 공동체들로 퍼져나가면서 그것은 아랍어를 함께 퍼뜨리고 있다. 이슬람화와 아랍어화는 서로를 보충하는 하나의 실체다. 그 실체는 동일한 모스크에서 일어난 또 다른 사건에서도 명백했다. 1년쯤 후에 그 모스크의 뒤쪽에 앉아있었던 나는 그 지역 이맘 옆에 앉아있었던 사우디아라비아에서 온 어떤 이맘을 만나게 되었다. 우리가 몇 가지 질문을 드렸을 때 그 모스크를 설립한 이맘이 이렇게 말했다. "저는 그 질문을 아라비아에서 온 우리 친구에게 넘겨드리려고 합니다. 그가 저보다 아랍어를 더 잘하니까요!" 볼티모어에 있는 그 모스크는 아랍어를 배우는 센터로 변화되고 있었을 뿐 아니라 그 지역 모스크가 가진 권위도 아랍어를 더 잘하는 사람에게로 넘어가고 있었다. 아랍어에 가장 능숙한 사람들이 이슬람의 가장 유능한 선생들로 인정받고 있었다.

모스크에서 일어나는 이런 모습들은 내가 어린 시절을 보낸 탄자니아의 자나키Zanaki 사람들의 교회에서 내가 최근에 경험한 것과는 대조적이다. 찬양을 부르는 회중들 중에는 90세의 할머니도 계셨는데 관절염으로 등이 굽은 모습에도 예배 내내 일어서서 자나키 어로 번역된 마태복음을 거머쥔 손을 치켜들고 있었다. 그녀는 이렇게 노래했다. "이 성경이 예수님에 관한 모든 것을 말해주네, 이 성경이 구원에 관한 모든 것을 말해주네, 이 성경 말씀을 믿어라!" 그녀는 자신의 모국어로 찬양하고 있었다! 그 모습은 마치 첫 교회가 탄생했던 예루살렘의 그 오순절 같았다. 오순절에 교회가 형성되었을 때, "천하 각국으로부터" 모인 수많은 사람들이 그들의 모국어로 선포되는 복음을 들었다. 그들은 바대, 메대, 엘람, 메소포타미아, 유대, 갑바도기아, 본도, 아시아, 브루기아, 밤빌리아, 이집트, 리비아, 로마, 크레타, 그리고 아랍인이었다.[54]

전 세계 사람들의 언어로 번역된 하나님의 말씀은 무슬림 움마가 베낄 수 없는 문화적이고 언어적인 환대를 제공한다. 그리스도교 신앙의 매력들 중 하나는 하나님께서 언어적인 울타리나 의무들을 만들지 않으셨다는 확신이다. 교회는 모든 언어권의 사람들을 그들의 모국어로 예배하는 자리로 초청한다.

환대를 확장하고 받아들이기

이것은 무슬림들이 손님 접대에 소홀하다는 의미가 아니다. 사실, 볼티모어의 모스크에서 우리는 때로 무슬림 회중과 함께 앉아서 풍성한 식사를 대접받았다. 환대에 대한 꾸란의 명령은 명백하다. 무슬림들과 그리스도인들은 서로를 향하여 환대를 넓혀가야 한다. 무슬림들은 초기 무슬림 운동의 두 이야기를 즐겨 회상한다. 그 중 하나인 에티오피아 그리스도인들이 메카에서 건너온 핍박받는 무슬림들을 환대해 준 이야기는 앞서 나누었다. 그와 동일하게 중요한 사건은 예멘에서 온 그리스도인들이 무함마드를 방문한 일이다. 그는 예멘 그리스도인들을 메디나에 있는 무슬림 모스크로 초대하여 오랜 여행으로 지친 그들이 마음껏 기도하고 재충전할 수 있는 공간을 제공했다. 무슬림들은 그리스도인들

---

54) 성경: 사도행전 2:5~12.

에게 그들의 환대를 확장하도록 권면 받았다.[55]

공통 언어

그 방문에서 무함마드가 본을 보여 준 환대는 최근에 무슬림들이 전 세계 그리스도인들에게 보낸 어느 놀라운 편지에서도 언급되었다. 그 편지는 2007년 10월 13일에 발송되었다. 전 세계 무슬림들의 대표들이 모든 그리스도인들에게 편지를 보낸 것은 아마 그 때가 처음이었을 것이다. 그 편지는 무슬림들과 그리스도인들이 세계 인구의 절반을 대표하기 때문에 세계 평화에 특별한 책임이 있다는 말로 시작되었다. 그 편지는 하나님 사랑과 이웃사랑이 논의의 출발점이 되어야 한다고 호소했다.[56] 발신자들은 이 두 계명이 토라와 인질복음서 양쪽에 뿌리내린 핵심적인 헌신들이라고 믿었다. 그것은 무려 40쪽 가량이나 되는 긴 편지였다.[57] 그 편지가 다양하고 열정적인 반응을 불러일으키는 "공통 언어"라는 제목을 달고 있는 것도 놀랍지 않았다. 어떤 이들은 그것이 복음을 전복시키기 위한 무슬림들의 담대한 시도라고 느꼈다. 또 다른 이들은 그것이 그리스도인과 무슬림 관계의 역사 속에서 가장 놀라운 발전이라고 느꼈다. 어떤 사람은 그 "공통 언어"에 관한 박사학위 논문을 쓰고 있기도 하다.

이 짧은 책에서, 그것에 대한 적용점들을 다 논할 수는 없겠지만 나는 그 편지가 논의된 여러 포럼들에 초청받게 된 것을 기쁘게 여긴다. 어느 포럼에서는 메카에서 온 무슬림 대표자들이 나를 메카로 초대하여 삼위일체 하나님에 대한 그리스도인들의 이해를 듣고 싶다는 희망을 피력했다. 그들이 말하기를 나의

---

55) Alfred Guillaume, *The Life of Muhammad* (Pakistan: Oxford University Press, 1967), 270~77.

56) 성경: 마가복음 12:29~32.

57) "우리와 당신들 간의 공통 언어"라는 전체 내용은 www.acommonword.com 이라는 그 편지의 공식 홈페이지에서 확인할 수 있다. 그에 대한 미국 메노파 교회의 답변이 부록D에 실려 있다.

이름이 다우드David이므로 그것은 내가 곧 한 분 하나님을 믿는다는 의미이고 그들이 나를 위한 초대장을 얻어내는 데 도움이 될 것이라고 기대했다. 그 일이 아직 일어나지는 않았지만 그것은 그 편지의 결과로 시작된 이 포럼들이 담화를 나누며 복음을 증언할 수 있는 열린 기회들을 제공하고 있음을 보여준다. 많은 무슬림들과 그리스도인들은 이런 포럼들이 제공하는 마음과 마음을 이어주는 대화를 예전에는 경험해보지 못했다. 이 책의 부록 D는 그 대화에 대한 어느 메노파 그룹의 반응을 제공한다.

무슬림들과 그리스도인들의 공동식사 규칙들

물론, 그런 경험들에는 서로를 존중하는 규칙들이 필수적이다.58 무슬림들을 초대하는 그리스도인들은 반드시 이슬람에서 인정하는 합법적인 "할랄" 음식을 준비해야 한다. 미국의 대부분의 지역에는 고기를 무슬림의 요구들에 맞게 제공하는 할랄 식료품점이 자리 잡고 있다. 여러분의 무슬림 손님들에게 여러분이 대접하는 고기가 할랄 식품이며 그렇지 않다면 채식위주의 식단이 제공될 것임을 확신시켜라. 그 규칙들은 여러분이 사용하는 접시들과 부엌세간들이 돼지고기 같은 금지된 음식에 닿으면 안 된다고 주의를 줄 것이다. 무슬림 손님들은 그녀의 그리스도인 초대자가 이런 문제들을 예민하게 배려해 준 것을 알고는 크게 기뻐할 것이다.

반대로 무슬림 가정에 초대받았을 때에는 몇몇 그리스도인들이 알라의 이름을 부르며 짐승을 도살하는 무슬림의 의식을 따라 준비된 고기를 먹는 것을 주저할 수도 있을 것이다. 내 판단으로는, 고린도교회를 향한 바울의 권고가 도움

---

58) Bruce A. McDowell and Anees Zaka, *Muslims and Christians at the Table: Promoting Biblical Understanding among North American Muslims* (Phillipsburg, NJ: P&R Publishing, 1999), 171~216. 이 책은 무슬림들에게 환대를 확대하고 받아들이기 위한 유용한 제안들을 담고 있다.

이 될 것이다. 그는 우리가 음식을 대할 때마다 모든 음식을 깨끗케 하시는 그리스도의 이름으로 감사하며 먹으라고 충고했다.[59] 음식을 함께 나누는 환대는 우정과 신뢰를 성장시키기 위한 놀랍고도 유용한 시도다. 나는 환대를 이렇게 이해한다. 이슬람의 집에 거하는 사람들과 하나님의 도시에 거하는 사람들이 서로를 방문하는 것이다.

무슬림 손님들을 환영하라

무슬림들은 대게 그리스도인 가정에 초대받는 것을 좋아한다. 우리의 친구들도 이웃 무슬림 가족을 자기 집의 저녁식사에 초대했을 때에야 그 사실을 알게 되었다. 그 가족은 가장 좋은 옷을 차려입고서 그 집을 방문했다. 그들은 매우 들떠 있었다. 알고 보니, 그들이 미국에 살아온 지 30년이나 되었지만 그리스도인 가정이 자신들을 식탁에 초대해 준 일은 그 때가 처음이었다. 그 날은 정말 놀라운 저녁이었다! 최근에 아내와 나도 시아파 무슬림 가정을 우리 집에 초대했다. 그 가족은 두 명의 십대 딸을 데려 왔다. 그들이 우리 집에 도착하자마자 다소 긴급하게 그들의 저녁기도 시간이 되었다고 알려 주었다. 그들은 우리에게 메카를 향한 정확한 방향을 물었지만 우리가 알고 있을 리 만무했다. 결국 그들은 컴퓨터를 켜서 메카를 향한 방향을 잡았고 우리는 그들이 기도할 수 있도록 방 하나를 제공해주었다. 그날 저녁 우리는 주목할 만한 대화를 나누었고 그중 몇몇은 신앙적인 질문들에 초점 맞춰졌다. 다음날 아침 그들은 성경읽기가 포함된 우리의 아침예배에 참석했다. 우리는 "I Owe the Lord a Morning Song"이라는 노래를 불렀다. 그들은 우리가 하루를 예배로 시작한 것에 감사를 표했다. 또한 우리를 자신들의 집에 모시겠다며 우리를 이란으로 초대해 주었다.

---

59) 성경: 고린도전서 10:23~27.

공동체를 향한 공동체의 환대

최근에 우리 지역의 여러 교회들과 대형 모스크의 회중이 손잡고서 환대의 주말을 마련했다. 그들은 함께 잔치도 벌였다. 아마도 그 행사의 하이라이트는 서로의 간증들을 나누면서 미국에서 하나님을 신실하게 따르는 자들이 되자는 권면들을 들었을 때였다. 이런 상호간의 환대를 계속 이어나갈 방법들을 찾아보도록 작은 팀 하나도 만들어졌다. 그리스도인들이 누구인가? 메시아의 삶과 선교를 통해 하나님이 우리에게까지 확장해 주신 환대와 초대 속에서 살아가기를 추구하는 예수의 제자들이다. 그 대부분이 이주민으로 구성된 미국의 무슬림들은 새로운 친구들을 사귈 수 있는 기회를 소중하게 여긴다. 두 공동체가 떼야 할 첫 발걸음은 이민자 자녀들을 위한 아랍어 교실들을 개발하는 것이다. 그들의 부모들은 지금 그들의 자녀들이 영어에 보다 익숙해지면서 그들의 아랍어를 잃어버리게 될까봐 두려워하고 있으니 말이다.

소말리아와 나이로비 양쪽에서 우리는 대부분의 성탄절을 꼭 기념했다. 무슬림들은 무함마드의 생일을 그다지 크게 기념하지 않는다. 매년 반복되는 라마단 금식이 끝났을 때와 희생축제가 무함마드의 생일보다 더 크게 기념된다. 그럼에도 불고하고 메시아의 탄생은 이웃들을 초대하여 잔치하기 좋은 기회다. 소말리아와 나이로비에서 작은 신자 공동체가 염소를 잡아 그것을 맛있게 차려 놓으면 우리는 많은 무슬림 친구들을 초대했다. 그 생일날의 주인공인 예수님에 관한 찬양이 그곳을 가득 채우면 우리는 주로 첫 성탄절에 일어난 이야기를 연극으로 보여주었다. 때때로 우리는 무슬림들로부터 크리스마스카드들을 받았다. 그들도 그에 대한 보답으로 그들의 그리스도인 친구들로부터 감사카드를 받을 것이다. 나는 무슬림 축제들에 맞춰 카드를 보내지는 않았지만 때로 무슬림의 순례 절기에 무슬림 친구들에게 그들의 영적 순례를 위해 기도하고 있다는 카드를 보내곤 했다. 나는 그들의 안전을 위해 기도했다. 순례기간 동안에 비극적인 일들이 일어나기 때문이다. 나는 또한 그들이 여행하는 동안 진리가 그들에게 계시되길 기도했다.

우리가 언급했듯이, 소말리아는 제한이 많은 나라였다. 우리는 대개 지역 책임자들에게 성탄절 축제를 기념하겠다고 통보했다. 우리는 그들에게 술을 마시지는 않는다고 확신시켜주었다. 지역 책임자들에게 늘 통보함으로써 우리는 아무런 방해가 없기를 기대했다. 우리는 단 한 번도 그 행사에 대한 반대에 직면하지 않았고 그것에 대한 깊은 감사를 충분히 표했다. 남인도에서 온 UN 관리와 그의 부인은 그가 함께 일하는 소말리아 정부 관리들을 크리스마스이브 파티에 초대했다. 그 파티는 헨델의 메시야 전곡을 연주하는 것으로 구성되었고 그 뒤에는 맛있는 음식들과 유쾌한 대화들이 이어졌다. 그들의 가족은 소말리아 대표자들로부터 항상 진심어린 감사의 인사를 받았다. 그렇지 않았으면 그대로 닫혀있었을 복음 증거의 문이 환대를 통해 열리는 것을 보면 참으로 놀랍다.

요약하자면, 꾸란은 무슬림들에게 평등하면서도 자비로운 정신으로 손님들을 접대할 것을 권면한다. 사실, 무슬림들은 환대를 넓혀가는 일에 서로 경쟁해야 한다.[60] 많은 지역에서 무슬림들과 그리스도인들은 그들의 축제 기간에, 그리스도인들이 무슬림들을 초대하고 무슬림들도 그리스도인들을 초대하면서, 서로의 삶을 나누는 것을 즐기고 있다.

우정을 맺을 때 주의할 점들

꾸란이 움마와 교회간의 상호적인 환대를 격려하는 것이 사실이긴 해도 환대를 통해 배양되는 선의에서 빚어질 수 있는 위험들도 있다. 코앞에 닥친 염려

---

60) 꾸란: 제4장 니싸아(여성) 86절.

는 환대와 우정을 경험한 무슬림이 이슬람을 버리고 기독교 신앙을 받아들이는 유혹을 받을까 하는 점이다. 그런 경우에 꾸란의 가르침은 솔직하다. 그 우정은 반드시 깨어져야 한다.[61] 게다가, 우연한 환대가 그리스도인 남성과 무슬림 여성간의 로맨스를 촉발시키면 그 남성이 이슬람으로 개종하지 않는 이상 그 우정은 반드시 깨어져야 한다. 하지만, 무슬림 남성과 그리스도인 여성간의 애정관계는 허락된다. 자녀들은 남성에게 예속될 것이고 그는 그들을 무슬림으로 양육할 것이기 때문이다. 이러한 측면들은 무슬림과 그리스도인이 로맨틱한 관계에 빠져드는 것이 지혜롭지 못함을 의미한다. 바울은 고린도교회에서 발생했던 비슷한 이슈를 그곳에 보낸 편지에서 언급했다.[62] 그의 충고는 분명 그리스도인-무슬림 관계들에도 적용된다.

그리스도인들도 환대를 개종의 도구로 사용하는 것에 대한 염려를 가지고 있다. 만약 무슬림이 나의 손자손녀들 중 하나와 친구가 되어 그녀를 모스크에 초대한다면 나는 염려하게 될 것이다. 나는 무슬림의 그런 신중함을 배반적인 태도로 인식하지는 않는다. 내가 그리스도를 향하여 헌신되어 있는 것처럼 무슬림들도 그들의 신앙을 보물처럼 붙들고 있는 것이기에 그들의 염려는 이해할만한 것이다.

무슬림 이웃들과 관련 맺기

아프리카에 있는 어느 나라에서 무슬림들 속에서 그리스도의 신실한 증인이 되는 과정을 가르치고 있었을 때였다. 나는 학생들이 이웃 무슬림 한 사람을 만나보는 과제를 내주었다. 그들을 만나 이렇게 물어보라고 했다. "무슬림들과 그

---

61) 꾸란: 제2장 바까라(암소) 109절; 제3장 알 이므란(이므란의 가족) 69절.
62) 성경: 고린도후서 6:14~15.

리스도인들이 어떻게 하면 평화로운 관계를 맺어갈 수 있을까요?" 학생들의 반발이 엄청났다. 그들은 무슬림들이 자신들을 공격하지나 않을까 염려했다. 그들과 나 사이의 신뢰관계가 먼저 신속히 세워져야 할 것이 분명해 보였다. 그래서 나는 그것을 추가 점수를 얻기 위한 선택 과제로 변경해 주었다. 회상해 보면 30명 정도의 학급에서 세 명만 그 과제를 수행하지 않기로 결정했다. 그 과제를 수행하기로 결정한 학생들은 무슬림들의 반응을 보며 스릴을 느꼈다. 무슬림들은 그리스도인들이 그런 질문을 매우 조심스럽게 건네는 것을 단박에 알아차렸다. 모든 무슬림들이 열정적인 제안들을 가지고 있었다. 그들의 제안들 중에 학생들에 의해 적합하지 않은 것으로 배제된 유일한 것은 그리스도인 여성이 무슬림 남성과 결혼하라는 것이었다.

때때로 나는 어떻게 하면 무슬림 동료와 신뢰의 관계를 쌓아갈 수 있을지를 묻는 전화를 받는다. 최근에도 어떤 이가 물었다. "데이비드, 무슬림 가정 하나가 옆집에 이사 왔어요. 어떡하죠?" 내 대답은 이렇다. 그 가정을 당신의 이웃으로 환영하고 그들과 안면을 트라. 무엇보다 중요한 것은 그 새로운 이웃들에 대해 알아가는 것이다. 그들이 이웃들에 대해 어떤 염려를 하고 있는지를 잘 분별해라. 그들이 새로 이사 온 동네에서의 일상에 잘 정착할 수 있도록 당신이 도와줄 수 있는 일을 하라. 너무 늦게 않게, 그들을 당신의 저녁식사에 초대하여 그들을 환영하라. 그들에게 대접하는 음식은 채식위주로 준비했거나 할랄 고기임을 확신시켜라. 그리고 그 저녁을 함께 즐겨라.

우리가 계속 여러 장에서 언급해 왔듯이, 대부분의 무슬림들은 하나님에 관하여 대화하는 것에 고마움을 느낀다. 때로 당신의 이웃들은 당신의 신앙과 교회에 대한 질문을 하게 될 것이다. 때로 그들은 여러분이 그들의 친구로서 여러분의 서명을 담아 선물하는 성경을 감사함으로 받을 것이다. 그들은 아마도 성경을 따라 살아가는 당신의 삶에 동참하게 된 것에 감사할 것이다. 많은 무슬림들이 성경의 이야기들과 구원의 메시지에 큰 흥미를 느낀다. 그 관계를 계속 증진시켜라! 나의 이웃들 중에 가장 가까운 친구는 무슬림이다. 나는 그와 함께 커피 한 잔을 마시거나 함께 아침을 먹는 시간을 소중하게 여기고 있다.

환대의 정치적 적용들

나는 무함마드 시대에 있었던 환대에 관한 매력적인 두 실례를 언급했었다. 첫 번째 일은 300명의 무슬림들이 메카에서부터 에티오피아 그리스도인들에게 이주한 사건이었다. 그들은 메카로부터 도망쳐 나와 그곳의 괴로움으로부터 보호받았다. 두 번째 일은 메디나의 모스크에서 예멘의 그리스도인들이 환영받아 그곳에서 기독교예배를 드리고 재충전할 수 있었던 사건이었다. 이 두 사건은 현대 무슬림들에 의해 종종 이상적인 그리스도인-무슬림 관계들로 언급되었다.

그런데 그런 관용적인 환대에는 정치적으로 민감한 문제들도 포함되어 있었다. 일례로, 스위스는 자신들의 본토를 떠나온 수천 명의 무슬림 난민들을 그들의 나라에 받아들였다. 관대하고 올바른 환대였다. 그런데 그로 인해 특별한 도전에 직면하게 되었다. 무슬림 난민들이 미나렛이 포함된 모스크들을 짓기 원했다. 이러한 문제들로 인해 국민투표를 실시하게 되었고 그 결과 스위스는 모스크들은 허락하되 미나렛은 허용하지 않기로 결정했다. 그리스도인들은 무슬림들을 향해 어느 선까지 환대를 넓혀가야 하는가?

영국 캔터베리의 성공회 대주교는 교회는 무슬림 손님들이 최소한 집안 문제에 대해서는 이슬람의 샤리아 법 아래에 살도록 지원해야 한다고 지적했다. 그것은 엄청난 토론을 촉발시킬만한 언급이었다. 예를 들어, 그 말은 이슬람법이 승인하는 일부다처제가 영국의 무슬림들에게 장려되어야 한다는 뜻인가? 프랑스는 자신을 세속국가로 천명함으로써 분명하게 선을 그었다. 무슬림 여성들은 관공서나 학교에서 "히잡"을 쓰는 것이 금지되었다. 물론 그들은 그것을 공개적으로 쓸 것이다. 그럼에도 얼굴을 가리는 "니캅"은 공개적으로 착용할 수 없다. 많은 무슬림들에게 이러한 제한들은 종교적 자유를 침해하는 것처럼 보일 것이다. 반대로, 캐나다는 의도적으로 다문화주의를 권장하는 정책을 가지고 있다. 하지만 캐나다에서조차 기독교적이거나 세속적인 사회가 떠받치고 있는 규범들을 무슬림들이 따라줄 것을 기대하고 있다. 예를 들면, 이슬람에서는 이혼할 때 자녀들이 아버지께 속하지만, 캐나다에서는 어느 쪽이 자녀들을 더 잘 돌볼 수 있을지를 판사가 결정한다.

때로는 매우 다른 가치들이 충돌하는 상황에서도 어떻게 하면 환대의 정신으로 그리스도인-무슬림 관계들을 이끌어갈 수 있을까? 우리는 그 길을 찾아야 한다. 어느 주일 오후에 이웃 무슬림들을 초대하여 함께 차를 마친 이유들 중 하나도 그 문제였다. 몇몇 장소에서는 무슬림들이 미나렛을 세우기 원하는 것이 전혀 다른 문제가 된다.

핵심 가치들에 관한 논의

이러한 논의들을 진행함에 있어서 나는 가치들에 대한 상대주의적인 접근을 권하지 않는다. 무슬림들이 서구사회로 이주하길 원하는 하나의 이유는 서구의 기독교적 가치들을 인정하기 때문이다. 그 가치들이 무가치하게 낭비되어서는 안 된다. 그것들은 우리가 포기하지 말아야 할 선물이다. 수년 전에 나는 런던에서 히드로 공항으로 이동하던 비좁은 차 안에서 그 문제로 열렬한 토론을 벌인 적이 있다. 나를 초대해준 무슬림들은 이슬람법의 가치들이 쇠퇴기에 접어든 영국을 회복시킬 수 있다는 그들의 확신을 내게 전달하려고 애썼다. 나 역시 열렬한 반론을 폈다. 그러자 나를 초대해준 이들 중 하나가 이렇게 외치기까지 1분 정도의 어색한 침묵이 흘렀다. "우리가 만약 정직하다면 우리 모두 데이비드의 말에 동의할 겁니다. 우리는 서구사회를 사랑하고 이곳의 자유를 즐기고 있습니다. 그것이 바로 우리들 중 아무도 오늘밤에 파키스탄으로 날아가고 싶지 않은 이유입니다. 하지만 우리는 모두 캐나다로는 가고 싶어 합니다. 우리는 캐나다의 사회 분위기를 사랑하니까요."

돌봄의 실례들

무슬림 이주자들로 구성된 어느 회중은 나에게 필라델피아 외각에 있는 그들의 공동체가 가장 신뢰하는 친구들은 교회들이라는 사실을 털어놓았다. 만약 그들이 모스크를 지을 땅이 필요한데 장소를 쉽게 구하지 못하는 문제가 생기면, 교회들이 그 무슬림들 편에 서서 모스크를 지을 수 있는 그들의 권리를 변호해 준다는 것이다. 일이 항상 그런 방향으로 진행되는 것은 아니겠지만 나는 그 모스크가 교회를 참된 환대의 공동체로 경험할 수 있었다는 사실이 기뻤다. 또 다른 무슬림 회중이 내게 말해주기를 세계무역센터가 공격받아 무슬림들에 대한 사회적 분노가 폭발했을 때 그 지역 목사들이 자기 모스크의 지도자들을 만나서는 장보러 외출해야 할 무슬림 여성이 있으면 교회의 그리스도인 여성이 그들과 동행해 주겠다고 약속했다는 것이다. 무슬림들을 향한 그리스도인들의 선의와 지원을 그렇게 표현해 준 것을 그들은 엄청나게 고마워했다.

전 세계에서 찾아 온 수천 명의 무슬림 학생들이 캐나다와 미국의 대학 기숙사들에 머물고 있다. 그들 중 대부분은 단 한 번도 그리스도인 가정의 식탁에 초대받아 보지 못했다. 몇 주 전에 내 친구 하나가 몇몇 이라크 학생들을 데리고

서스쿼해나 강 근처로 나들이를 갔다. 학생들이 정말 기뻐했다. 그들은 일요일 오후를 강변에서 보낸 그 기쁨을 평생 잊지 못할 것이다! 환대는 기쁨이다!

내가 보스니아의 사라예보에서 이슬람에 관하여 강의하고 있었을 때 수강생들의 대부분은 무슬림에서 개종한 이들이었다. 나는 50대쯤으로 보이는 한 수강생에게 이렇게 질문했다. "당신은 어떻게 그리스도인이 되었나요?" "한 그리스도인이 저의 가장 좋은 친구가 되어주었기 때문에 저도 지금 그리스도인입니다." 대답하는 그녀의 뺨에 눈물이 흘러내렸다.

토의를 위한 질문들

1. 당신은 지금까지 어떤 환대들을 받아 보셨습니까?

2. 당신은 지금까지 다른 이들을 어떻게 환대해 보셨습니까?

3. 난민이 되었을 때 어떤 느낌이 들지 상상해 보십시오. 당신이나 당신의 교회가 난민들에게 환대를 베푸는데 있어서 지금보다 더 적극적으로 나설 수 있는 방법들은 무엇일까요?

4. 환대를 실천하라는 성경과 꾸란의 명령은 무엇이었습니까?

7장: 질문들에 답하라

움마는 교회에게 기독교 신앙에 관한 네 가지 기본적인 질문을 던진다. 나는 전 세계에서 만난 무슬림들로부터 이 동일한 질문들을 받아보았다. 게다가 초기의 그리스도인-무슬림 관계들에 대한 책을 읽어보니 천 년이 넘는 과거에도 동일한 질문들이 교회에 제기되었다.

1. 현존하는 그리스도인의 성경은 원래의 원본 성경을 변질시킨 책인가?

2. 예수를 하나님의 아들로 믿는 이유가 무엇인가?

3. 삼위일체가 무슨 뜻인가?

4. 메시아가 어떻게 십자가에 달릴 수 있는가?

때로는 "무함마드를 어떻게 생각하는가?"라는 다섯 번째 질문이 대두되기도 하지만 그 질문에 대해서는 앞서 언급했다. 신실한 복음의 증인이라면 지금 제시된 네 질문들에 대해서도 꼭 답변해주어야 한다.

이런 주제들은 차를 나누며 가볍게 주고받을 수 있는 내용이 아님에도 예상치 못한 방식으로 갑자기 던져지곤 한다. 덜컹거리는 버스를 타고서 소말리아의 모가디슈에서 80km 떨어진 조하르에 있는 집으로 향하던 때였다. 앞쪽에 있던 어느 승객이 뒤에 있던 우리를 향해 딱딱 끊어지는 목소리로 이렇게 외쳤다. "거기 있는 당신, 누구요?" 나는 그에게 나의 아랍어 이름을 밝혀주었다. "쉐이크 다우드입니다." 그러자 그가 이렇게 반문했다. "오! 그렇다면 당신은 무슬림이겠군!" "사실, 저는 메시아 예수를 따르는 사람입니다." "그럼 당신은 하나님에게 아내가 있어서 아들을 낳아주었다고 믿는 것이군!" 이런 상황에서 대화를 계속 진행한다는 것은 현명하지 못하고 또 불가능하기도 하다. 그래서 나는 하나님에게는 아내가 있을 수 없다는 사실만 강조하면서 기회가 되면 같이 대화해 보자고 그를 초대하는 것으로 그 상황을 매듭지었다.

질문들을 받아주라

때때로 나는 그런 질문들에서 나와 맞서거나 나를 곤경에 빠뜨리려는 의도를 감지했다. 몇몇 무슬림들은 그런 논쟁을 벌이며 불친절하고 무례하게 굴었다. 하지만 그런 경우가 흔치는 않았다. 종종 모스크에서 무슬림들과 저녁을 보내곤 할 때면 이맘은 이런 말로써 대화를 마무리했다. "우리 무슬림들이 어떤 식으로든 불친절하고 무례하게 굴었다면 우리가 당신의 용서를 구합니다."

나는 무슬림들로부터 그러한 질문을 받을 때마다 자신들의 혼란스러움을 해소해보려는 그들의 진심을 느낀 경우가 대부분이었다. 예를 들어, 수년 전에 나는 맨해튼에 있는 인터처치센터The Interchurch Center에서 진행된 대화에 참여하고 있었다. 우리의 담화가 중반으로 접어들었을 무렵, 매우 존경받는 무슬림 신학자가 이렇게 질문했다. "당신은 어떻게 예수가 십자가에 못 박혔다고 믿을 수 있습니까? 그것은 하나님이 예수를 그 십자가로부터 구해낼 수 없었다는 것을 뜻합니다. 그럴 수는 없는 법이지요." 6개월 후에 나는 방글라데시에서 글을 읽을 줄 모르는 농부들과 한담을 나누고 있었다. 그들도 나에게 물었다. "당신은 어떻게 예수가 십자가에 못 박혔다고 믿을 수 있습니까? 그것은 불가능합니다. 하나님은 전능하시기에 메시아가 그렇게 못 박혀 죽도록 내버려두셨을 리 없습니다." 20,000km나 떨어져 있었지만, 고학력의 신학자들과 무식한 농부가 동일한 질문들 던졌다. 두 그룹 모두 진지하게 자신들의 혼란스러움을 표현한 것이었다.

성서가 변질되었는가?

보통 첫 번째 질문은 성서Bible에 관한 것이다. 많은 무슬림들은 성경에 대한 그들의 혼란스러움을 성경본문이 "변질되었다"는 생각으로 해결하려고 한다. 무슬림들이 성경을 그처럼 오해하는 이유가 무엇인가? 무엇보다도 그들은 66권의 성경이 이야기와 가르침의 결합으로 구성되어 있는 것을 혼란스러워 한다. 꾸란에는 이야기가 없기 때문이다. 꾸란은 역사적인 사건들을 예화로만 언급할 뿐 그 사건에 관한 이야기는 담겨있지 않다. 무슬림들은 모든 참된 경전scripture은 천국에 있는 "보호받는 판"guarded tablet으로부터 이 땅에 내려왔다고 믿는다. 따라서 역사 이야기를 담고 있는 성경은 참 경전에 대한 무슬림들의 패러다임에 맞지 않는다. 무슬림들을 혼란스럽게 만드는 또 하나의 문제는 다양한 종류의 번역 성서가 있다는 점과 성서와 꾸란에 서로 배치되는 내용이 있다는 점이다. 특히 꾸란에서는 예수님의 십자가처형이 부인되고 있지만 네 복음서에서는 예수님의 십자가와 부활이 가장 중요한 부분을 차지하고 있다.

성서의 신뢰성에 대한 무슬림들의 의문은 철저히 신학적인 것이다. 무슬림들은 무함마드를 꾸란이 쏟아내는 말씀의 통로라고 여긴다. 계시를 그냥 전달하는 것 말고는 사람의 도움이 필요 없다는 개념이다. 하지만 성서에서는 하나님 그분이 우리를 만나시고 우리를 구원하시기 위해 이 땅에 내려오신다. 성서는 하나님의 그 구원역사에 대한 기록이고 그 구원역사에서 사람들의 역할이 생생하게 살아있다. 따라서 "성서가 변질되었다"는 무슬림들의 주장은 계시의 본질에 대한 우리의 이해와는 근본적으로 상이한 개념에서 기인한 것이다.

그럼에도 불고하고, 나는 성경 66권의 신뢰성에 관한 무슬림들의 의문에 대하여 건설적으로 반응하는 것이 유익하다고 믿는다. 우리는 이미 5장에서 그리스도인들이나 유대인들이 성경의 기록을 왜곡시켰다고 선명하게 주장하는 꾸란 구절은 없다는 점을 살펴보았다. 꾸란에는 단지 사람들이 성서를 악의적으로 잘못 인용하거나 오해하고 있다는 주장들이 담겨있을 뿐이다.63 그렇게 속이는 자들에게는 심판에 대한 끔찍한 경고가 주어지고 있다. 우리 그리스도인들은 꾸란의 그런 경고들에 동의하면서 그 구절들이 성서 자체가 변질되었다는 주장은 아니라고 본다.

사해사본이 발견되면서 현재 우리가 가지고 있는 구약성경이 가장 오래된 옛 구약성경 사본들을 그대로 보존하고 있다는 사실이 밝혀졌다. 또한 최소한 오천 개가 넘는 신약성경 사본들이 지금까지 남아있다. 사본들을 연구하는 학자들은 우리가 읽고 있는 성서가 원본 성경 그대로임을 밝혀주었다.64

하지만, 무슬림들의 항의는 여전하다! 그리스도인들과 유대인들이 하나님이 "그 책의 사람들"에게 맡겨놓으신 원본 성경을 함부로 고쳤다는 무슬림들의 잘못된 가정이 광범위하게 퍼져 있는 현실을 우리가 피할 길은 없다. 내가 어느 모스크를 방문했을 때, 그곳의 이맘은 자신의 손을 흔들면서 이렇게 선언했다. "꾸란에는 성서가 변질되었다는 구절들이 많습니다." 내가 그에게 간청했다.

---

63) 꾸란: 제3장 알 이므란(이므란의 가족) 78절; 제2장 바까라(암소) 79절.

64) David W. Shenk, *The Holy Book of God: An Introduction* (Achimota, Ghana: African Christian Press, 1981), 59−60.

"제발, 그런 구절이 있다면 말씀해 주십시오." 그는 단 한 구절도 생각해내지 못했다. 내가 최근에 방문했던 모스크에서도 그곳의 이맘이 성경말씀을 변질시킨 그리스도인들에 관한 비극을 호되게 꾸짖고 있었다. 내가 그 사람에게 몸을 돌려 이렇게 물었다. "제발 잠깐만이라도 하얗게 머리가 다 센 이 노인의 지혜에 귀를 기울여 주십시오. 저와 여러분은 모두 다 하나님 그분이 당신의 경전들을 보호하고 계심을 알고 있습니다. 꾸란과 성경 모두 다 그렇게 말합니다. 그러니 성경이 변질되었다는 이 논의를 잠시 중단하고서 우리의 경전들이 무엇을 가르치고 있는지에 대해서 먼저 논의해 봅시다." 그가 동의했다. 우리는 그날 기독교 신앙에 담긴 성육신과 십자가의 의미에 관하여 대화하는 놀라운 저녁시간을 보냈다.

하나님의 아들이라니, 그게 무슨 말입니까?

그것은 우리를 그 다음 질문으로 넘어가게 한다. "성육신의 의미가 무엇인가?" 성육신을 논할 때 우리는 반드시 확실한 태도로 부인하거나 시인해야 한다. 첫째로, 꾸란은 우리가 하나님에게 아들을 낳아 준 아내가 있다고 믿어서는 안 된다고 경고한다. 우리는 그 경고에 동의한다. 우리는 하나님에게 아내가 있어서 아들을 낳아주었다고 믿지 않는다.[65]

그렇다면 교회가 메시아 예수를 하나님의 아들로 고백할 때 그것이 의미하는 바가 무엇인가? 우리는 하나님의 아들이라는 이 호칭이 하나님 그분에 의해 예수님께 주어졌음을 주목해야 한다. 천사 가브리엘이 동정녀 마리아에게 메시아의 출생이 임박했음을 알려주었을 때 그 천사는 그가 하나님의 아들로 불릴 것이라고 말했다. 꾸란 역시 가브리엘이 동정녀 마리아에게 찾아와 그녀가 예수를 임신할 여인으로 선

---

65) 꾸란: 제4장 니싸아(여성) 171절.

택받았음을 알려주었다고 주장하고 있음을 주목하라. 또한 예수님의 공생애 가운데 두 번이나 하나님이 하늘로부터 예수를 자신의 사랑받는 아들이라고 말씀하셨다.[66]

나는 예수의 하나님 아들 되심을 주로 두 가지 의미로 설명한다. 첫째로, 그분은 말씀이시다. 둘째로, 그분은 하나님과 하나 되신 완벽한 관계와 교제를 나누신다. 꾸란도 예수를 하나님의 말씀이라고 언급한다. 칼리마툴라 꾸란은 이것을 하나님이 아담을 말씀으로 창조하셨듯이 예수도 하나님에 의해 기적적으로 창조되었음을 의미한다고 이해한다.[67] 따라서 꾸란이 메시아를 말씀이라고 언급할 때, 그것은 성육신을 의미하지 않는다. 그것은 하나님이 예수를 여인의 태에서 창조하셨음을 의미한다. 그럼에도 우리는 우리들의 무슬림 친구들이 예수가 하나님의 말씀이신 성경적인 이유를 복음서에서 발견하도록 초대한다. 복음서가 이렇게 선언한다. "태초에 말씀이 계시니라 이 말씀이 하나님과 함께 계셨으니 이 말씀은 곧 하나님이시니라 그가 태초에 하나님과 함께 계셨고 만물이 그로 말미암아 지은 바 되었으니 … 말씀이 육신이 되어 우리 가운데 거하시매 우리가 그의 영광을 보니 아버지의 독생자의 영광이요 은혜와 진리가 충만하더라"[68] 이것은 예수님이 참으로 하나님이 우주를 창조하시고 보존하시는 그 말씀이라는 의미다. 그 말씀이 인간이 되셨기에 우리는 그분을 "아버지로부터 내려오신 독생자"로 바라보는 것이다. 하나님을 하나님의 충만한 표현이신 그분의 말씀으로부터 분리시키는 것은 불가능하다. 따라서 하나님은 한 분이시다. 하나님과 그분의 말씀이 하나이기 때문이다. 하나님은 거짓말을 못하신다. 우리가 그분의 말씀을 만날 때 우리는 하나님의 참되고 완전한 계시를 만나고 있는

---

66) 성경: 누가복음 1:32; 마태복음 3:17; 누가복음 9:35.
67) 꾸란: 제4장 니싸아(여성) 171절.
68) 성경: 요한복음 1:1~3,14.

것이다.

하지만 여전히 거대한 혼란스러움이 남아있다. 무슬림들은 이렇게 묻는다. "예수가 천국에서 가져온 그 복음서라는 책이 어디에 있습니까? 맙소사! 예수가 승천할 때 그것을 되가져 갔군요!" 우리가 신약성경을 펼칠 때, 우리는 복음서라고 불리는 네 권의 책을 발견한다. 마태복음, 마가복음, 누가복음, 요한복음이 그것이다. 그냥 "복음서"라고 불리는 책은 없다. 무슬림들은 혼란스러워한다. 그리스도인들이 반드시 설명해줘야 한다. 예수님은 결코 천국에서 책을 가져오지 않으셨다. 왜냐하면 그분이 바로 천국에서 내려온 그 책이기 때문이다. 메시아 예수는 복음을 가지고 오지 않으셨다. 그분이 바로 복음이시다. 하나님이 살아있는 말씀이신 예수님을 천국에서부터 이 세상으로 내려 보내셨다. 네 권의 복음서의 내용들은 복음이신 메시아 예수님의 증인들과 그 증인들의 측근들에 의해 기록되었다. 하나님은 예수님의 삶과 가르침에 대한 네 권의 복음서가 기록되도록 계획하시어 우리가 그분이 누구이신지에 대한 진리를 발견하게 만드셨다. 법정에서는 증인 한 명으로 충분하지 못하다. 네 명의 증인들이 참된 증언을 확립한다. 네 권의 복음서의 기록들은 하나님의 성령으로 감동되었다. 그래서 이 네 증인들은 우리에게 메시아 예수에 대한 확실한 내용들을 제공해주고 있다.

하나님의 아들이 뜻하는 두 번째 의미는 메시아 예수가 하나님과 완전한 사랑의 교제를 나누고 있다는 것이다. 예수님이 말씀하셨다. "나와 아버지는 하나이니라" 그리고 이렇게 덧붙이셨다. "나를 본 자는 아버지를 보았거늘"[69] 놀랍게도, 우리가 메시아 예수를 믿을 때, 하나님의 성령이 우리를 하나님과의 사랑의 교제 속으로 이끌어 들여 우리도 하나님을 우리를 사랑하시는 하늘 아버지로

---

69) 성경: 요한복음 10:30; 14:9.

부르게 된다. 예수님은 하나님과 완벽한 교제를 나누고 계신다. 우리도 예수님이 완전하게 알고 계시는 하나님의 사랑을 경험하도록 초대받았다. 그래서 그리스도인들은 하나님을 사랑의 하늘 아버지로 부른다.

따라서 예수님이 하나님의 아들이시라는 의미는 그분이 하나님의 영원한 말씀의 성육신이요 하나님과의 완전한 교제와 연합을 누리고 계신 분임을 의미한다.

하나님을 왜 삼위일체라고 합니까?

무슬림들이 자주 묻는 세 번째 질문은 삼위일체의 의미다. 그 질문에 대한 대답은 하나님의 아들이신 예수님의 본성을 더 깊이 설명해준다. 앞서 밝혔듯이 나이로비에서 우리는 모스크 인근에 살았다. 기도시간들이 끝난 어느 금요일에 한 젊은 친구가 모스크에서 우리 집으로 급히 뛰어와서는 이렇게 소리 질렀다. "당장 그만두시오! 당장 그만두란 말입니다!" 내가 우리 집 대문에서 그를 만나 이렇게 물었다. "무엇을 그만두란 말이죠?" "하나님이 세 분이라는 당신의 가르침을 그만두란 말입니다!" "그래요? 제발 설명해 주십시오. 그게 무슨 말입니까? 여기에 있는 우리 중 아무도 하나님이 세 분이라고 가르치지 않습니다." 그가 분통을 터뜨렸다. "삼위일체 말이요! 삼위일체에 대한 당신의 가르침을 그만두란 말이요!" 내가 외쳤다. "아, 삼위일체 말이군요! 삼위일체는 세 분 하나님에 대한 가르침이 아닙니다. 사실상, 삼위일체는 당신과 내가 서로 사랑해야 한다는 의미입니다. 설명해 보겠습니다. 하나님은 한분이시고 그분은 사랑이십니다. 그것은 하나님이 사랑의 교제 안에 연합되어 있음을 뜻합니다. 메시아 예수의 사역을 통해 죄인들인 우리에게 다가오셔서 우리 가운데 그분의 사랑을 나타내셨습니다. 다시 사신 메시아의 부활의 능력 안에서 하나님은 그분의 성령이 우리 가운데, 또 우리 속에, 사시도록 우리에게 보내시어 그분이 사랑하시듯 우리도 서로 사랑할 능력을 부으셨습니다. 하나님은 팔짱을 끼신 채 자신의 사랑을 독차지하고 계신 분이 아닙니다. 오, 그렇지 않습니다! 하나님은 우리를 구원하시기 위해 예수님 안에서 이 땅에 내려오셔서 그분이 사랑하시듯이 우리도 서로 사랑하도록 능력을 베푸십니다. 그것이 삼위일체의 의미입니다. 하나님이 삼위일체라는 것은 하나님이 사랑이시라는 그 실체를 우리들의 제한적인 언어로 표현해본 것에 불과합니다." 그러자 그 젊은이는 놀라움 가운데 탄성을 질렀다. "만약 그것이 삼위일체의 의미라면, 그것 참 놀랍군요!" 그 날의 대화 후로 내가 그를 거리에서 다시 만날 때마다 그는 나를 "친애하는 데이비드"라고 불렀다.

꾸란은 성령에 대하여 여러 번 언급한다.[70] 많은 무슬림들은 성령에 대한 이러한 언급들이 천사 가브리엘에 관한 것이라고 추측한다. 하지만 신뢰할 만한 무슬림 학자는 꾸란이 성령이나 하나님의 영을 언급하고 있음을 무슬림들이 인식해야 한다고 일관되게 주장하고 있다.[71] 하나님과 그분의 영이 하나이고, 또 그와 같이, 하나님과 말씀이 하나임을 인식하는 것이 유익하다. 삼위일체를 표현할 수 있는 유일한 길은 이와 같다. 창조자아버지 하나님, 성령 하나님, 그리고 말씀 하나님이다. 창조자와 영과 말씀은 하나이시다.

어떻게 메시아가 십자가에 못 박힐 수 있습니까?

십자가에 대한 이 질문은 "삼위일체"라는 우리의 제한적인 단어로 설명하려고 노력했던 그 진리, 즉 "하나님은 사랑이시라"는 실재와 관련되어 있다. 십자

---

70) 꾸란: 제2장 바까라(암소) 87절.

71) Abdullah Yusuf Ali, *The Holy Qur'an: Text, Translation, and Commentary* (Beirut Lebanon: Dar al Arabia, 1968), 1605~5677.

가는 하나님의 사랑이 얼마나 위대한가를 보여주는 계시다. 그것이 바로 십자가처형에 관하여 무슬림들이 이해할 수 없는 이유다. 이슬람에서 가르치는 하나님은 결코 우리를 구원하시려고 내려오지 않으시기 때문이다. 이슬람에서 하나님은 결코 우리를 위하여 고난당하시거나 우리 때문에 고통당하지 않으신다. 그 하나님은 결코 우리에 의해 영향 받지 않으신다. 그 하나님은 자비로우셔서 당신의 뜻을 이 땅에 내려 보내시지만 결코 그분 자신이 직접 내려오셔서 우리를 구원하지는 않으신다.

나는 종종 무슬림들에게 십자가에 계시된 하나님의 사랑이 얼마나 놀라운 것인지를 설명해준다. 이 세상의 어떤 종교나 철학도 하나님이 사람을 그토록 사랑할 수 있다고는 상상하지 못했기 때문이다. 이런 점에서 우리의 눈을 열어서 죽으시고 부활하신 예수님 안에 계시된 하나님의 놀라운 사랑을 보게 하실 분은 성령님밖에 없다. 우리는 증언한다. 십자가 위에 매달리신 예수님의 두 팔은 그리스도 안에서 벌려주신 하나님의 두 팔로서, 그분의 용서와 화목을 받아들이도록 우리를 초청하신다. 하나님은 우리 모두를 두 팔 벌려 환영하신다.

엄청난 희생

어느 날 저녁에 필라델피아의 모스크에서 무슬림 회중이 두 시간의 후속 기도를 위해 모였다. 그것은 라마단 절기에 속한 특별 행사였다. 늦은 저녁이 되어 그들의 기도가 마쳤을 때 그곳의 이맘은 그곳을 방문한 우리들에게 각 사람의 선행과 악행을 올려두는 저울에 관하여 설명해 주었다. 그 후속 기도는 그 저울의 선행 쪽 접시에 쌓여 마지막 심판의 날을 준비하는데 보탬이 될 것이라는 주장이었다. 하지만 그 어떤 사람도 자신이 쌓아야 할 충분한 기도를 다 했는지는 알 수 없다.

나는 그의 말에 이렇게 반응했다. 매년 희생 절기가 찾아올 때마다 전 세계의 무슬림들이 수천마리의 양들을 희생제사로 드린다. 무슬림들은 하나님이 "중대한" 대속물을 공급하심으로 아브라함의 아들을 죽음으로부터 구해내셨다는 꾸란의 가르침을 기억한다.[72] 하나님이 아브라함의 아들을 위하여 희생제물을 공급하셨다는 그 내용이 토라모세오경와 꾸란 모두에 실려 있다. 우리는 그 희생제물이 우리의 자리를 대신하신 하나님의 어린양이신 메시아 예수를 가리킨다고 믿는다. 그래서 전 세계의 그리스도인들은 자신들이 용서받았다고 증언하는 것이다.

그 이맘은 내 말을 거절했다. 그는 말하기를 법정에서는 그 누구도 피고를 대신할 수 없다고 했다. 나는 이렇게 말했다. "그 말은 맞습니다. 하지만 단 하나의 예외가 있습니다. 만약 재판관이 법정에 들어와 그 피고에게 '내가 당신의 자리를 대신하겠습니다!'라고 선언한다면 그 피고는 풀려납니다. 이와 같이 메시아 안에서 의로우신 재판장께서 법정에 들어와 우리의 자리를 대신하셨습니다." 주변의 무슬림 회중들은 경건한 침묵 속에서 자리를 지키고 있었다. 그러자 그 이맘은 이렇게 대꾸했다. "더 이상 논의하기에는 너무나 깊은 주제이군요."

놀라운 복된 소식

약 50명의 무슬림들과 그리스도인들이 필라델피아의 주택 지구에 자리 잡은 어퍼 다비Upper Darby 모스크의 카펫 바닥에 둘러앉아 있었다. 대략 두 시간에 걸쳐 그곳의 이맘이 이슬람의 믿음 기둥들 여섯 가지와 의무 기둥들 여섯 가지를 설명해 주었다. 그는 자신의 설명을 이렇게 마무리했다. "여러분은 오늘 제가

---

72) 꾸란: 제36장 야씬 107절; 성경: 창세기 22:9~14.

설명해 준 모든 내용을 다 잊어버릴 수 있습니다. 하지만 한 가지만은 잊어서는 안 됩니다. 이슬람에는 놀라울 것이 하나도 없다는 사실입니다. 이것은 자연스러운 인간의 종교입니다. 우리 모두는 자연적으로 무슬림으로 태어납니다. 심지어 계시가 없어도 철학이 우리의 눈을 열어 이슬람의 진리를 보게 해줄 것입니다.”

나는 이렇게 반응했다. “이슬람에서는 그것이 사실일 것입니다. 하지만 복음에는 해당되지 않는 말입니다. 복음은 너무나 놀라워서 성령께서 우리의 눈을 열어서 하나님의 위대한 사랑을 보게 하시지 않는 한 믿을 수 없습니다. 복음은 하나님께서 구유에 뉘인 아기로 우리를 찾아오셔서 이집트로 피신하셨다가 나사렛에서 목수로 일하셨고 종종 광야에서 주무시는 순회설교자로 일하셨으며 자신을 배신하기로 결심한 제자의 발을 씻어주셨고 십자가에 달려 운명하시는 그 순간에도 ‘아버지여, 저들을 용서해 주옵소서!’라고 부르짖으셨다는 놀라운 소식입니다. 그러자 그 이맘이 말했다. “하나님이 우리를 그렇게까지 많이 사랑하시는 것은 불가능합니다.” 나는 그에게 호소했다. “하나님을 상자에 가두어 놓고서 그분이 예수님이 사랑하신 것만큼 사랑하지는 못하신다고 말하지 마십시오. 하나님이 당신을 깜짝 놀라게 하시도록 허락하십시오!”

하나님은 얼마만큼의 사랑을 베푸시는가?

무슬림들이 기독교인들을 만났을 때 화재로 삼는 이러한 질문들은 하나의 핵심적인 질문과 연결되어 있는 여러 세부질문들일 뿐이다. 그 핵심적인 질문은 “하나님은 얼마만큼의 사랑을 베푸시는가?”이다. 하나님의 사랑이 지닌 그 신비와 실체를 제대로 묘사하기에는 우리의 언어가 너무나 제한적이다. 인생에는 많은 신비가 있다. 그레이스와 함께 한 나의 55년은 하나의 신비였다. 나는 내 결혼생활의 신비를 제대로 설명해낼 수가 없다. 하지만 그것은 놀라운 사실이었다. 그처럼 하나님의 삼위일체도 하나의 신비다. 우리가 하나님을 삼위일체로 믿는 것은 우리가 하나님을 아버지로, 아들로, 성령으로, 경험하기 때문이다. 삼위일체는 우리의 그 놀라운 경험을 우리의 제한적인 언어로 표현해보려는 노력일 뿐이다. "우리가 아직 죄인 되었을 때에 그리스도께서 우리를 위하여 죽으심으로 하나님께서 우리에 대한 자기의 사랑을 확증하셨느니라"[73]

---

73) 성경: 로마서 5:8.

토의를 위한 질문들

1. 무슬림들이 기독교인들을 만났을 때에 주된 대화의 주제로 삼는 네 가지 질문들을 생각해 보십시오. 이 모든 질문들을 하나로 묶을 수 있는 공통점이 무엇이라고 생각하십니까?

2. "성서가 변질되었습니까?" 무슬림들은 왜 그렇게 자주 이 질문을 하는 것일까요? 무슬림들이 역사적인 내용이 포함되어 있는 성경에 대해 당혹스러워하는 이유가 무엇인지 설명해 보십시오. 성경에 그토록 많은 역사적인 이야기가 담겨 있는 이유를 무슬림들에게 어떻게 설명해줄 수 있을까요?

3. 여러분이 여자고등학교의 무슬림 친구와 함께 딸기시럽 아이스크림을 먹고 있을 때 그 친구가 이렇게 질문했습니다. "너는 예수가 하나님의 아들이라고 믿는 거야?" 그때 여러분이 그 친구에게 "그래, 나는 예수님이 하나님의 아들이라고 믿어"라고 대답한다면 그 친구가 그 말을 어떻게 이해하게 될까요? 예수님이 하나님의 아들이라는 사실을 어떻게 하면 그 친구가 오해 없이 납득할 수 있도록 설명해줄 수 있을까요?

4. 다음 진술이 무슨 말인지 자세히 설명해 보십시오. "하나님이 삼위일체라는 의미는 하나님은 사랑이라는 뜻이다."

8장: **왜곡에 맞서라**

그레이스와 내가 아시아의 어느 나라의 식당에 앉아 있었을 때 우리의 친구들이 또 다른 미국인 커플을 우리 테이블로 안내했다. 친구들이 나를 이슬람 전문가라고 소개하자 그 커플이 이렇게 말했다. "오! 당신을 만나게 되어 정말 기쁘군요! 우리는 당신으로부터 무슬림에 관하여 가급적 많은 것을 배우기 원합니다. 물론, 우리 둘 다 무슬림들은 묘사하기가 어려운 대상인 것을 알고 있습니다. 왜냐하면 무슬림들의 성서가 그들에게 거짓말쟁이가 되라고 가르치기 때문이죠. 그래서 만약 어느 무슬림이 자신은 이제 그리스도인이 되었다고 말한다면 우리 모두는 그가 여전히 무슬림인 것을 알 수 있지요. 왜냐하면 그의 거짓말이 사실상 그와 반대되는 것을 전달하고 있기 때문이죠." 또 다른 경우는 크리스마스이브였던 어느 금요일에 내가 모스크에 있었을 때였다. 그곳의 이맘은 자신의 설교에서 자신의 회중들에게 확신 있게 설교하기를 그리스도인들이 성탄절 때 술에 취해있다는 것이었다. 따라서 무슬림이 술에 취하지 않는다는 것이 이슬람이 참된 진리임을 증거한다는 것이었다. 그들은 무슬림 절기에 술을 마시는 신성모독을 결코 생각할 수 없었다. 이처럼 무슬림과 그리스도인들은 가끔 서로를 향한 왜곡된 평가를 내린다. 양쪽 다 진실하게 행동할 뿐 아니라 진리를

왜곡되거나 과장하는 언사를 지양할 사람들인데 말이다.

사실에 입각해서 친절하게 말하라

그리스도인 청중들을 앞에 두고서 무슬림에 대하여 강의하고 있을 때, 나는 바드루 카테렉가Badru Kateregga가 내 옆에 서서 내가 하는 말을 듣고 있다고 상상해보았다. 그는 『어느 무슬림과 그리스도인의 대화』를 공저한 나의 무슬림 친구다. 그 상상이 나를 친절하고도 진실하게 지켜주었다. 내가 말하고 있는 이슬람에 대해서 그 친구가 동의하지 못할 것을 내가 느낀다면 다른 무슬림들 역시 내가 말하고 있는 그것을 지지할 수 없을 것이다. 이슬람의 본질에 대해 이야기할 때 내가 추구하는 목표는 만약 그 자리에서 무슬림들이 그 강의를 함께 듣고 있어도 그것에 동의하겠냐는 것이다. 나는 그들의 신앙을 최선을 다해 정확하게 묘사하고 그것에 대하여 내가 동의할 수 없는 부분들을 정직하게 진술하는 것에 헌신되어 있다. 따라서 나는 무슬림들 역시 이와 동일한 헌신을 가져줄 것을 간청한다. 무슬림들과 그리스도인들은 상대방의 모습을 묘사할 때마다 진실하고 친절하며 신뢰를 구축하기를 힘써야 한다. 우리는 이슬람의 믿음들과 행위들, 그리고 우리의 복음을 진실에 입각한 방식으로 묘사해야 한다.

성령에 관한 무슬림의 왜곡을 지적하기

진리에 헌신된 관계를 정립하려는 마음으로 나는 네 가지 왜곡들에 대하여 언급하려고 한다. 두 가지는 무슬림들의 왜곡이고 다른 두 가지는 그리스도인들의 왜곡이다. 먼저 무슬림들의 왜곡을 지적하고 나서 그리스도인의 왜곡으로 넘어가겠다.

무슬림들은 종종 예수님이 무함마드가 올 것을 예언했다고 언급한다. 이런 확신은 예수가 최후의 선지자를 예고했다는 꾸란의 언급으로부터 생겨났다. 무슬림들은 그 선지자가 무함마드라고 믿는다.[74] 그래서 무슬림들은 예수가 그 마지막 선지자가 올 것이라고 선포한 구절을 신약성경에서 찾으려고 노력한다. 무슬림 학자들은 예수님이 보혜사가 올 것을 예언한 요한복음 14장과 16장에서 무함마드에 대한 예고를 발견했다고 말한다.[75] 그리스 원어로 파라클레이토스 paracleitos는 "상담자"를 뜻한다. 때로 무슬림 학자들은 그것이 원래 "찬양받으실 분"이라는 뜻의 페리플루토스periplutos였다고 주장한다. 아흐메드나 무함마드라는 이름의 뜻 역시 "찬양받으실 분"이다. 그들은 그 구절의 원래의 단어가 "페리플루토스"였는데 그리스도인들이 그 단어를 없애버리고서 "상담자"라는 뜻의 "파라클레이토스"를 집어넣어 본문을 변질시켰다고 주장한다.

이처럼 우리 그리스도인들은 오실 성령에 대한 예수님의 약속을 학문적으로 부인하는 무슬림들을 종종 접하게 된다. 내가 어느 모스크에 있었을 때 그곳의 이맘은 그리스도인들이 신약성경 본문을 바꾸어서 "무함마드"라는 원문의 단어 대신에 "성령"을 집어넣었다고 설명하면서 눈물을 흘렸다. 그리스도인들이 그런 만행을 저지른 것에 대한 그의 깊은 슬픔을 표현한 것이다! 이럴 때 우리 그리스도인들은 어떻게 반응해야 할까? 우리는 그와 같은 왜곡에 맞서기로 결정했다. 그날 저녁 그 모스크에서 우리는 이렇게 반응했다.

"이 세상에는 최소한 5천 개의 신양 성경 사본들이 있습니다. 이 모든 사본들이, 단 하나의 예외도 없이, 예수님이 '보혜사'가 올 것을 약속하셨다고 주장하고 있으며 그 보혜사는 바로 성령이십니다. 그러므로 우리는 하나님이 우리에게 위임하신 성경의 증언에 굳게 설 것을 선택합니다. 또한 우리는 우리의 무슬림

---

74) 꾸란: 제61장 사프(전쟁의 대열) 6절.
75) 성경: 요한복음 14:16~17; 16:7~11.

친구들이 성령에 관한 성경의 증언의 신뢰성을 동일하게 존중해 줄 것을 요청합니다."

우리는 성령님을 통해 진리를 알게 된다는 사실을 계속 설명했다. "성령은 하나님과 함께 계신 분이십니다. 따라서 성령이 사람이라고 말하는 것은 지혜롭지 못합니다. 성령은 인간이 아닙니다. 그분은 우리와 함께 계시는 하나님의 현존이요 그분을 통해서 우리가 진리를 알게 되고 그 진리를 살아낼 힘을 얻게 됩니다." 그래서 우리는 그 무슬림 회중이 성령의 오심에 대한 예언이 사실은 무함마드라는 한 사람에 관한 예언이라고 말하는 것을 중단해 줄 것을 요청했다. 사실, 우리는 요한복음 14장의 한 구절에서 이런 말씀을 읽는다. "보혜사 곧 아버지께서 내 이름으로 보내실 성령 그가 너희에게 모든 것을 가르치고 내가 너희에게 말한 모든 것을 생각나게 하리라"[76] 우리는 그들에게 하나님이 그분의 성령을 통해서 우리에게 당신의 진리를 확신시키심을 설명했다. 우리는 성령님을 거스르거나 무시하지 말아야 한다.

알라에 대한 그리스도인의 왜곡을 지적하기

널리 퍼져있는 또 다른 왜곡은 우리 그리스도인들이 만들어낸 것이다. 이 왜곡은 알라가 그리스도인들이 예배하는 하나님과 다른 존재라는 생각이다. 몇몇 그리스도인들은 알라와 연관되어 있는 용어들을 사용함에 있어서 너무 멀리 가버려서 이런 출판 된 책에서는 언급할 수조차 없다. 먼저, 중동에 있는 모든 아랍 그리스도인들은 하나님을 "알라"로 호칭한다는 사실이 도움이 될 것이다. 사실, 무함마드는 "알라"라는 이름을 그리스도인들로부터 얻어 왔다. 이슬람이 발생하기 전의 아랍지역의 몇몇 그리스도인들의 비문들을 보면 하나님의 이름

---

76) 성경: 요한복음 14:26.

으로 "알라"가 사용되고 있다.[77]

그렇다면 그때의 그리스도인들과 무슬림들은 알라라는 이름을 어디에서부터 얻었는가? 전능하신 하나님을 "엘로하"로 부른 아브라함의 유산을 이어받은 것으로 이해하는 것이 가장 자연스럽다.[78] "알라"는 "엘로하"를 부르는 아랍어 표현이다.[79] 무함마드는 한 분이신 참되신 하나님인 아브라함의 하나님을 위한 예배를 아라비아 전체와 그 너머 지역들에서까지 확립하는 것이 자신의 사명이라고 가르쳤다. 이 세상에는 하늘과 땅을 만드신 단 한 분의 전능하신 하나님이 계신다는 것이 그의 메시지였고 그분의 이름이 "엘로하"알라다.

여기서 우리는 복음이 선교사들에 의해 전 세계로 퍼져나갈 때 교회가 단지 아랍어 "알라"뿐 아니라 하나님에 대한 여러 다른 이름들을 사용해 왔음을 주목할 필요가 있다. 기독교 선교사들이 세계 곳곳에서 하나님에 관하여 증언할 때, 몇몇 드문 예외들을 제외하면, 그 지역에서 부르는 하나님의 이름이 무엇인지를 먼저 찾았다. 성경 번역자들은 가급적이면 창조주에 대한 그 지역의 신명을 사용했다. 이슬람은 달랐다. 무슬림들은 하나님을 부르는 그들의 아랍어 단어인 알라를 고집했다. 하지만 교회는 몇몇 예외들을 제외하면 하나님에 대한 그 지역의 명칭을 사용했는데 그것은 하나님이 모든 문화와 종교들 안에 당신에 관한 일반계시를 심어두셨다는 확신 때문이었다.

일례로, 나의 부모님이 기독교 선교사로서 탄자니아의 자나키 사람들에게 들어갔을 때, 그분들은 그 자나키 사람들에게 하나님을 알고 있느냐고 물었다.

---

77) Rick Brown, "Who Was Allah before Islam? Evidence the Term 'Allah' Originated with Jewish and Christian Arabs," in *Toward Respectful Understanding and Witness among Muslims*, Evelyne A. Reisacher, ed., (Pasadena, CA : William Carey Library, 2012), 164–78.

78) 위의 책, 147–63.

79) 보다 정확하게 설명하자면, 아랍어로 "알라"는 "알(그) 일라하(하나님)"를 붙여서 읽은 것인데 여기서 "일라하"는 히브리어 "엘로하"와 같은 말이다. (역자 주)

그들은 자신들이 하나님을 알고 있다고 확인해 주었다. 그들은 그 창조자를 "무룽구"Murungu라 불렀다. 그들은 그 무룽구가 이제 자신들을 떠나버렸고 다시는 되돌아오지 않는다고 믿고 있었다. 그래서 내 부모님은 마태복음을 자나키 어로 번역하면서 무룽구라는 단어를 그대로 사용했다. 그분들은 자나키 사람들에게 무룽구의 충만한 계시가 예수님 안에 있다고 설교했다. 그들은 결코 성경의 하나님이 무룽구와 다른 하나님이라고 말하지 않았다. 오히려 그분들은 메시아 예수님 안에서 무룽구께서 우리에게 다가오셔서 우리 가운데 사신다고 설교했다.

내가 지금 무엇을 말하고 있는지를 잘 설명해주는 성경말씀이 있다. 바로 하나님이 떨기나무 가운데에서 모세를 만나신 장면이다.[80] 그 내용을 쭉 읽다보면 다음의 말씀을 만나게 된다. "하나님이 모세에게 말씀하여 이르시되 나는 여호와니라 내가 아브라함과 이삭과 야곱에게 전능의 하나님으로 나타났으나 나의 이름을 여호와로는 그들에게 알리지 아니하였고"[81] 하나님은 그분이 전능하신 하나님알라 혹은 엘로하이라고 선포하셨다. 모든 신실한 유대인들과 그리스도인들과 무슬림들은 천지를 창조하신 전능하신 하나님을 믿는다. 하지만 모세에게 하나님은 단지 자신을 전능하신 하나님알라이라고만 계시하지 않으시고 자신을 이 땅에 내려와 우리를 구원하시는 분으로 알리셨다. 그분은 이 땅에 내려와 우리를 만나시고 우리에게 자신을 계시하신다. 이분이 바로 선한 목자로서 이 땅에 내려와 당신의 잃은 양을 찾으시는 하나님이시다. 이분이 바로 자신의 본질이 사랑이심을 계시하시는 야훼주 하나님이다.[82]

---

80) 성경: 출애굽기 3장.
81) 성경: 출애굽기 6:2~3.
82) 성경: 요한일서 4:16.

무슬림들로서는 사랑이라는 자신의 본질을 드러내시며 이 땅에 내려와 우리를 구원하시는 하나님이라는 개념을 도통 이해하기 어려운 게 사실이다. 최근에 나는 인도네시아 반둥의 무슬림 대학생들 앞에서 토론을 벌이고 있었다. 나의 무슬림 대화 파트너는, 이슬람에서는 하나님이 자신의 완벽한 의지를 이 땅에 내려 보내실 뿐 결코 이 땅에 직접 내려와 우리를 구원하시지는 않는다고 단언했다. 그들의 사고에서는 하나님의 희생적인 사랑이라는 개념이 자리 잡을 여지가 없었다. 그 이유 때문에 나의 무슬림 대화 파트너는 예수의 십자가 처형을 부인했다. 하지만 우리는 성경에서 우리와 함께, 또 우리를 위하여, 고난 받으시려 이 땅에 내려오시는 메시아 안에서 하나님을 만난다. 나의 대화 파트너는 그것을 도무지 이해하지 못했다. 하지만 그곳에 모인 대부분의 무슬림 대학생들은 하나님께서 예수를 못 박은 자들에게 그분의 용서와 화해를 제공해 주실 정도로 그분의 사랑이 그토록 위대하시다는 복음의 계시를 놀랍게 여겼다.

그리스도인들로서 우리는 하나님에 대한 우리의 이해가 성경에 계시된 것처럼, 특별히 메시아에게 계시된 것만큼, 그분을 만날 수 있을 때까지는 완벽하지 않다고 믿는다. 예를 들면, 메시아 예수의 말씀에 의하면, 우리는 하나님을 알고 그분을 우리의 사랑 많으신 하늘 아버지로 부르도록 초청받았다. 그러나 무슬림들은 하나님을 그렇게 부르지 않는다. 따라서 그리스도인들과 무슬림들이 같은 하나님을 예배한다는 말은 옳지만 무슬림들이 인식하고 경험하는 하나님이 메시아 예수 안에 계시된 하나님에 대한 우리의 체험과 동일하다고는 말할 수 없다. 복음이 가져다주는 엄청난 충격은 사랑 많으신 우리 하나님이 예수 안에서 우리를 구원하시려고, 우리에게 찾아오셔서 우리에게 당신을 보여주시려고, 이 땅에 직접 내려오셨다는 사실이다.

복음에 의하면 예수님은 범죄 한 우리의 구원자시다. 그분은 또한 "임마누

엘"이신데 "하나님이 우리와 함께 계시다"는 뜻이다. 또한 "메시야"라는 그분의 이름은 그분이 이 땅에 하나님의 의로운 나라를 가져오도록 하나님으로부터 기름 부음 받았다는 뜻이다. 그분은 전능하신 창조주 하나님으로서 "엘로하" 또는 "알라"이시다. 이 모두는 예수님의 인격과 사역을 엿보여주는 이름들이다.

물론, 우리 모두는 하나님이 하나의 이름으로 파악될 수 없는 분임을 잘 알고 있다. 알라나 "엘로하", 야훼나 "무룽구" 등의 그 어떤 이름도 하나님의 본질이 무엇인지를 다 설명해주지 못한다. 하나님은 우리가 무어라고 호칭할 수 있는 그 이상의 분이시다. 그것이 바로 하나님이 모세에게 "나는 스스로 있는 자"라고 말씀하신 이유다.[83] 하지만 그럼에도 불고하고 하나님은 성서에 자신을 계시해주셨다. 이것이 바로 그리스도인들이 하나님을 우리의 사랑 많으신 하늘 아버지로 고백하는 이유다. 이것이 다른 모든 이름들보다 하나님의 실체에 더 가깝다. 우리가 하나님을 우리의 아버지로 아는 것은 예수 안에 있는 하나님의 계시 덕분이다.

성경에 관한 무슬림의 왜곡을 지적하기

두 가지의 왜곡을 더 지적해야 한다. 이 두 왜곡은 무슬림들과 그리스도인들이 상대방의 경전에 대해 비평할 때 일어난다. 나는 먼저, 무슬림들이 자행하는 왜곡에 대해 설명해 보겠다.

무슬림들은 경전에 대한 높은 관점을 가지고 있는데 그중의 일부 무슬림들은 성경과 꾸란의 차이점들에 대해 염려하고 있다. 그것이 바로 어느 무슬림 친구가 나에게 예쁘게 포장한 책 한 권을 선물이라며 건넨 이유였다. 그가 이 특별한 선물을 나에게 건넸을 때 우리는 점심을 나누던 중이었다. 그 선물의 포장지를

---

83) 성경: 출애굽기 3:14.

뜯고서『바나바 복음서』를 발견한 나는 실망하지 않을 수 없었다. 신약성경과 비슷한 분량의 그 책의 내용은 예수님의 삶과 가르침을 꾸란에 있는 무슬림들의 신학을 따라 재구성한 것들이다. 일례로, 이 책은 예수님이 십자가에 못 박히지 않았다고 말한다. 또한 예수님이 진흙 새들을 만든 후에 그들에게 생명을 불어넣었다는 몇몇 의심스러운 자료들도 포함되어 있다.

이 가짜 복음서는 14세기경에 만들어진 것으로 보인다. 이 가짜 복음서의 내용이 담긴 고대 사본이 하나도 없는 것이 당연하다. 신뢰할만한 그리스도인 학자들에 의하면 이것은 기독교에 환멸을 느낀 어느 가톨릭 신부가 기독교인들을 신약성경에서 떠나 이슬람의 품에 안기게 만들려고 지어낸 책이다.[84] 내가 볼 때 이 "복음서"는 꾸란이 거짓 경전이라고 묘사하고 있는 바로 그런 책이다.[85]

나의 그 친구는 그것을 나에게 건네주며 이렇게 말했었다. "이 책이 예수의 참된 복음을 당신에게 알려줄 것입니다." 그 친구는 내가 하나님의 진리를 더 알게 되기를 바라는 마음에서 그것을 선물한 것을 알았기에 나는 우선 그 친구에게 그 선물에 대한 감사를 표했다. 다만 그 책을 여전히 내 손에 받아든 채 이렇게 질문했다. "거짓 경전을 기록하여 그것을 퍼뜨리는 행위에 대하여 꾸란이 뭐라고 경고했지요?" 내 친구는 확신에 찬 어조로 이렇게 말했다. "하나님은 그런 자들을 모조리 멸망시킬 것입니다!" 내가 반문했다. "그렇다면 당신은 왜 이 책을 제게 주셨습니까? 만약 당신이 이 책을 살펴보신다면 이 책이 아마도 700년 전 즈음에 기록된 거짓 경전임을 알게 되시리라 믿습니다. 이 책은 고대 사본들이 없습니다. 이것은 신약성경에 기록된 복음을 왜곡시킨 것입니다." 그러자 그

---

84) Selim Abdul-Ahad and W. H. T. Gairdner, *The Gospel of Barnabas: An Essay and Inquiry* (Hyderabad: Henry Martyn Institute of Islamic Studies, 1975). Oddborn Leirvik, "History as a Literary Weapon: The Gospel of Barnabas in Muslim-Christian Polemics" in Studia Theologica 56, no. 1(2002): 4~26.

85) 꾸란: 제2장 바까라(암소) 79절.

가 기겁을 했다. "용서해 주십시오! 저는 그것을 몰랐습니다." 이것은 심각한 왜곡이다. 이 거짓 복음서가 전 세계에 보급되었다. 이 책이 전달 될 때마다 그것의 거짓 실체가 지적되어야 한다. 우리는 무슬림들이 『바나바 복음서』 같은 거짓 경전을 퍼뜨리지 말 것을 간청한다.

꾸란에 대한 그리스도인의 왜곡을 지적하기

다른 심각한 왜곡은 아랍어를 모르면서도 꾸란의 메시지를 이해한다고 주장하는 그리스도인들로부터 온다. 우리는 꾸란이 아랍어로 계시되었다는 점을 기억해야 한다. 꾸란의 진정한 의미를 이해하려면 아랍어를 알아야 한다! 무슬림 공동체들에는 꾸란에 정통한 지혜자들로 인식되는 울라마신학자들가 있다. 이 지혜자들은 또한 무함마드가 꾸란의 규칙들을 개인적으로 적용한 이야기들을 담아 놓은 하디쓰"전통들"도 공부한다. 하지만 이런 울라마들조차 자신의 개인적인 통찰을 따라 꾸란의 의미를 해석하지 않는다. 꾸란에 대한 모든 통찰들은 무슬림 공동체의 연구와 합의를 거쳐 도출된다. 이러한 이유로 나도 이슬람을 이해하고 꾸란을 해석함에 있어서 무슬림 저자들과 이맘들의 도움을 받는다. 무슬림들처럼 나 역시 그리스도인들이 꾸란의 영어 번역본을 읽고서 자신들이 그 경전의 의미를 알고 있다고 주장하는 모습에 슬픔을 느낀다. 꾸란의 의미를 이해하기 위한 단 하나의 지혜롭고 용납되는 길은 무슬림 울라마에게 우리 같은 비무슬림들에게 꾸란의 의미를 설명해 달라고 요청하는 것이다. 이것이 시급하다. 꾸란의 메시지를 이해하는 일에 무슬림들이 필수적이라고 믿는 엄격한 학문 훈련과 공동체적 합의를 받아들이지 않고서 꾸란을 이해하려는 태도는 지혜롭거나 바람직하지 않다.

우리는 또한 꾸란을 이해하고 적용하는 데에 많은 다양성이 있음을 인식해야 한다. 꾸란을 이해함에 있어서 전 세계의 무슬림들 안에 엄청난 상이점들이 존재한다. 몇몇 무슬림 여권주의자들은 현대인들의 세속주의에 헌신하여 일 년에 한 번 정도만 기도예식에 참여할 것이다. 반대로, 사우디아라비아의 무슬림 근본주의자들은 꾸란에 대한 참된 해석은 여성들이 운전하는 것을 허락하지 않는다고 주장할 것이다. 전 세계에 10억이 넘는 무슬림들이 흩어져 있다. 그들은 믿을 수 없을 만큼 다양한 모습의 무슬림으로 살고 있다. 하지만 내가 생각하기로 그 모든 무슬림들은 꾸란이 하나님의 뜻에 대한 최종적인 계시이며 무함마드를 하나님의 뜻에 복종하는 것이 무엇을 의미하는지를 보여준 완벽한 모범으로 생각할 것이다.

나의 충고는 꾸란을 읽는 것이 그것을 이해하는 길이라고 추측하지 말라는 것이다. 그렇다고 아랍어를 모르는 사람들이 자신의 언어로 된 꾸란을 읽거나 그 뜻을 해석할 수 없다는 말은 아니다. 다만 우리가 그렇게 할 때마다 우리들의 한계들을 인식하며 겸손히 연구할 필요가 있다는 것이다. 그래서 나는 무슬림들과 대화할 때 꽤 자주 꾸란의 한 구절이나 한 부분을 영어로 언급하고서 그 부분의 뜻을 설명해 달라고 요청하곤 한다. 그 후에 나는 교회가 줄곧 사용해 온 성경말씀을 그들에게 나누어도 될지를 물어본다. 메시아 예수의 동정녀 탄생을 예로 들어 보자. 우리는 먼저 무슬림 친구들에게 예수의 동정녀 탄생이 갖는 독특성이 무엇인지에 관하여 묻는다. 그리고는 예수를 믿는 자들로서 메시아의 동정녀탄생에 관하여 인질복음이 계시해주는 내용을 그들과 나눌 것이다.

경전들의 메시지를 탐구하라

나는 아랍어를 모르지만 꾸란의 영어번역본들을 책상 위에 비치해 놓고서 종종 살펴본다. 내가 가진 꾸란의 부록에 달려있는 색인은 내가 살펴보기 원하는 주제들을 찾는데 유용하다. 더 깊이 연구할 때에는 유용한 각주들과 주석들이 달려 있는 압둘라 유수프 알리Abdullah Yusuf Ali의 번역본의 도움을 받는다. 하지만 가장 신뢰할만한 정보는 꾸란을 잘 아는 무슬림 친구들로부터 얻는다.

그리스도인들의 경우에는 성경연구를 시작하기 전에 성경의 그리스어나 히브리어를 먼저 익혀야 할 필요가 없다. 수년간 나는 나의 모국어인 영어로 매일 성경을 읽어왔다. 이 성경들이 나를 형성했다. 성경에 대한 나의 헌신은 나에 대한 무슬림들의 신뢰를 엄청나게 향상시켰다. 꾸란이 성경을 믿는 사람들을 "그 책의 사람들"이라고 언급하고 있음을 기억해보라. 그 책의 사람으로 알려지는 것은 영예가 아닐 수 없다.

선의를 개발하라

여기까지 나는 여러 왜곡들을 예를 들어가며 설명했다. 우리 그리스도인들은 그것이 무슬림의 행태이든 그리스도인의 행태이든 그 어떤 왜곡도 용납해선 안 된다. 무슬림들 역시 무슬림들이나 그리스도인들의 왜곡을 지적해야 할 책임이 있다. 그러한 왜곡들은 매우 파괴적인 결과를 낳는다. 우리는 서로의 말을 경청하는 기술을 배움으로써 우리가 동참하고 있는 왜곡들에 눈이 열려야 한다. 우리는 진리만 말해야 하고 또한 그것을 신뢰를 쌓는 태도로 말해야 한다. 우리의 혀는 싸움의 불씨들을 퍼뜨릴 수도 있고 선한 관계들을 증진시킬 수도 있다. 사도 베드로는 이렇게 충고했다. "그러므로 생명을 사랑하고 좋은 날 보기를 원하는 자는 혀를 금하여 악한 말을 그치며 그 입술로 거짓을 말하지 말고 악에서 떠나 선을 행하고 화평을 구하며 그것을 따르라"[86] 우리는 왜곡에 맞서는 진실한 사람들이 되어야 한다!

---

86) 성경: 베드로전서 3:10~11.

토의를 위한 질문들

1. 무슬림들이나 그리스도인들이 지적해야 할 또 다른 왜곡들에는 무엇이 있을지 생각해보십시오.

2. 이런 언급에 어떻게 반응하시겠습니까? "그리스도인이 믿는 하나님은 무슬림들이 예배하는 하나님과 다른 분이다."

3. 당신이 무슬림들을 평가하는 방식을 숙고해보십시오. 만약 어떤 사람들이 교회에 대하여 부당하게 말하는 것을 듣거나 그들이 무슬림 공동체에 관하여 부당하게 평하는 것을 들었을 때 당신은 어떤 기분이 드십니까?

4. 예수가 무함마드가 올 것을 예언했다고 무슬림들이 말할 때 그리스도인은 어떻게 반응해야 할까요?

5. 그리스도인이 꾸란의 메시지에 익숙해지기 위한 실제적인 방법들을 생각해보십시오. 반면에 무슬림은 성경의 메시지에 어떻게 익숙해 질 수 있겠습니까?

9장: 선택하라 히즈라냐 십자가냐

이슬람과 복음은 하나님의 뜻을 이 땅에 실현하기 위한 두 가지 다른 길을 따른다. 움마와 교회 모두 인생의 모든 영역을 하나님의 권위 아래에 복종시키려고 헌신한 운동이다. 그러나 무슬림들과 예수의 제자들은 서로 반대방향으로 난 길을 따라 자신들의 목표를 이루고자 한다.

2001년, 뉴욕의 세계무역센터가 공격당한 직후, 영국의 교회선교회의 총무인 마크 옥스브로우Mark Oxbrow에게 이렇게 물어보았다. "이런 상황에서 영국에 있는 당신은 무엇에 관하여 설교하십니까?" 그의 즉각적으로 이렇게 대답했다. "세 가지 여정입니다. 예수님은 예루살렘으로 들어가셨고 무함마드는 메디나로 이주했으며 콘스탄티누스는 로마로 입성했습니다. 우리 각자는 이 세 여정 중에서 무엇을 따를지를 결정해야 합니다." 그 대화 이후로 나 역시 이 세 가지 다른 길에 관하여 전 세계를 돌며 설교하고 있다.[87]

---

87) 이번 장의 논의는 나의 여러 이전 논의들을 보다 선명하게 반복한 것이다. 이 세 가지 여정에 관한 나의 가장 구체적인 논의는 다음의 글에서 찾아보라. "Three Journeys Jesus, Constantine, Muhammad", in *Anabaptists Meeting Muslims: A Calling for Presence in the Way of Christ*, James R. Krabill, David W. Shenk, Linford Stutzman, eds. (Scottdale, PA: Herald Press, 2005), 25~47쪽. 나의 그 글을 허락을 받아 이곳에서 다시 진술했다.

무함마드: 메카에서 메디나로

먼저 무함마드가 선택한 여정을 살펴보자. 메카에서 무함마드는 12년간 설교했다. 그는 때때로 천사 가브리엘이 자신에게 나타나 꾸란의 단편들을 계시해 주었다고 주장했다. 첫 번째 메시지는 간략했다.

> 만물을 창조하신 주님의 이름으로 읽으라
>
> 그분은 한 방울의 정액으로 인간을 창조하셨노라
>
> 읽으라 주님은 가장 은혜로운 분으로
>
> 연필로 쓰는 것을 가르쳐 주셨으며
>
> 인간이 알지 못하는 것도 가르쳐 주셨노라[88]

계시들이 임할 때마다 무함마드는 이 메시지들을 성실하게 선포했다. 알라만이 하나님이기에 다신교적 우상숭배를 포기하라고 사람들을 설득했다. 그러나 설교로만 이슬람의 집을 세워보려는 그의 시도는 성공적이지 못했다. 다신교 숭배의 중심지였던 메카의 카바 신전에는 360개의 신상들이 들어차 있었다. 메카의 무슬림들은 성공적이지 못한 그 결과에 낙심했고 그들의 신변에도 위협을 느꼈다. 그 즈음에 메카에서 580km 떨어져 있는 메디나로부터 심부름꾼들이 도착했다. 메디나 사람들은 무함마드를 그들의 선지자요 정치지도자요 군대지휘관으로 초청했다. 그것은 무슬림들에게 섭리적인 사건으로 받아들여졌다. 이슬람의 집을 세우려는 무함마드에게 정치 구조들과 영적인 권위가 주어졌기 때문이다. 무함마드는 그 초청을 받아들였다. 그와 그의 제자들은 메디나로 향하는 3주간의 여정을 시작했다. 메카에서 메디나로 향하는 이 비밀스러운 이주가

---

88) 꾸란: 제96장 이끄라(읽으라) 1~5절.

히즈라이고 그 사건이 일어난 해가 이슬람력의 원년이다. 무슬림들은 무함마드가 태어난 AD 570년이나 천사 가브리엘의 첫 계시가 주어진 AD 610년을 그들의 원년으로 삼지 않았다. 이슬람력은 메디나 이주로부터 시작한다. 무슬림들이 내게 설명하기를 히즈라가 세계사에서 가장 중요한 사건인 이유는 역사상 처음으로 하나님의 선지자가 정치력과 군사력을 얻어 하나님의 뜻에 복종하는 하나의 지역을 설립했기 때문이다. 이 지역은 전 세계에 확장될 수 있는 정치 시스템을 소유했다. 무슬림들에 의하면 모세는 이스라엘이라는 지역에 정치 시스템이 설립되도록 준비해주었을 뿐이고 예수님은 정치 시스템을 설립할 시도조차 하지 않았다.

무함마드와 그를 추종하는 무리가 메디나에 도착했을 때, 그 성읍은 그들을 열정적으로 환영했다. 무함마드는 정권을 신속하게 장악했고 그는 그 힘으로 이슬람의 집을 설립했다. 그 후 8년간 메카 사람들과 메디나 무슬림들 간에 무수히 많은 전투가 벌어졌다. 어느 한 전투에서는 무슬림들이 패했다. 꾸란은 신실한 무슬림 공동체는 결코 패하지 않지만 그 패배는 군사들이 무함마드의 명령을 온전히 따르지 않았기 때문이라고 설명했다. 게다가, 움마를 위해 싸우다가 전사한 자들은 곧바로 낙원에 들어간다는 꾸란의 계시가 무슬림 군인들을 위로해주었다.[89] 이러한 가르침 속에서 무슬림들은 메시아 예수가 결코 십자가에 매달리지 않았다고 확신하게 되었다. 무함마드에게 아무런 정치력과 군사력이 없었던 메카에서는 견고한 공동체를 세우고자 했던 무슬림들의 노력이 수포로 돌아갔지만[90] 히즈라 이후로 무함마드는 정치력과 군사력을 동원하여 움마를 세우는 일에 자신의 힘을 쏟아 부었다. 무함마드의 영적 성공에 그의 정치력과 군

---

89) 꾸란: 제8장 안팔(전리품들) 5~19절; 제3장 알 이므란(이므란 가족) 169~79절.

90) Tamim Ansary, *Destiny Disrupted: A History of the World through Muslim Eyes*. (New York: Public Affairs, 2009).

사력이 필수적이었다는 이슬람의 신학은 십자가의 어리석음이 하나님의 능력이라고 선포하는 기독교의 신학과 크게 다르다.[91]

그 8년간 메카의 다신교주의자들과의 간헐적인 전투들이 메카 주변에서 지속되었다. 시간이 흐르면서 무슬림들과 격전을 벌이는 그 지역을 전쟁의 집다르 알 하릅이라고 부르게 되었다. 케니스 크렉은 이렇게 말한다. "다르 알 이슬람이슬람의 집과 다르 알 하릅전쟁의 집은 온 인류를 근본적으로 갈라놓는다. 하나님께 복종하는 집의 사람들과 그러한 복종으로 이끌고 가야 할 이슬람이 아닌 집의 사람들로 말이다."[92] 꾸란은 움마를 공격하는 압제자들을 다루는 구체적인 지침을 제공한다. "너희에게 도전하는 하나님의 적들에게 도전하되 … 박해가 사라질 때까지 그들에게 대항하라 이는 하나님을 위한 신앙이니라 그들이 박해를 단념한다면 우매한 자들을 제외하고는 적대시하지 말라"[93] 이 수라는 무슬림 움마가 적들로부터 심각하게 위협을 받던 때에 선포되었다. 또 다른 수라는 화해시키는 것이 최선이라고 말한다.[94]

주변부의 전투들에도 불고하고 무함마드는 메디나에 움마를 건설하는 일에 집중했다. 그는 이슬람의 집에 들어와 있는 비무슬림들의 권리들을 포함한 여러 법규들을 만드는 일에 앞장섰다. 유대인 공동체들이 이슬람의 집이 확장되는 일을 돕지 않는다는 것을 확인했을 때 무슬림들은 엄청난 실망감에 사로잡혔다. 그 후로 유대인들은 메디나와 그 주변부에서 추방되었다. 이슬람의 집을 파괴하려는 계획을 품었다는 의심을 산 수백 명의 유대인들은 정부가 역모를 꾀한

---

91) 성경: 고린도전서 1:18~25.

92) Kenneth Cragg, *The Call of the Minaret*. (Maryknoll, NY: Orbis Books, 1985), 189쪽.

93) 꾸란: 제2장 바까라(암소) 190~193절.

94) 꾸란: 제4장 니싸아(여성) 128절.

자들을 처리하는 것과 같이 제거되었다.[95] 마침내 메카 사람들이 화친을 청해왔다. 평화조약이 맺어졌다. 무함마드가 만 명의 군사를 이끌고 메카로 행진했다. 그 중의 많은 수가 기병이었다. 무함마드는 자신을 모략했던 사람들을 제외하고는 자신과 싸운 사람들을 모두 용서했다. 그와 그의 군대는 카바로 들어가서 그 성전을 가득 채우고 있던 모든 우상들을 파괴했다. 그와 그의 군대가 카바에 들어가기 전에 도출된 평화 조약이 그런 평화로운 점령을 보장해주었다. 꾸란은 이렇게 말한다. "그리고 일러 가로되 진리가 도래하였으니 허위가 멸망하리라 실로 허위는 멸망토록 되어 있노라"[96] 무함마드가 죽은 632년에 다르 알 이슬람의 정치력은 아라비아 전체로 확장되었다. 그리고 1세기 안에 이슬람의 통치는 인더스 강에서부터 북아프리카와 이베리아 반도를 지나 스페인의 피레네 산맥에 이르렀다.

예수: 갈릴리에서 예루살렘으로

그보다 600년 일찍, 메시아 예수는 무함마드가 직면했던 것과 유사한 선택을 직면하셨지만 그분은 무함마드와는 정반대의 방향으로 나아가셨다. 예수님은 3년 가까이 이스라엘 전역에 천국복음을 전하셨다. 그분은 자신의 본거지였던 갈릴리 지역에서 매우 유명해지셨다. 그가 떡덩이 다섯 개와 물고기 두 마리로 5천명의 남성들과 그 밖의 많은 여성들과 아이들을아마도 2만 명 정도를 배 불리 먹이시는 기적을 행하셨을 때 그분의 대중적인 인기가 급상승했다. 그 기적을 통해서 모든 갈릴리 사람들이 예수님의 편에 서서 그분이 바로 선지자들이 예언한 그 메시아로 세워질 것을 기대했다. 그들은 메시아가 와서 이스라엘을 로마의

---

95) Alfred Guillaume, *The Life of Muhammad*, 231~33쪽.
96) 꾸란: 제17장 베니 이스라일(이스라엘 자손들) 혹은 이스라(승천) 81절.

지배로부터 해방시켜 하나님의 평화로운 왕국을 세상 끝까지 확장시킬 것이라고 믿고 있었다.

이만 여명의 사람들을 배불리 먹인 그 기적 직후에 그들은 예수의 열렬한 지지자들로 돌변해 완력을 쓰면서까지 그분을 자신들의 왕으로 추대하려고 했다. 갈릴리에는 이미 로마와 투쟁하는 지하조직이 활동하고 있었다. 열심당Zealot으로 불리던 그들은 많은 신들을 숭배하던 로마 정권을 전복시키는 투쟁을 벌이고 있었다. 열심당원들은 하나님의 통치를 이 땅에 설립하여 다신교주의자들의 압제로부터 유다를 해방시키길 갈망했다. 그들이 볼 때 예수님은 기적들을 통해 그 모든 열심당 군대를 배불리 먹인 후에 로마군에 일격을 가해 눈 앞이 캄캄하게 만들고 그들로 하여금 이스라엘 민족의 원수들을 밟고 일어서게 만들어주실 것 같았다. 그것은 정말 멋지고 놀라운 그림이었다.

하지만 예수님은 그들의 바람을 거절하셨다. 예수님은 그들을 얼른 떠나버리셨다. 제자들을 배에 태워 갈릴리 바다를 건너가게 하시고서 뒤에 홀로 남으신 예수님은 온 밤을 기도로 지새우셨다. 그리고 얼마 안 있어 당신의 제자들에게 자신이 예루살렘에 올라가 십자가에 못 박혀 죽게 될 것을 예고하셨다. "인자가 이방인들에게 넘겨져 희롱을 당하고 능욕을 당하고 침 뱉음을 당하겠으며 그들은 채찍질하고 그를 죽일 것이나 그는 삼 일만에 살아나리라"[97] 베드로는 강하게 반발했다. 제자들은 하나님이 보내신 메시아가 십자가에 못 박히는 것을 이해할 수 없었다. 제자들의 그 거절은 무슬림들이 예수의 십자가 처형을 받아들이지 못하는 것과 동일한 반응이다. 무슬림들도 메시아가 십자가에 처형될 수는 없다고 믿는다. 예수님은 베드로를 강하게 꾸짖으시며 그가 하나님의 일을 이해하지 못한다고 말씀하셨다.

---

97) 성경: 누가복음 18:32~33.

예수님이 예루살렘의 외곽에 도착하셨을 때, 그분은 나귀새끼 위에 오르셨다. 그것은 수백 년 전에 스가랴가 예언한 말씀의 성취였다.

시온의 딸아 크게 기뻐할지어다

예루살렘의 딸아 즐거이 부를지어다

보라 네 왕이 네게 임하시나니

그는 공의로우시며 구원을 베푸시며

겸손하여서 나귀를 타시나니

나귀의 작은 것 곧 나귀 새끼니라

내가 에브라임의 병거와

예루살렘의 말을 끊겠고

전쟁하는 활도 끊으리니

그가 이방 사람에게 화평을 전할 것이요

그의 통치는 바다에서 바다까지 이르고

유브라데 강에서 땅 끝까지 이르리라[98]

나귀를 타신 예수님을 뒤따른 것은 군대가 아니라 어린이 찬양대였다.[99] 예루살렘이 한 눈에 들어오는 언덕 마루에 이르자 그분은 자신의 평화를 받아들이지 않을 예루살렘을 바라보며 눈물을 흘리셨다. 그러고는 성전에 들어가 상인들에 의해 시장처럼 더럽혀진 그곳을 깨끗케 하셨다. 기뻐하는 아이들이 그분을 뒤따랐고 예수님은 그 성전의 기능이 더 이상 계속되지 않을 것이라고 당국자들

---

98) 성경: 스가랴 9:9~10.
99) 성경: 누가복음 19:37~44; 마태복음 21:1~17.

에게 선언하셨다. 주님은 새로운 성전을 예고하셨다. 성전의 모든 돌 벽이 다 무너져 내릴 것이었다. 예수를 따르는 자들에게는 예루살렘 성전이 필수적이지 않다는 의미였다. 이제 하나님의 참된 성전은 암석이나 건물이 아니라 그분이 성령으로 거하시는 하나님의 백성이다.

예수님이 예루살렘에 도착하자 여러 사건들이 빠르게 진행되었다. 제자들과 함께 나누신 최후의 만찬에서 그분은 가룟 유다가 자신을 당국에 팔아넘길 것을 알려주셨다. 예수님은 자리에서 일어나 제자들의 발을 씻겨주셨는데, 유다도 그들 중 하나였다! 그리고 그날 밤에 성벽 근처에 있는 감람산에 계셨을 때에 유다가 이끌고 온 군인들에 의해 체포되셨다. 베드로가 예수님을 보호하기 위해 칼을 휘둘러 대제사장의 종의 귀를 잘라버렸다. 하지만 예수님은 그 베드로를 꾸짖으시며 그 귀를 고쳐주셨고 칼을 사용하는 것은 그가 세우시려는 하나님의 나라의 길이 아니라고 선언하셨다.

다음 날 예수님은 예루살렘 성 밖의 언덕 위에서 두 강도들 가운데서 십자가에 못 박히셨다. 예수님은 숨을 거두시면서 자신을 십자가에 못 박은 자들을 용서해 주실 것을 부르짖었다. 그분이 부르짖은 용서로 인하여 예수께 나아오는 모든 사람들에게 용서의 은혜가 주어지게 되었다. 십자가에서 벌리신 두 팔은 우리를 껴안기 위한 것이었다. 그것은 초청과 용서의 메시지이며 하나님과 화목하는 길로 나오라는 초대다.

하나님은 메시아 예수를 그의 죽음에서 일으키셨다. 그 후 예수님은 제자들에게 여러 번 나타나셨다. 그 중 한 번은 이렇게 말씀하셨다. "너희에게 평강이 있을지어다 아버지께서 나를 보내신 것 같이 나도 너희를 보내노라 … 성령을 받으라"[100] 따라서 교회의 사명은 이것이니 곧 이 깨어진 세상에서 성령의 능력

---

100) 성경: 요한복음 20:21~22.

으로 메시아 예수가 섬기신 것과 동일하게 섬기는 것이다. 교회는 예수님이 시작하신 하나님 나라 운동을 지속하라고 부르심 받은 공동체다. 그분의 나라는 전쟁 무기로 건설될 수 없으며 예수님 그분의 고난과 화목케 하시는 사랑 안에 세워진다. 예수님은 그분의 십자가형벌 안에서 이 세상의 죄악들을 친히 담당하셨고 하나님의 용서를 허락하셨다. 이것이 바로 전 세계의 교회가 선포하라고 부름 받은 복음의 기쁜 소식이다.

콘스탄티누스: 로마를 향한 행군

메시아가 천국에 오르신지 3세기가 지났을 때, 십자가의 의미가 가장 극적으로 변환된 사건이 생겼고 그것이 그리스도인-무슬림 관계에도 중대한 영향을 미쳤다. 콘스탄티누스는 제국의 황제가 되고 싶었던 로마의 장군이었다. 그의 라이벌이자 역시 황제가 되고 싶어 했던 막센티우스를 대항한 전투준비를 마쳤을 때였다. 콘스탄티누스는 하늘에 새겨진 십자가와 "이 표식으로 정복하라"는 글을 환상 중에 보았다고 했다. 그날 밤 콘스탄티누스는 그의 군사들에게 십자가 표식을 방패에 그려 넣을 것을 명했다. 그는 십자가 표식과 함께 전장에 나섰고 승리를 얻었다. 콘스탄티누스는 서로마제국의 황제가 되었다.

그 때까지 제국의 권력자들이 그리스도인들을 종종 박해했다. 그들이 황제의 천재성과 같은 제국의 신들을 숭배하지 않았기 때문이다. 게다가 콘스탄티누스 이전의 그리스도인들은 종종 그들의 병역 거부로 인하여 핍박을 받았다. 기독교 운동의 초기 삼백년 동안 일반적으로 신자들은 군대에 들어가지 않았다. 그들은 정부의 권력자들을 위하여 기도했지만 칼을 차지는 않았다. 점차적으로 터무니없는 일이 일어났다. 그리스도인 군인들이 십자가 표식을 달고서 무슬림들과의 전쟁에 나서게 되었다! 십자군전쟁으로 알려진 이 전투들이 발생한

지는 천년이나 지났다. 하지만 그 끔찍한 전쟁들에 대한 기억은 수많은 무슬림들의 가슴에 여전히 살아있다. 이는 곧 수많은 무슬림들에게 십자가는 하나님의 구속적인 사랑의 표식이 아니라 무슬림 학살의 표식이라는 의미다.

한 번은 어느 무슬림 신학자가 십자가가 우리를 위한 하나님의 구속적인 사랑의 계시라는 말을 듣고서 나를 매섭게 몰아세웠다. 나는 갈릴리에서 예루살렘의 십자가로 향하는 예수의 여정을 묘사하면서 이렇게 말했다. "그 십자가에 매달린 메시아에게 이 세상의 모든 죄와 반역이 쏟아 부어졌고 그는 우리를 위한 용서를 부르짖었습니다." 그러자 그 무슬림 신학자가 벌떡 일어나 분을 터뜨리며 말했다. "나는 결단코 십자가를 용서의 의미로 받아들일 수 없습니다. 나는 항상 십자가를 네 적을 죽이라는, 특별히 무슬림들을 죽이라는, 의미로 배워왔습니다." 그 말을 듣고 나는 울었다. 그 때는 코소보 내전 중이었다. 세르비아 민병대가 코소보 무슬림들을 공격하여 수만 명의 난민들이 그들의 삶의 터전을 등져야 했다. 그 민병대는 무슬림 마을들에 들어가 모든 사람들을 죽이고 마을들을 불태우고 잿더미 위에 십자가들을 꽂았다. 파괴된 마을들의 잿더미 위에 세워진 그 십자가들은 그리스도인 민병대에 그 파괴의 책임이 있음을 말해주고 있었다. 나는 그 신학자의 분노가 천 년 전에 일어난 전쟁들에 대해서 뿐 아니라 또한 최근의 전쟁들에 대한 분노인 것을 알고 있었다.

나는 이렇게 반응했다. "무슬림들로 하여금 십자가의 의미가 원수들과 무슬림들을 대항한 전쟁이라고 믿게 만든 것은 그리스도의 십자가에 관한 얼마나 끔찍한 왜곡입니까! 하나님의 용서를 빕니다! 무슬림들의 용서를 구합니다!" 나는 십자가를 자신의 적들을 위한 사랑의 계시로 바라보고 있는 몇몇 무슬림 지인들로 인하여 하나님께 감사드린다. 모든 무슬림들이 예수의 고난 받는 십자가의 계시를 왜곡된 십자가의 폭력성으로 오해하는 것은 아니기 때문이다. 세 시간의 휴식시간 후에 그 좌담이 계속 이어졌다. 무슬림 측 발제자가 이렇게 말했다. "교회가 무슬림에게 자행한 죄악들에 관하여 우리가 들은 그 고백과 회개는 제가 미처 알지 못했던 예수를 새롭게 바라볼 수 있는 눈을 열어주었습니다. 저는 변화되었습니다. 저는 이것이 저를 어디로 데려갈지 모르겠지만, 저는 영원히 감사하게 될 것입니다."

우리는 어떤 여정을 선택할 것인가?

카이로에서 이스탄불로 가는 비행기에서 내 옆자리에 앉은 두 사람은 시리아의 아사드 정권을 대항한 반군진영에 속해 있었다. 그들은 그 반군에서 자신들이 맡고 있는 특별 임무들과 함께 자신들을 소개했다. 나는 메시아 예수를 믿는 자로서 그분의 평화를 증언하는 일에 헌신되어 있다는 말로 나를 소개했다. 그후 한 시간 동안 우리는 궁극적인 질문들에 대한 활발한 대화를 나누었다. 그 반군들은 예수의 길이 너무 순진하다고 주장했다. 가장 실제적인 접근은 오바마 대통령이 더 많은 로켓을 시리아 정부군에 쏟아 붓는 것이었다. 나는 그들에게 지금 그들이 추구하고 있는 방향은 앞으로 수년간 이어질 증오심의 세대를 양산할 뿐이라는 것을 애원하듯 설명했다. 나는 그들에게 예수의 길을 그 대안으로 생각해 보라고 권면했다. 그 때 우리 주변의 사람들이 우리의 대화를 엿듣고 있었다. 내 생각에 그것은 그들이 이전에는 단 한 번도 들어보지 못한 종류의 대화였다. 그 대화의 주제는 폭력적이고 불의한 세상 속에서 정의를 추구하는 문제였다. 그러려면 보복에 가담하거나 화목에 헌신해야 한다. 나의 옆 좌석 동료들만 보자면 보복하는 것이 다른 모든 대안들을 압도하고 있었다.

그 비행기 담화는 30여 년 전에 소말리아의 찻집에서 학생들과 나누었던 어느 저녁 담화를 떠올려주었다. 그 때 그곳의 학생들이 이렇게 주장했다. "평화를 이루려면 정치적이고 군사적인 힘을 가지고서 적을 때려눕힐 수 있어야 합니다." 나는 그들에게 간청했다. "우리에게 잘못한 사람을 용서하라고 우리를 초대하신 예수님의 길을 생각해 보세요." 나는 그들에게 만약 우리가 보복의 길로 내려가 버리면 폭력의 악순환이 결코 멈추지 않을 것을 지적해 주었다. 그러자 그들이 반론을 폈다. "솔직히 말씀드리자면 당신이 묘사하는 예수의 길은 우리의 현실 세상에서는 실용적이지 못할 것 같습니다." 하지만 나는 그들에게 이렇게 도전했다. "한 번 조사해 보세요! 보복에 헌신해서 얻는 열매가 무엇입니까? 여러분은 정말 예수의 길이 실용적이지 못하다고 확신합니까?"

우리는 지금까지 세 가지 여정을 살펴보았다. 그 모두가 선을 추구하기 위한 헌신이었다. 하지만 내가 믿기로 생명을 주는 여정은, 우리가 사는 이 세상에 치유와 소망을 주는 여정은, 못 박힌 두 팔을 벌려 우리를 자신에게로 초대해주신 예수님의 여정이다. 우리 인생에 필요한 가장 깊은 수준의 용서와 화해가 예수님에게 존재하기 때문이다.

토의를 위한 질문들

1. 무슬림 운동이 일반적으로 메시아 예수의 십자가 처형을 부인하는 방향으로 흘러간 이유가 무엇입니까?

2. 이 언급을 평가해 보십시오. "예루살렘을 향한 예수님의 여정과 메디나를 향한 무함마드의 여정은 정 반대의 방향으로 이끈다." 이 서로 다른 두 여정에서 평화를 이룩하기 위한 실용적인 특징은 무엇입니까?

3. 예수님의 십자가 처형을 껴안는 평화 실천하기와 그것을 부인하는 평화 실천하기의 차이점은 무엇입니까?

4. 무함마드가 메디나에서 취한 접근에 헌신된 무슬림들과 비교할 때 그리스도가 중심된 교회의 사명은 어떻게 다릅니까? 또한 그 사명은 평화 실천하기를 위한 콘스탄티누스적인 접근과 어떻게 다릅니까?

5. 무슬림 평화 운동가들이 무함마드의 메카 경험에서 얻어낼 수 있는 유용한 접근들이 무엇일지 생각해 보십시오.

6. 십자가의 의미에 대한 어느 세미나에서 표출된 어느 무슬림 신학자의 분노를 생각해 보십시오. 당신은 어떻게 반응하시겠습니까?

10장: 화평을 구하며 그것을 따르라

1969년부터 1970대 초반까지 억압적인 마르크스주가 소말리아 전역에 그 촉수를 뻗쳤다. 하루아침에 소말리아에 있는 모든 학교들이 국유화되었다. 우리가 운영하던 학교들도 정부소유로 넘어갔다. 선교회의 본부 건물들과 주택들도 정부에 귀속되었다. 우리들의 자동차들과 선교회의 전동 스쿠터도 빼앗겼다. 그 스쿠터를 가지러 온 정부 관리는 그것을 운전할 줄도 몰랐기에 내가 자원해서 그를 내 등에 태워 그 스쿠터를 그의 사무실로 가져다주었다. 그렇게 스쿠터를 빼앗겼고 나는 내 집으로 걸어서 돌아왔다. 우리의 크고 작은 세간들을 전셋집으로 옮겨야했던 일이 그랬듯이 스쿠터를 양보한 것 역시 우리의 삶에 많은 불편을 안겨주었다.

대부분의 무슬림 사립학교들은 정부의 방침에 저항했지만 그와 달리 우리는 순순히 협력했다. 소말리아인들이 당황스러워했다. 그들은 이렇게 물었다. "다른 교육기관들은 다 저항하는데 당신들은 왜 그렇게 협조적입니까?" 나는 대답했다. "우리는 주저 없이 섬기신 예수님의 길을 따라 소말리아 사람들을 섬기고 싶기 때문입니다." 우리는 종종 우리의 협력 정신이 우리가 설립한 교육기관들을 드러내는 것보다 그리스도의 도의 핵심을 더 잘 드러내고 있는지를 숙고해

보았다. 그 교육기관들은 분명 중요한 가치였다. 하지만 우리가 무력하게 모든 것을 빼앗기면서까지 정부 당국자들의 결정에 굴복하는 모습은 소말리아 사람들에게 강력한 인상을 남겼다.

그 시절 우리는 손님이 되는 것이 무엇을 의미하는지에 대한 새로운 차원들을 배우게 되었다. 일례로, 어느 날 밤에 정복을 입은 장교가 어둠 속에서 갑자기 나타나서는 우리 집 뒷문을 열어달라고 했다. 나는 그에게 집 안으로 들어와 함께 차를 마시자고 제안했다. 나는 그 장교를 알고 있었다. 그는 수년 전에 우리 학교들 중 하나에서 나에게 지리 과목을 배운 학생이었다. 그가 모스크바로 건너가 학위를 받은 후에 모가디슈로 돌아왔다는 소식을 들었으니 그는 소말리아의 공산 혁명에서 핵심 역할을 맡고 있는 것 같았다. 함께 차를 마시자는 나의 제안을 거절한 그는 여전히 문 앞에 선 채로 내게 이렇게 물었다. "오늘 밤에 내가 온 것은 당신에게 한 가지 물어볼 게 있기 때문이요. 마르크스주의 혁명이 소말리아에 좋은 일이요?"

그런 난감한 상황을 만날 때마다 우리가 종종 그러하듯이, 나는 성령의 인도하심을 구했다. 내가 확신하기로 그 혁명은 소말리아 공동체의 핵심 지도자들을 공개적으로 처형해버렸다는 점에서 비난받아 마땅했다. 또한 나는 내가 어떻게 대답하느냐에 따라 우리가 소말리아에서 추방될 수도 있음도 알고 있었다. 평화 유지군으로 봉사하던 이들처럼 대부분의 서양인들은 이미 소말리아를 떠난 뒤였다. 하지만 소말리아 메노나이트 미션SMM에는 여전히 40명의 사역자들이 남아 있었다.

나는 이렇게 대답했다. "우리는 당신 나라에 온 손님입니다. 손님은 주인의 환대에 감사하는 것 말고는 주인에 대하여 이러쿵저러쿵 말이 없어야 합니다. 그래서 저는 우리가 경험한 환대에 관하여 당신과 소말리아 사람들에게 감사하는 것 빼고는 당신의 질문에 답변하지 않겠습니다. 만약 당신이 이 혁명이 소말리아에 좋은 것인지 알고 싶다면 당신의 동료 소말리아 사람들에게 물어보십시오. 그들이 당신의 질문에 대한 답을 알고 있을 것입니다. 우리는 다만 하나님을 기쁘시게 하고 소말리아인들에게 복이 되는 방식으로만 섬기고 싶습니다. 우리는 소말리아인들 가운데 살아가며 그들을 섬기는 것을 명예롭게 여기고 있으며 우리가 환영받고 있는 한 이 섬김을 계속할 것입니다.”

그는 나와 악수하면서 이렇게 말했다. “우리 민족을 섬기는 것에 관하여 모든 서양 사람들이 당신처럼 생각하면 좋겠군요. 당신께 감사드립니다. 좋은 밤 되십시오.” 그는 그렇게 가버렸다. 그 후로 그를 다시는 만나지 못했다. 그 후로 우리는 7년을 더 소말리아에서 봉사했고 지금도 소말리아인들을 섬기고 있다.

예수의 길을 선택하기

갈릴리에서 예루살렘으로 향하는 예수님의 여정은 초대교회의 기본 방향을 형성했다. 마찬가지로 혁명 정권에 협력하기로 한 SMM의 결정은 예수님의 길을 따르겠다는 결정이었다. 그는 갈릴리에서 주어진 정치권력을 거머쥐기를 거절하고서 십자가를 직면하게 될 예루살렘으로 향하셨다. 그로부터 10년 전, 소말리아의 SMM의 대표가 죽임 당했을 때에도 중상을 입은 그 대표의 미망인은 예수의 길을 선택했다. 가해자가 법정에 섰을 때 그녀는 자신의 목숨을 놓고 병원에서 사투를 벌이고 있었다. 그녀는 그 가해자를 용서하며 아무 책임도 묻지 않겠다는 편지를 판사에게 보냈다. 그 법정 뿐 아니라 온 나라가 충격을 받았다. 그녀가 베푼 용서가 소말리아에 깊은 감동을 주었다.

신약의 윤리적 기초는 예수님이 자신의 관심사를 추구하지 않으시고 십자가를 선택하셨다는 사실에 뿌리내리고 있다. 예수님의 십자가와 부활 이후에 사도바울은 두 여성 지도자들이 갈등하고 있는 빌립보 교회에 이렇게 편지했다. "아무 일에든지 다툼이나 허영으로 하지 말고 오직 겸손한 마음으로 각각 자기보다 남을 낫게 여기고 각각 자기 일을 돌볼뿐더러 또한 각각 다른 사람들의 일을 돌보아 너의 기쁨을 충만하게 하라 너희 안에 이 마음을 품으라 곧 그리스도 예수의 마음이니"[101] 그리고 그는 종이 되셔서 십자가의 고난 가운데 자신의 생명을 주신 그리스도의 모습을 우리에게 설명해 주었다. 메시아 예수를 그분의 종 되심과 고난 받으시는 모습으로 인식하는 것이 신약의 모든 윤리에 스며들어 있다. 교회는 그리스도의 몸으로 불린다. 그것이 무슨 뜻인가? 그것은 교회라고 알려진 예수의 제자들이 예수님이 모델로 보여주신 섬김과 고난의 사역을 계속하도록 부름 받았다는 의미다. 이것은 곧 여러 다양한 상황에 처한 예수의 모든 제자들이 갈릴리에서 십자가로 향하신 예수님의 여정을 뒤따른다는 뜻이다. 이 헌신은 대단히 실제적인 것이며 엄청난 변혁의 힘을 지니고 있다.

십자가의 의미

언젠가 한 무리의 그리스도인 신학자들이 이렇게 제안한 여러 무슬림 학자들과 함께 공개적인 담화를 벌였다. "우리 무슬림들은 예수가 십자가에 못 박히지 않았다고 믿습니다. 따라서 여러분이 십자가만 언급하지 않는다면 그리스도인과 무슬림이 참된 협력을 시작할 수 있는 문이 열릴 것입니다. 그러니 이제 십자가를 별로 중요하지 않은 차이점으로 생각하고 넘어갑시다." 나는 이렇게 말하며 그 제안을 거절했다. "만약 당신이 십자가를 그리스도인의 신앙에서 제거해 버린다면 복음의 심장을 빼내버리는 것입니다." 이어서 나는 어느 규모 있는 난민촌에서 열린 주일 예배에서 일어난 최근의 일을 나눔으로써 십자가의 실체가

---

101) 성경: 빌립보서 2:3~5.

무엇인지를 설명해주었다. 그 때 나는 150여명의 어린이들과 여인들에게 설교해야 했다. 남자 어른들은 분쟁 중에 대부분 죽은 후였고 그것이 그 난민들을 위기로 내몰았다. 그날 아침 나는 이렇게 설교했다.

"메시아 예수 안에서 하나님이 여러분의 난민촌에 찾아오셔서 여러분이 겪고 있는 모든 고난에 동참하고 계십니다. 메시아는 외양간의 말구유에서 태어나셨습니다. 여러분의 아이들도 가시덤불 밑에서 태어났습니다. 메시아가 갓난아기였을 때에는 그의 꼬마 친구들이 학살당했습니다. 여러분의 자녀들의 친구들이 죽임당한 것처럼 말입니다. 메시아는 난민이었습니다. 여러분이 난민이 된 것처럼 말입니다. 메시아는 이곳저곳을 옮겨 다니시며 아마도 때로는 돌베개를 베고 잠드셨을 것입니다. 지금 여러분의 신세가 이러한 것처럼 말입니다.

메시아는 채찍질 당하셨고 나무에 달려 죽임당하셨습니다. 바로 여러분의 남편들의 훼손된 몸이 나무에 달려 죽임당한 것처럼 말입니다. 모든 면에서 하나님은 그 메시아 안에서 여러분의 고통에 동참하고 계십니다. 하지만 하나님은 그 메시아를 죽음에서 일으키셨습니다. 그분은 자신을 학대한 자들에게 용서를 베푸셨습니다. 마찬가지로 하나님은 그분의 성령을 통하여 여러분에게 능력을 부으셔서 여러분을 그 끔찍한 비극에서 일으켜서 소망 가운데 앞으로 나아가게 하십니다. 그분은 메시아가 용서하셨듯이 여러분도 용서할 수 있도록 여러분을 초대하시고 여러분에게 능력을 베푸셔서 여러분의 영혼이 쓰라림과 분노로 상처받지 않게 하십니다."

설교가 끝난 후에 그 과부들과 어린이들은 마당으로 나가 30분간 예수님께 찬양을 올려드리며 기쁨에 겨워 춤을 추었다. 그들은 자신들을 파괴로부터 구원해 주시는 예수님의 생명을 나눠주는 공동체였던 교회 앞에서 노래했다. 나는 그 무슬림 학자들에게 이렇게 반문했다. "만약 제가 그 주일 아침에 그들에게 설교하기를 그 과부들은 고난 받아야 했었지만 메시아 예수는 고난에서 벗어났다고 했다면 그들이 그처럼 기쁨에 겨워 노래할 수 있었을까요?"

메시아가 우리의 고난에 동참하신다는 진리는 교회가 선포하는 복음이 그토록 강력한 이유다. 내가 이해하는 바로는 이슬람에서 하나님은 우리의 고난에 동참하지 않으신다. 하나님을 자비로운 분이라고 이해하면서도 그분은 우리를 만나러 내려오시거나 우리의 상황에 영향 받지 않으신다. 하지만 그 과부들의 노래들은 우리와 함께, 우리 때문에, 고난 받으시려고 이 땅에 내려오신 메시아에 대한 그들의 반응이었다.

그분은 부활하심으로 죽음을 이기시고 새로운 생명으로 일어나셨다. 마찬가지로 그분은 억압받는 자들이 그분의 성령을 통해 일어나 그들을 짓밟은 불의를 이겨낼 능력을 주신다. 십자가의 핵심 메시지 하나는 이것이다. 하나님은 우리의 고난에 동참하시고 그 억압을 이겨낼 수 있도록 능력을 베푸신다. 물론 십자가의 메시지에는 다른 주제들도 포함된다. 나는 용서와 화해, 구속, 속죄, 하나님의 나라, 권세들에 대한 승리 같은 이 다양한 주제들을 여기서 모두 적절하게 다룰 수는 없다. 다만 나는 여기서 십자가의 두 가지 측면만 언급하고자 한다. 그것은 화목과 용서다.

화목과 용서

메시아는 자신을 배신하고 십자가에 못 박은 자들을 용서하셨다. 난민촌의 과부들이 당하는 엄청난 유혹은 쓰라림과 분노로 자신들의 영혼을 짓밟는 것이었다. 하지만 그들은 놀랍게도 그리스도의 십자가를 통한 성령의 충만함을 힘입어 끓어오르는 증오심에서 벗어나는 것을 경험했다. 그들은 복수심을 용서의 영으로 바꾸어주시는 메시아의 임재가 주는 치유를 경험했다. 입에 담을 수조차 없는 만행을 경험한 그 여인들은 메시아의 치유하시는 은혜를 맛보았기 때문에 노래하고 춤추면서 예수를 찬양했다.

십자가는 또한 적대감의 장벽을 허무시고 평화의 다리를 구축하시는 하나님의 방법이다. 우리는 국가들의 분노가 종종 복수의 악순환을 일으켜 인간 사회를 찢어놓는 시대를 살고 있다. 이것이 메시아의 치유하시는 은혜를 맛본 그 여인들이 평화의 일꾼으로 부름 받은 세상이다. 이것이 교회를 향한 하나님의 부르심이다. 사도 바울의 권면이다. "그러므로 우리가 그리스도를 대신하여 사신이 되어 하나님이 우리를 통하여 너희를 권면하시는 것 같이 그리스도를 대신하여 간청하노니 너희는 하나님과 화목하라"[102]

미움을 선택하기

용서와 화목은 기적이다. 결코 평범한 길이 아니다. 그레이스와 나는 최근에 대화를 나눈 어느 부부를 통해 그 사실을 실감했다. 그들은 1995년에 일어난 끔찍한 사건인 보스니아의 스레브레니차 인종청소 이후에 그 땅을 등졌다. 그 남편의 사촌들 50명이 죽임 당했다. 그들이 들려준 공포의 이야기들에 소름이 돋았다. 그들은 이런 말로 그 이야기를 마무리했다. "우리는 우리의 가족들과 인생들을 파괴한 자들을 죽기까지 미워할 것입니다." 우리는 부드럽게 반응했다. "하지만 그것은 짊어지기에 너무나 무거운 짐입니다. 그 증오의 짐이 당신의 남은 삶을 짓누를 것입니다. 예수님은 우리의 영혼을 파괴할 수 있는 쓰라림의 짐으로서 벗어날 길을 제공하십니다." 하지만 그들은 거절했다. "우리는 예수의 길을 원하지 않습니다." 그들의 말은 단호했다. "가능하기만 하다면 우리는 복수할 것입니다. 우리는 결코 용서하지 않을 것입니다." 그날 밤 그들과 작별하

---

102) 성경: 고린도후서 5:20.

면서 참 슬펐다. 그와 같은 쓰라림에 사로잡힌 영혼으로 살아간다는 것이 무엇을 의미할지 숙고해보았다. 우리는 또한 우리가 그런 끔찍한 만행을 겪지 않는 특권을 누리고 있음을 깨달았다. 우리는 그런 만행을 저지른 자들을 용서하기 위한 몸부림을 경험해보지 못했다.

인도네시아인 평화의 일꾼

우리는 복수가 아닌 다른 길을 택한 전 세계의 수많은 사람들로 인하여 하나님께 감사드린다. 이들은 무수한 대립들 한 가운데서 관계를 건설하는 일에 헌신 된 평화의 대사들이다. 인도네시아의 경우가 그 중의 하나다. 수년간 인도네시아를 방문할 때마다 나는 교회들이 불타고 때로는 목사가 죽임당한 이야기를 듣게 되었다. 중부 자바의 솔로는 그리스도인과 무슬림 갈등의 중심지였다.[103] 그런 상황에서 여러 명의 그리스도인·무슬림 지도자들이 그들의 도시의 평화를 위해서 함께 일하기로 협약을 맺었다. 그런 노력들 중의 하나가 그 도시의 중심에서 개최한 대중 기도회였다. 무슬림·기독교인 지도자들은 텔레비전 방송에 출연하여 시민들이 평화롭게 동역할 것을 간청했다. 우리가 그곳을 방문했을 때에는 그곳의 그리스도인 지도자들이 우리를 초대하여 그 도시의 중앙 모스크에서 라마단 금식을 마치며 진미를 나눠먹는 무슬림들의 식탁에 동참했다. 그날의 저녁 모임에서 그들은 무슬림들과 그리스도인들 간의 평화의 다리를 구축하는 나의 사역에 대하여 질문했다. 나는 그들에게 영어로 된『어느 무슬림과 그리스도인의 대화』를 건넸다. 그들은 그 자리에서 그 책을 인도네시아어로 번

---

103) 화목을 추구하는 인도네시아 솔로의 스토리는 수많은 매체에서 여러 번 다루어졌다. 2008년에 나는 International Bulletin of Missionary Research에 글을 기고하여 솔로와 그 밖의 다른 지역들의 평화 실천 이야기들을 소개했다. 다음의 글을 보라. David W. Shenk, "The Gospel of Reconciliation within the Wrath of Nations," International Bulletin of Missionary Research, 31, no. 1(2008): 3~6, 8~9. 그 잡지는 그곳에 실린 솔로 이야기를 내가 이 책에 인용하는 것을 허락해 주었다.

역하기로 결정했다. 2년이 지난 후에 그 책의 출판기념회가 열렸고 그레이스와 나는 그 자리에 참석하는 특권을 누렸다. 80명가량의 지도자들이 동참했다. 오찬을 나눈 후에 연단에 올랐다. 나는 그들에게 자신을 십자가에 못 박은 자들을 용서하시고 자신이 사랑하신 것처럼 자신의 제자들이 사랑하도록 능력을 베푸시는 메시아의 평화를 전하는 특사로 나를 소개했다. 그것은 평화로운 관계를 개발하는 일에 헌신하도록 긍정적으로 공헌한 탁월한 이벤트였다.

그 후에 나는, 뜻밖에도, 헤즈볼라 지휘 본부로 안내되었다.104 그곳의 사령관은 휘하에 만 명의 민병대를 거느리고 있었다. 이 그룹이 종종 교회를 대항한 잔학 행위를 실행하곤 했었다. 우리가 그 지휘본부로 이동할 때 우리의 길을 따라 민병대가 에워싸 호위했다. 그곳에 도착한 우리 일행은 반원을 그리며 둘러 앉았고 나머지 반원을 민병대 지휘관들이 채워 넣어 큰 원이 만들어졌다. 그들이 이렇게 말했다. "환영합니다! 우리의 사명이 무엇인지 설명해 드리겠습니다. 우리는 우리의 적들을 죽이며 이슬람의 고결함을 수호하기 위해 모든 위협들에 대항하여 투쟁합니다." 우리도 하고 싶은 말이 있다고 했다. 그들이 허락했다. 나는 이렇게 반응했다. "그와 같은 사명은 더 많은 적들을 만들어냅니다. 예수님은 다른 길을 보여주셨습니다. 그것은 자신의 원수들을 용서하는 것입니다. 우리가 우리의 적들을 용서하면 우리의 적들이 사라집니다." 그들은 분명 적들을 다루기 위한 이 고상한 아이디어에 꾀나 충격을 받았음이 분명하다.

그 만남을 주선한 목사 한 분이 그 사령관에게 인도네시아어로 번역된 『어느 무슬림과 그리스도인의 대화』를 건넸다. 그 사령관은 그 책을 처음부터 끝까지 훑어보았다. 그는 눈물을 흘렸다. 그 사령관 옆에 앉아있던 목사는 자신의 손

---

104) 헤즈볼라는 "하나님의 당"을 의미한다. 잘 알려진 헤즈볼라 하나는 레바논에서 시아파 정치−군사 조직으로 기능하고 있다. 하지만 우리가 솔로에서 만난 민병대는 순니파 정치−군사 조직이었다.

을 그 사령관의 어깨에 얹어 그를 다독였다. 그 다독임이 이렇게 말하고 있었다. "우리는 당신들을 용서했습니다." 한 번은 그 사령관과 그의 민병대가 몇몇 그리스도인 공동체를 고통에 빠뜨리는 작전도 펼쳤었다. 그 사령관은 자신과 동의하지 않는 사람들까지 포함한 모든 사람들을 존중하는 그 책의 정신에 감동했다고 말했다. 만약 인도네시아의 모든 사람들이 『어느 무슬림과 그리스도인의 대화』의 정신을 실천한다면 인도네시아 전체가 변혁될 것이라고 말했다. 그는 자신의 부하 장교들에게 각각 한 권씩 나눠줄 수 있도록 그 책 50권을 요청했다. 그곳에서의 만남은 30명의 그리스도인들이 그곳의 민병대 장교들과 함께 서로 뒤섞여 담소를 나누며 풍성한 식탁을 나누는 것으로 마무리되었다.

이런 모습으로 평화를 만드는 일에는 집중력과 의지력이 요구된다. 그런 만남이 이루어지기 2년 전에 그 목사는 그 민병대 사령관의 집에 찾아가 함께 차를 마시고 싶다고 청했다. 그 사령관은 그 목사를 노골적으로 위협한 후에 마지못해 그 청을 수락했다. 그 목사는 그의 위협에도 전혀 위축되지 않았고 그 후로도 차를 마신다는 핑계로 그 사령관의 집을 계속 방문했다. 서서히 신뢰의 관계가 형성되었다. 함께 차를 마시는 그것이 관계형성을 시도하는 첫 단추였다. 그 후 그 목사는 다른 목사들과 함께 반다아체를 방문하면서 그 사령관과 그의 민병대 장교들도 같이 가자고 초대했다. 그 지역은 수년 전이었던 2004년의 쓰나미로 끔찍하게 파괴된 곳이었다. 헤즈볼라 장교들이 그 초대에 응했고 수일동안 그 두 공동체가 그 지역을 재건하기 위해 함께 땀 흘렸다. 그 전까지는 오랜 역사 속에서 서로를 불신하며 갈등해왔던 그들이 말이다. 놀랍게도 그 목사는 몇 달 전까지만 해도 자신을 위협했던 그 사령관과 같은 방에서 묵었다. 그들은 이제 친구가 되었다! 어느 날 저녁, 식사를 준비하는 모닥불 곁에 앉은 그 사령관이 울기 시작했다. 그는 지금까지 자신이 그리스도인들을 어떻게 대해왔는지를 생각해보니 자신의 마음이 무너진다고 말했다. 그리스도인들이 반다아체의 무슬림들을 돕는 모습을 본 그는 그리스도인들이 자신들을 해치지 않는 경건하고 자비로운 사람들인 것을 깨닫게 되었다. 그 목사는 평화를 구축하기 위한 그 접근을 "실천의 대화"라고 불렀다. 함께 일하며 대화하는 것이 말로만 대화하는 것보다 더 많은 열매를 맺는다는 것이다. 우리는 함께 일하면서 서로의 진짜 모습을 볼 수 있게 되고 그 때 비로소 진정한 우정이 뿌리내리는 것이다.

솔로의 무슬림과 그리스도인 평화사역자들은 평화로운 시민 사회를 개발하는 일꾼을 양성하는 일에 헌신했다. 그들은 동부 메노나이트 대학교Eastern Mennonite University의 여름 평화구축 강좌Summer Peacebuilding Institute에서 여러 명이 공부할 수 있는 장학금을 제공받았다. 미국 버지니아의 해리슨버그에 있는 그 대학교는 분쟁 지역에서 사역하는 전 세계의 일꾼들이 관심을 보일만한 매력적인 평화구축 프로그램을 제공하고 있다. 최근에 그레이스와 내가 솔로를 방문했을 때에도 우리는 그 프로그램에서 공부하고 있는 여러 훈련생들을 만날 수 있었다. 그들은 솔로의 상황에 적합한 평화의 일꾼들로 자신들을 구비시켜 주고 있는 그 강좌를 입이 마르도록 칭찬했다. 지혜로운 교회나 모스크나 지역 사회는 자신이 속한 공동체에서 평화의 사람이나 일꾼들이 누구인지 알아볼 것이다. 또한 평화의 사역을 수행하는 데에 필요한 통찰들과 기술들을 그런 사람과 일꾼들에게 제공해 줄 수 있을 것이다.

솔로의 교회들이 성장하고 있는 것은 그들이 예수님과 그분이 제공하신 평화에 관심을 쏟고 있기 때문이다. 그들에게는 더 많은 땅과 건축 허가들이 필요하다. 하지만 인도네시아의 대부분의 지역에서 그와 같은 허가를 받아내기는 힘든 일이다. 그러나 솔로에서는 교회당 건축을 위한 허가들을 취득하는 일에 헤즈볼라 사령관이 그 목사와 함께 헌신적으로 노력하고 있다.

그는 또한 그 목사에게 약속해 주었다. 민병대가 교회당을 불태우는 경우처럼 그곳의 평화를 해치는 그 어떤 시도라도 자신이 사전에 인지하게 된다면 사령관인 자신이 그 목사와 함께 나서서 그런 불꽃을 꺼뜨려버리겠다고 말이다. 나는 그 목사에게 어떻게 이처럼 놀라운 변혁을 이끌어낼 수 있었냐고 물었다. 그는 장난기어린 눈빛으로 대답했다. "차를 많이 마시면 됩니다!" 그러고는 곧바로 이렇게 덧붙였다. "이것은 성령님의 역사입니다. 우리에게는 이와 같은 평화의 다리를 건설해 낼 능력이 없었습니다. 우리는 오직 기도에 전념했습니다."

지하디즘에 참여하기

호전적인 무슬림의 지하디즘은 주류 무슬림들과 비 무슬림들에게 커다란 근심거리다. 역사상 이어져 온 시아파와 순니파 무슬림간의 분쟁만 그런 것이 아니다. 앞서 이야기한 중부 자바의 헤즈볼라 같은 지하디스트 민병대들도 증가하고 있다. 지하디스트들은 현대의 세속적인 무슬림들이 포기한 가장 순수한 이슬람을 회복해보자는 비전에 고무되어 있다. 따라서 지하디스트들은 자신의 동료 무슬림들을 향해서도 분노를 품는다. 이런 운동들을 어떻게 평가할 수 있을까? 꾸란에는 무슬림들을 평화를 구축하는 길로 초대하는 구절들이 많다.[105] 꾸란에 있는 그 구절들은 무함마드가 12년간 메카에 머물면서 아무런 정치력과 군사력을 거머쥐지 못했을 때 선포된 내용이라는 것은 분명한 사실이다. 지하디스트들이 그들의 행위에 대한 신적 정당성을 부여하기 위해 주목하는 폭력을 용인하는 꾸란의 내용들은 대부분 무함마드가 메디나로 넘어가서 정치력과 군사력을 손에 넣었을 때에 선포되었다. 그것들은 무슬림들의 땅이나 재산을 빼앗는 자들을 고발하는 선포들이다. 우리는 이러한 "칼" 구절들이 움마를 도발

---

105) 꾸란: 제5장 마이다(식탁보) 16절; 제4장 니싸아(여성) 128절; 제57장 하디드(철) 25절.

하거나 위협하는 것에 대한 반응으로서 선포되었음을 주목해야 한다.106 솔로에 있는 헤즈볼라는 아마도 인도네시아의 다원주의적 환경 속에서 순수한 이슬람을 지켜내기 위한 도전들에 직면한 무슬림들의 염려들을 대변할 것이다. 그들은 또한 교회가 눈에 뜨게 성장하고 있는 것도 염려했을 것이다.

서양의 호전성 역시 언급되어야 한다. 예를 들어, 드론으로 공격하는 행위를 어떻게 평가해야 할까? 파키스탄 북부의 몇몇 지역에서 간헐적으로 일어나는 드론 공격들은 엄청난 공포를 만들어내고 있다. 다음 번 스텔스 로켓이 언제 갑자기 공격할지는 아무도 모른다. 이런 상황에서 예수를 따르는 이들이 해야 할 역할이 무엇일까? 수년 전에 나는 일행 한 명과 함께 미국 국무부를 방문하여 이란 담당 책임자를 만났다. 우리는 그에게 이란 사람들과의 대화를 시작해줄 것을 요청했다. 바로 그날 국제 종교외교센터International Center for Religion and Diplomacy의 총재요 창립자인 더글러스 존스턴이 한 포럼에서 이슬람의 호전성에 관하여 강연했다. 그는 이슬람의 호전성은 분명 위협적인 현실이지만 군사적으로만 다루어질 수는 없는 문제라고 주장했다. 군사적인 해법은 단지 더 많은 사람들을 지하드에 불러들일 뿐이라는 것이다. 존스턴은 또한 그 도전을 철학적으로가 아니라 신학적으로 평가해야 한다고 주장했다.107 이 평화 특사는 파키스탄 북부에서 있었던 자신과 탈레반 지도자들과의 만남을 묘사해주었다. 그와 그의 팀은 탈레반과 함께 평화 실천을 위한 꾸란의 구절들을 논의했을 것이다.

존스턴의 강연은 나에게 소말리아에서 젊은 전투원들을 대상으로 평화를 구축하기 위해 노력하고 있는 어느 그리스도인 친구를 상기시켰다. 그곳의 민병

---

106) 꾸란: 제2장 바까라(암소) 190~191, 193절.

107) Douglas Johnston and Brian Cox, "Faith-Based Diplomacy and Preventive Engagement," in *Faith-Based Diplomacy: Trumping Realpolitik*, ed. Douglas Johnston (New York: Oxford University Press, 2002), 11~32.

대의 지도자들을 만나게 되었을 때 그는 꾸란에 대한 연구를 시작하고서 하나를 제외한 모든 수라들이 이렇게 시작되는 것을 지적했다. "자비로우시고 자애로우신 하나님의 이름으로" 그리고 그는 그 젊은이들이 과연 자비로운 삶을 살아가고 있는지, 또한 자비에 헌신된 청년 운동이 무엇을 의미하는지, 질문했다. 그와 그의 팀은 환영받았고 존경받았다.

열방을 치유하기

이집트가 정치적인 혼란에 빠져있던 2014년 8월에 수십 개의 교회당이 그곳의 지하디스트들에 의해 전소되었다. 주일이 되자 회중들이 잿더미로 변해버린 그들의 교회로 모여들었다. 예배하러 모인 회중들을 어린이들이 둘러쌌다. 어린이들은 그들의 교회들을 불 지른 자들을 위한 용서를 선포하는 깃발들을 들고 있었다. 그리고 그 모임들의 외곽에서는 무슬림 이웃들이 예배하러 모인 그리스도인들을 원형으로 둘러싸서 그들을 보호하여 교회당 방화범들이 그 모임을 방해하지 못하도록 했다. 이집트의 모든 사람들이 그곳에서 선포된 용서의 정신과 화목을 위해 손을 내민 모습에 크게 감동했다.[108]

팔레스타인 출신인 무함마드 아부 니메르는 평화로운 변혁의 문화는 그리스도인들과 무슬림들이 함께 일하고 함께 살 때에 개발될 수 있다고 묘사했다. 그는 그 문화를 "이슬람의 특징이 가득한 사회"Islamicate Society: 그리스도인 공동체들 안에 있는 평화의 주제들을 받아들인 무슬림 문화라고 명명했다.[109] 무슬림의 평화 주제들은 그리스도인의 평화 메시지와 만난다. 그것이 바로 교회당들이 전소된 결과로 모

---

108) Anne Zaki, "Is the Arab Spring the Arab Christian's Fall?" (January Series lecture, Calvin College, Grand Rapids, MI, January 27, 2014).

109) Mohammed Abu-Nimer, *Nonviolence and Peace Building in Islam: Theory and Practice* (Gainesville: University of Florida Press, 2003), 164.

든 이집트 사람들이 목격한 사실이었다. 예수님이 그분의 제자들이 감당해야 할 평화구축의 사명을 "소금"과 "빛"과 "누룩"으로 언급하신 것을 기억하라. 최근에 수십 명의 무슬림들과 그리스도인들이 필라델피아에서 모여 시리아에서 시작된 내전을 주제로 밤늦도록 열렬한 논의를 벌였다. 그날 밤의 논의가 마쳤을 때 많은 사람들이 이렇게 말했다. "우리가 가슴 깊이 염려하고 있는 이런 주제들에 관하여 무슬림들과 그리스도인들이 하나의 시민 정신으로 함께 논의하는 것이 우리의 모스크 회중들에게 좋은 영향을 미치고 있습니다. 그리스도인 손님들을 맞아들인 것이 유익했습니다!" 나는 그날 밤 그곳의 모든 참석자들이 아부 니메르가 묘사한 "이슬람의 특징이 가득한 사회"의 열매를 경험했다고 믿는다.

이와 같은 시대에 우리는 역사를 움직이는 힘이 자신을 못 박은 자들을 용서하신 십자가에 달리신 예수님께 있다는 사실을 새롭게 인식해야 한다. 그분이 적대감을 흡수하시고 원수를 용서하시며 갈등하는 사람들을 껴안으시기 때문에 그분의 용서 안에서 폭력과 복수의 악순환이 끊어진다. 그분과 그분께 헌신된 화목의 공동체가 세상의 소망이다. 그분의 이름으로 불리는 자들이 진정으로 평화를 구하고 그것을 따라는 것이 시급하다.

전 세계의 전통적인 무슬림 사회에서는 평화의 언약에는 어린양이나 숫양을 희생시키는 순서가 포함되어 있다. 이것은 특히 수피즘이라고 불리는 신비주의 신학 흐름에서 분명하다. 이 무슬림들은 하나님을 경험하는 길을 찾고자 한다. 이러한 문맥에서 에베소교회에 보내는 바울의 편지가 주는 시사점이 크다. 바울은 이렇게 썼다. "이제는 전에 멀리 있던 너희가 그리스도 예수 안에서 그리스도의 피로 가까워졌느니라 그는 우리의 화평이신지라 둘로 하나를 만드사 원수된 것 곧 중간에 막힌 담을 자기 육체로 허시고"110 그런 막힌 담들이 높아지고 있는 그 어느 곳에서든, 교회의 사명은 성령님과 동역자가 되어 그런 담들을 낮출 수 있는 평화의 사람들과 협력하는 길을 모색하는 것이다. 우리는 벽을 쌓는 분열주의자가 되려고 하는 그 어떤 경향에 대해서도 회개해야 하고 오직 평화의 다리를 구축하는 일에 헌신해야 한다.

---

110) 성경: 에베소서 2:13~14.

토의를 위한 질문들

1. 인도네시아의 평화의 일꾼들이 헤즈볼라 무슬림 민병대와 뒤섞이기 위해서 노력했던 구체적인 단계들은 무엇이었습니까?

2. 무슬림들과 그리스도인간의 신뢰를 개발하기 위해 당신이 밟아갈 수 있는 몇몇 구체적인 단계들은 무엇입니까? 예를 들어, 당신의 집에서 가까운 대학교들이 있습니까? 당신의 교회의 청년들이 무슬림 대학생들을 당신의 교회에 속한 가정들로 초대할 방법을 찾을 수 있겠습니까?

3. 파키스탄의 탈레반에게 나아간 더글러스 존스턴의 접근을 당신은 어떻게 평가하십니까?

4. 평화를 구축하기 위한 이 모든 사역들이 어쩌면 그토록 작고 눈에 띄지 않는 일들 – 헤즈볼라 사령관과 차를 마시는 것과 같은 – 로부터 시작되고 있는지를 주목해 보십시오. 당신과 당신의 교회가 평화구축의 작은 씨앗을 심을 수 있는 몇 가지 방법은 무엇이겠습니까?

11장: 평화의 사람과 동역하라

아침에 신문을 펼칠 때마다 테러 소식을 접한다. 뉴델리에서 열렸던 그리스 도인-무슬림 대화에서 여러 학생들이 내게 다가와 이렇게 말했다. "우리는 혼란스럽습니다. 당신은 미국 기독교인인데도 평화의 사람입니다. 우리는 미국 기독교인들을 테러리스트로 여기고 있었습니다." 앞 장에서 우리는 테러리즘과 지하디즘이 세계적인 근심거리임을 살펴보았고 그렇기 때문에 지하디스트들과 평화로운 관계를 구축하는 일에 특별한 관심을 기울였다. 이번 장에서 우리는 **"평화의 사람"**111이 보여주는 평화구축의 특별한 전략들을 살펴보고자 한다. 내가 교회들을 돌며 강연할 때마다 질의응답 시간이 되면 가장 먼저 튀어나올 질문들은 다음과 같을 것이다. "무슬림 테러리즘의 뿌리가 무엇입니까?" "우리는 테러리즘에 어떻게 반응해야 합니까?"

테러리즘의 정의와 뿌리

테러리즘을 정의하기란 쉽지 않다. "테러리즘과의 전쟁"이라는 개념을 대중화시킨 사람은 미국의 대통령이었던 조지 W. 부시였다. 이 책에서 나는 이슬람

---

111) 성경: 누가복음 10:5~6을 보라.

의 신학과 주류 무슬림 신학자들이 허용하는 범위 안에서 무슬림들이 이슬람의 집을 보호하기 위해 사용하는 폭력을 **지하디즘**이라고 칭한다. 그리고 나는 신뢰할만한 무슬림 울라마신학자가 볼 때에 합법적인 지하드에서 허용하지 않은 행위들을 **테러리즘**이라고 칭한다. 예를 들면, 무죄한 사람들을 죽이는 자살폭탄 공격은 교전 중에 있는 전투원들에게 꾸란이 지시한 범위를 넘어선 테러리즘 행위다.

또한 나는 비 이슬람권이 합법적인 폭력 행위로 간주하는 것들이 이슬람권의 무죄한 사람들이 보기에는 테러리즘으로 인식된다는 사실을 알고 있다. 드론을 사용하여 "테러리스트" 지도자들을 제거하는 논쟁적인 이슈가 바로 이런 경우다. 따라서 테러리즘에 대한 질문들과 혼란함이 양측 모두에게서 제기되고 있다. 테러리스트들은 그들의 행위가 올바르고 하나님의 뜻을 성취한다고 믿기 때문에 그런 방향을 선택한 것이다. 그들은 그들의 폭력적인 행위들이 선을 이루기 위해 필수적이라고 믿는다. 하지만 우리는 자비롭고 긍휼이 많으신 하나님에 대한 그들의 오해를 공공연히 비난한다. 비행기들을 납치하여 쌍둥이 빌딩으로 돌진한 자들은 분명 자신들이 하나님의 뜻을 행하고 있다고 믿었다. 911에 일어난 테러리즘 공격은 전 세계 사람들의 뇌리에 각인되었다. 그 후에 발생한 전쟁들은 깊이 파고드는 비통함의 씨앗들을 뿌려놓았다. 그 비통함의 뿌리들은 셀 수 없을 정도로 매우 다양하다.

나는 테러리즘과 비통함의 두 가지 차원들을 언급하고자 한다. 첫 번째 것은 이집트인 사이드 쿠틉Sayyid Qutb 1906~1966의 글에서 발견할 수 있다. 그는 이스라엘이 건국된 직후인 1949년에 미국에 유학 왔다. 2년간의 미국 체류는 외로움의 연속이었다. 그는 자신을 동정해 줄 친구들을 갈망했다. 그는 서양 문명이 쇠퇴기에 접어들었으며 물질주의적이며 파멸에 이르렀다고 믿으며 이집트로 돌아갔다. 그가 미국에 체류하는 동안 형성된 이스라엘 국가는 그를 매우 비통하게 만들었다. 그는 팔레스타인 사람들이 수세기동안 차지하고 있었던 땅을 이스라엘이 취득하는 것은 지극히 불의한 일이라고 믿었다. 특히 그는 그 불의를 후원하고 있는 북미의 교회들에 환멸을 느꼈다. 그는 비통함을 품게 되었고 결과적으로 그의 관념은 점차 반 기독교적으로 변했다. 그의 사고 속에서 그리스도인들은 무슬림 울라마가 전통적으로 저항해왔던 이교도들과 다름없었다. 이집트로 돌아간 쿠틉은 무슬림형제단의 지도자가 되었고 그 후에는 서양화된 나라들에 대한 종말론적인 해결책들로 인하여 12년 넘게 투옥되었다. 그의 해결책은 근대적인 모든 계획을 무너뜨리고 이슬람의 순수한 믿음으로 돌아가는 것이었다. 그는 많은 책을 저술했는데 특히 수감되어 있는 동안 왕성한 저술활동을 했다. 30권으로 이루어진 『꾸란의 그늘 *The Shade of the Qur'an*』과 그의 사상이 집약된 『진리를 향한 이정표 *Milestones*』는 지하디스트 테러리즘이 취한 노선에 엄청난 영향을 미쳤다. 그는 비록 1966년에 교수형에 처해졌지만 테러리즘 이데올로기에 대한 그의 저서들의 영향력은 그의 사후에도 계속되었다. 그의 책들은 알 카에다 Al Qaida와 같은 현대의 테러리즘의 양식이 되고 있다.[112] 보스톤 마라톤의 폭파범들이 자극받은 사상도 쿠틉의 저술들에 영향을 받았을 것이다.[113]

언론에 자주 등장하는 또 다른 큰 흐름은 탈레반이다. 탈레반이 결성되던 초기에 그들이 고아였다는 사실을 주목해야 한다. 그들은 파키스탄에 있는 고아원들에서 양육되었다. 그 고아원들은 인도와 파키스탄이 갈라졌던 1947년에 찾아온 인도주의적 위기에 대응하기 위해 설립되었다. 남성들이 운영한 고아원에

---

112) 사이드 쿠틉의 사상에 대한 학문적인 탐구는 다음의 글을 참고하라. Neal Robinson, "Sayyid Qutb's Attitude Towards Christianity: Surah 9.29-35 in Fi Zilal Al-Qur'an," in *Islamic Interpretations of Christianity*, ed. Lloyd Ridgeon (Surrey, UK: Curzon, 2001): 159-78.

113) 2013년 4월 15일의 폭발물들은 연례행사인 보스턴 마라톤에 참석한 시민들을 죽이거나 불구로 만들었다. 그 테러의 공모자들은 지하디스트 교리에 세뇌당해 왔다.

서 자란 고아들은 어머니의 모습을 경험하지 못한 채 성장했다. 그곳은 남자들만의 세상이었다. 정서적으로 상처받은 이 어린이들은 더 넓은 세상을 제대로 경험하지 못했다. 머지않아 그들은 그들이 살았던 보다 넓은 무슬림 사회의 것과는 다른 사명을 가지고 나타났다. 그들은 보다 넓은 파키스탄인 사회의 역동성에 의해 모욕을 당했다. 그래서 나는 "탈레반"이라는 말을 들을 때마다 나는 한 때 고아원에 있었던 한 아이를, 긍휼을 기다리고 있는 한 소년을, 생각한다. 나는 지금 탈레반이나 사이드 쿠틉이 테러리즘과 직결된다고 주장하는 것이 아니다. 나는 단지 테러리즘의 실체들에 관한 몇몇 측면들을 들여다볼 수 있는 창문을 제시하고 있을 뿐이다.

그렇다면 그리스도인들은 과연 어떻게 이런 종류의 이념들이 만들어낸 상황 속에서 평화를 구축하는 길로 나아갈 수 있겠는가? 이것은 또한 무슬림들의 질문이기도 하다. 내가 무슬림 신학자들과 전 세계의 무슬림 지도자들에게 귀를 기울일 때마다 그들은 나에게 평화를 구축하라는 꾸란의 가르침을 왜곡하는 무슬림들의 모습에 대한 염려를 전해준다. 평화에 헌신한 예수의 제자들이나 무슬림들은 군사적인 해결책이 최선이라고 믿는 서방의 지도자들을 어떻게 대해야 할까?

자살폭파범들에게서 보듯이 테러행위로 몰아가는 비통함은 복합적인 문제다. 미국 그리스도인들이 기독교 신앙과 흉악한 Ku Klux Klan KKK단을 어떤 식으로든 연결시키는 것을 공개적으로 비난하듯이 대부분의 무슬림들도 자살폭파범들이 자신이 이슬람을 보호한다고 주장하는 것에 혐오감을 느낀다. 하나님의 자비하심을 믿는 무슬림이나 그리스도인이 무고한 사람을 죽이겠는가? 이것은 신학적인 문제다! 무슬림들과 평화 실천에 관한 대화를 나눌 때마다 나는 예수님이 재빨리 그 대화의 중심을 차지하시는 모습을 본다. 그것은 평화를 구축하기 위한 메시아 예수의 접근법이 하나님에 대한 우리의 선입관을 뒤집어놓기 때문이다. 예수는 급진적이시다!

옛 지하디스트가 평화를 외치다

최근에 우리는 아침식탁에 앉아 급진적인 예수의 모습을 심도 있게 나누었다. 우리는 자카르타에 있는 인도네시아인 친구의 집에서 근사한 아침 식사를 즐기고 있었다. 우리 맞은편에는 우리가 처음 보는 회색 수염의 남성이 앉아있었다. 잠깐 침묵이 흘렀을 때 내가 불쑥 끼어들었다. "저는 당신이 평화의 사람이라고 들었습니다." 그레이스와 나는 그의 답변을 듣고 깜짝 놀랐다. 순식간에 그는 격렬한 반응을 보였다. "아니오! 저는 평화의 사람이 아닙니다. 저는 폭력의 사람입니다. 저는 발리 폭탄테러를 계획하고 실행한 자입니다.[114] 그 누가 저를 평화의 사람이라고 말할 수 있겠습니까? 저는 폭력의 사람입니다. 저는 평화의 사람이 아닙니다. 저는 테러리스트입니다." 그는 이렇게 외쳤다. "나의 친구들이여, 예수님이 평화이십니다. 저는 폭력이 하나님의 뜻을 이 땅에 이룩하는 길이라고 믿고 폭력적인 범죄들을 계획했었습니다. 그때 저는 예수님을 만났습니다. 그분이 제 삶을 완전히 돌이키셨습니다. 저는 여전히 무슬림입니다. 하지만 저는 예수님께 집중하는 무슬림입니다. 저는 당신에게 예수님이 정말 소중하다고 말하는 것입니다. 그분의 산상수훈을 읽어보십시오. 우리 모두에게 예수님이 필요합니다. 희생이 없는 곳에는 평화도 있을 수 없습니다. 우리는 그 사실을 우리들의 전통적인 종교들에서 발견합니다. 심지어 이슬람 안에도 전통적인 희생축제가 있습니다. 그 희생들은 예수님과 그분의 희생을 가리키는 표시들입

---

114) 2005년 10월 1일에 폭탄테러범들이 발리의 한 휴양지를 습격하여 20명이 죽고 129명이 부상당했다.

니다. 그분은 화목제물이십니다. 그분이 우리의 평화이십니다."115

그 후 한 시간 동안 그는 예수님이 어떻게 자신을 만나주셔서 자신의 삶을 완전히 바꾸어 놓으셨는지를 설명했다. 예수님은 그의 눈을 열어서 하나님의 뜻을 성취하기 위한 지하디스트의 접근이 재앙인 것을 보게 하셨다. 예수님은 평화구축의 길을 보여주셨다. 예수님이 보여주신 대안적인 길을 껴안은 전 세계의 모든 사람들이 용서를 통한 새로운 삶을 경험했다. 이 평화의 사람은 자신의 영혼에 폭력의 씨앗이 잠복해 있음을 인식했다. 그는 결국 예수님이 대안이라는 흔들림 없는 확신에 이르렀다. 그는 인도네시아 전역의 지하디스트들을 만나고 다니면서 죽음이 아니라 치유를 가져오신 예수께 돌아서기를 간청하고 있다.

평화의 씨앗들을 뿌리기

평화를 구축하는 일에 헌신된 그리스도인들은 그 일에 열렬한 동지가 되어주는 무슬림들을 만나게 될 것이다. 메카에서 타이프 마을을 향해 길을 떠난 무함마드의 이야기는 자신들을 학대하는 자들과 평화롭게 지내길 바라는 무슬림들에게 하나의 격려가 된다. 무함마드의 아내가 죽어 그가 깊은 상실감에 빠져 있었을 때에 무함마드는 타이프를 방문했지만 그들은 무함마드에게 돌을 던지며 가혹하게 대했다. 그는 강제로 그 마을을 떠나 메카로 돌아왔지만 그곳에서도 종종 학대를 당했다. 그는 하나님께로부터 위안을 찾았고 심판은 하나님의 몫임을 확신했다.116 타이프의 경험에서 무함마드는 평화의 사람이 갖추어야 할 핵심 자질들을 보여주었다. 예수님은 그의 제자들에게 평화의 사람을 찾을 것을 명하셨다. 한 공동체 속의 평화의 사람은 그 공동체 전체에 평화를 구축하는

---

115) 꾸란: 제37장 사파트(일직선) 107; 성경: 누가복음 22:19~20; 에베소서 2:13~19.
116) 꾸란: 제72장 진(영마) 1~28절.

길을 열어준다.

앞장에서 살펴보았듯이 가장 풍부한 상상력을 지닌 그리스도인 평화의 일꾼만이 평화를 구축하는 자신의 사역에 헤즈볼라 사령관이 동역자가 될 수 있음을 간파하게 될 것이다. 솔로에서의 평화구축 사역에 앞장섰던 그 목사는 나에게 공동체 안으로 파고드는 평화구축 사역에 대한 자신의 접근법을 설명해 주었다. 먼저, 그는 기독교와 이슬람 양 진영 간의 평화를 구축하는 다리를 놓는 일에 헌신된 양측 지도자들을 접촉한다. 그 지도자들은 모두 평화의 사람들이다. 그들은 규칙적으로 만나서 평화를 구축할 수 있는 창의적인 방법들을 논의한다. 그들은 또한 그 문제를 위하여 자신들의 진영을 뛰어넘어 호전적인 무슬림들이나 호전적인 그리스도인들과도 접촉한다.

평화를 구축하는 무슬림들은 가인과 아벨에 관한 꾸란의 언급에 영감을 얻었다. 가인이 아벨을 죽이려고 다가갈 때 아벨은 하나님을 향하여 가인이 휘두르는 무기로부터 자신을 보호하기 위해 칼을 사용하기보다는 죽음을 택하겠다고 부르짖는다. 그래서 아벨은 자신의 형을 죽이지 않고 죽음을 맞이한다. 하나님은 칼을 사용하기를 거부한 아벨을 칭찬하신다.[117] 평화를 구축하는 일에 헌신한 무슬림들을 이끌어주는 귀한 통찰들이 많다. 앞장에서 언급했듯이 아마도 꾸란에 있는 가장 주목할 만한 평화의 표시는 첫 장을 제외한 모든 수라가 "자비로우시고 자애로우신 하나님의 이름으로"라는 표현으로 시작한다는 사실이다. 또한 주목할 만한 것은 자신의 형제자매들을 향해 평화를 비는 무슬림의 인사말이다. 이것들이 평화를 실천하는 그리스도인들이 인지해야할 가치들이다.

솔로에 있는 평화 실천 모임에 헤즈볼라 사령관을 참여시키기 위한 첫 발을 내디딘 것도 평화를 사랑하는 이런 주제들이었다. 그 사령관을 알고 있었던 온

---

117) 꾸란: 제5장 마이다(식탁보) 30, 34절.

화한 무슬림들이 함께 차를 마시는 시간들을 주선해주었다. 그들이 그 목사에게 그런 티타임을 주도적으로 가져보라고 격려해주었다. 그 사령관을 아는 사람들은 그의 민병대 속에 평화를 구축하는 일에 헌신된 사람이 있을 것을 기대했다. 그와 그의 동료들은 중부 자바에 이슬람의 평화를 구축하기 위한 장기적인 목표를 가지고 있었다. 그 목사의 사명은 그 사령관이 비무슬림들을 포함하는 그의 평화구축 사역들에 대한 비전을 열어주는 것이었다. 그것은 정말 실현 불가능해 보이는 목표였다. 하지만 때가 되자 그는 평화의 사람이 되었고 무슬림들과 그리스도인들 모두 서로를 향해 폭력으로 맞서는 일을 그만두도록 하는 일에 헌신했다. 사실 민병대의 한 장교는 그 과정에서 평화의 왕을 믿는 신자가 되었고 지금 중부 자바에서 메시아의 평화를 선포하고 있다.

그 목사는 지금 더 큰 비전을 품고 있다. 그는 지금 헤즈볼라 장교들과 함께 일하면서 자살폭파 같은 잔혹행위들에 연루된 테러리스트 그룹들 안에 있는 지도자들을 만나고 있다. 그의 소망은 그런 만남들을 통해 어떤 변혁이 일어나 평화를 구축하는 씨앗들이 뿌려지는 것이다. 그는 평화를 구축하는 일을 위하여 민병대원들 뿐만 아니라 테러리스트들까지 만나는 것이다. 이것은 매우 천천히 진행되는 일이다. 이 일에는 세 가지 P가 요구된다. 끈질김Persistence, 인내Patience, 그리고 기도Prayer다.

평화를 구축하기 위해 사회 전체를 변혁시키려는 그 비전이 참으로 놀랍다. 처음에 그 씨앗은 순전하게 평화구축 사역에 헌신되어 있던 지도자들에게만 뿌려졌다. 이들이 평화의 사람들이다. 그 다음에는 그 지도자들이 그 바통을 이어받아 무슬림 민병대들 안에서 평화의 사람들을 찾아 나섰다. 그 다음에 그들은 그 무슬림 민병대 안에 있는 평화의 사람들과 함께 일하면서 테러리스트 집단들과 접촉하기 시작했다. 성경말씀은 우리에게 "화평을 구하며 그것을 따르라"고

명한다.118 이러한 종류의 평화구축 사역에는 상상력 넘치는 끈질김이 요구된
다. 그것이 바로 나이지리아에 있는 두 평화의 일꾼들이 보여준 모습이었다.

그들은 그리스도인들과 무슬림들 간의 폭력으로 갈라진 그 땅의 지역들에서
화평을 구했다. 그리스도인들과 무슬림들 양측이 막대한 상처를 입었다. 이와
같은 폭발 직전의 상황에서 목사인 제임스 마블 유이James Mavel Wuye 박사와 이
맘인 무함마드 누라얀 아샤파Muhammad Nurayan Ashafa 박사가 대안적인 평화구축
사역을 시작했다. 이들은 모두 양 진영의 존경받는 지도자들이었다. 그들은 불
신과 폭력의 불씨들을 꺼뜨려버렸다. 그러자 놀랍게도 양측 모두가 그들의 폭
력이 얼마나 무가치한지를 깨닫기 시작했다. 그들은 회개했고 우정을 건설하는
모습으로 서로에게 다가갔다. 그들은 화목을 경험한 자신들의 실화를 비디오로
제작하여 다른 이들도 그들의 본을 따라오도록 도전했다. 한 사람은 이맘이고
한 사람은 목사인 이 두 사람은 나이지리아 전역에 평화의 공동체들을 건설하는
일에 헌신된 평화의 사람들이 되었다. 그들은 나이지리아 곳곳을 함께 여행하
면서 폭력을 내버리고 신뢰와 화목의 다리를 건설하는 일에 사람들을 소리 높여
초대하고 있다.119

평화의 왕의 대사

또 다른 평화의 일꾼은 동부 아프리카 출신으로 소말리아와 케냐, 그리고 미
국에서 그리스도의 평화의 사도로 사역한 아흐메드 알리 하일리Ahmed Ali Haile

---

118) 성경: 베드로전서 3:11.

119) David W. Shenk, "Christian-Muslim Conflict Zones and Possibilities for Peace," in *Evangelical
Peacemakers: Gospel Engagement in a War-Torn World*, ed. David P. Gushee(Eugene, OR:
Cascade Books, 2013), 59~68.

다.[120] 그는 소말리아의 중부 지역에 살던 무슬림이었다. 열다섯 살 때 말라리아에 걸린 그는 기독교 선교병원에 입원하여 처음으로 기독교인들을 만났다. 그가 회복될 즈음에 그리스도인 간호사가 그에게 성경을 읽어보라고 건네주었다. 그 후로 그는 2년 동안 성경을 두 번 통독했고 그 선교병원의 책임자인 의사선교사의 집을 찾아갔다. 그는 솔직하게 말했다. "저는 메시아 예수를 믿는 신자가 되기로 결심했습니다." 그 의사도 솔직하게 다 터놓고 말해주었다. "그 말은 곧 당신이 당신의 집에서 쫓겨날 것을 의미합니다. 당신은 더 이상 공부를 위한 장학금을 받을 수 없으며 당신의 친구들로부터 버림받을 것이며 어떤 사람들은 이 결정 때문에 당신이 죽어 마땅하다고 믿을 것입니다." 아흐메드가 이렇게 말했다. "저 역시 이 결정에 대한 대가를 신중하게 생각해 보았습니다. 저는 메시아 예수를 따르기로 결정했습니다."

평화의 왕이신 메시아의 사도로서 살아가는 아흐메드의 여정이 그렇게 시작되었다. 그는 평화의 일꾼으로서 소말리어를 사용하는 사람들에게 자신의 삶을 집중적으로 투자했다. 그뿐아니라 평화를 실천하는 자신의 은사가 요구되는 곳은 그 어디든 찾아가서 섬겼다. 폭력적인 대안들에 헌신한 사람들이 평화를 위한 그의 헌신을 위험하게 생각하여 그를 위협하는 일도 종종 발생했다. 한 번은 그가 어떤 민감한 평화협상을 벌이고 있었을 때에 그 평화 협상을 반대하는 적들이 그가 머물고 있는 집에 로켓을 발사했다. 그 공격으로 그는 한쪽 다리를 잃었다. 사실 목숨까지 거의 잃을 뻔 했다. 하지만 그는 하나님의 때가 되면 그리스도의 평화가 이 땅을 지배할 것을 확신하는 자신의 소망을 끝까지 포기하지 않았다.

---

120) Ahmed Ali Haile, David W. Shenk에게 구술된, *Teatime in Mogadishu: My Journey as a Peace Ambassador in the World of Islam* (Harrisonburg, VA: Herald Press, 2011)

소말리아에서, 또 나중에는 케냐에서, 살아가면서 그와 그의 아내 마르다는 마당에 나무가 있는 집에 살았다. 그 나무의 별명은 "아흐메드 나무"였다. 일주일에 한 번씩 씨족의 어른들과 무슬림 울라마가 그 아흐메드 나무 밑에 모여앉아 혼란스러운 그들의 조국에 평화를 구축하기 위한 대화를 나누었다. 그런 식으로 이 평화의 일꾼의 영향력이 서로 대립하는 세력들이 화해를 강력하게 저항하는 상황 속에서도 소말리아 사회에 조금씩 스며들었다. 아흐메드는 메시아 예수를 믿는 신자였다. 그의 동료들은 그가 십자가만이 갈등의 뿌리들을 다룰 수 있다고 믿고 있음을 알고 있었다. 다른 수준들의 평화구축 프로그램으로는 우리의 죄성에 뿌리내린 핵심 주제들과 하나님과 다른 사람들로부터의 소외되어 있는 문제를 제대로 다룰 수 없었다. 십자가에 못 박혀 죽으시고 성령의 능력으로 부활하신 그리스도만이 새로운 창조와 참된 용서와 화목을 안겨주신다. 이것이 바로 아흐메드가 확신하고서 매주 그의 집에서 모인 지도자들에게 협의하고 조언함으로 고백했던 내용이었다.

평화를 위한 네트워킹

그 지도자들은 대부분 메시아를 믿는 신자들이 아니었다. 그들은 서로 다른 악보를 보면서 노래하고 있었다. 그래서 평화 협상가로서 최고의 신뢰를 받고 있었던 아흐메드는 그들이 그 어떤 수준의 수용력을 가지고 있든 상관없이 그 씨족의 어른들과 종교 지도자들과 함께 일했다. 몇몇은 이슬람교의 접근에 헌신되어 있었다. 그래서 아흐메드는 소말리아가 직면한 도전적인 상황에서 평화 실천을 위한 이슬람교의 접근법을 따라 생각하면서 그 지도자들과 동역했다. 핵심 주제는 움마였다. 모든 무슬림들은 우주적인 무슬림 평화 공동체인 움마에 관여한다. 따라서 만약 무슬림 공동체의 정체성이 움마라면 씨족을 향한 충성심들은 전 세계 무슬림들의 우주적인 공동체에 대한 충성심에 우선권을 내어주어야 했다. 아흐메드는 또한 이슬람 이전의 전통적인 사회에서도 유용한 주제들을 발견했다. 그가 특별히 주목했던 것은 손해배상을 추구하는 주제들이었다. 전통적인 이슬람 이전 사회에서 용서와 손해배상이 죄에 대한 응징을 공포했다. 소말리아의 전통 문화에서 갈등이 발생하면 마을 장로들이 모여 갈등의 원인이 무엇인지를 결정하고서 잘못한 사람에게 그 문제를 해결할 것을 요구한다. 그러면 그 가해자는 피해자에게 낙타를 몇 마리 내어줄 것이고 그러면 배상금으로 그 낙타들을 받은 씨족이나 개인은 그 중의 한 마리를 잡아 가해자에게 돌려주어 그가 그 낙타를 잡아 관계회복의 큰잔치를 열어 모든 사람을 초대한다. 이 모든 과정에서 그 잔치에 참여한 모든 당사자들이 평화의 언약을 맺는다. 손해배상을 동반한 잔치가 열리는 가운데 짐승 한 마리를 제물로 바치면서 언약이 체결된다. 그렇게 잔치가 끝나면 다시 평화가 찾아온다.

그 평화는 하나님에 의해 체결된 셈이었다. 소말리어로 하나님의 전통적인 이름이 "바르 와악"Bar Waaq인데 "복 주시는 하나님"이라는 뜻이다. 또한 그런 손해배상과 화목이 일어나는 장소는 "바르와코"Barwako인데 "하나님의 복이 임하는 장소"라는 뜻이다.[121] 아흐메드는 소말리아의 전통 사회가 손해배상에 집중하는 주목할 만한 성경적인 주제들을 다루고 있다고 믿었다. 그는 또한 평화를 구축하는 것과 관련된 수많은 구전 잠언들에 주목했다. 그가 종종 언급했던 잠언은 머리에 무화과를 한 바구니 이고 가던 길에서 원수를 만난 여인에 관한 것이었다. 그녀는 자신의 무화과 바구니를 자신의 적에게 선물로 주고서 빈손으로 돌아왔다. 그녀의 선물이 그녀의 적을 친구로 변화시켰다.

---

121) 위의 책. 89~92쪽.

탄자니아에서의 평화구축 사역

우리는 평화를 구축하기 위해 파트너들이 장애물들을 직시해야 함을 살펴보았다. 나는 또한 평화의 일꾼들이 진취적이어야 함을 살펴보았다. 그것이 내가 탄자니아의 무슬림 대통령인 자카야 키크웨테Jakaya Kikwete를 만났을 때의 경험이었다. 그의 친구들이 그에게 나를 만나 탄자니아에서 그리스도인과 무슬림 간의 평화를 증진시키기 위한 진취적인 방안들을 논의해보라고 제안했다. 내가 국회의사당에 들렀을 때 그가 내각 회의에서 물러나와 만남이 성사되었다. 그는 두 가지를 요청했다. 먼저 그 나라의 핵심적인 무슬림-그리스도인 지도자들에게 배포할 스와힐리어로 된 『어느 무슬림과 그리스도인의 대화』천 권을 요청했다. 다음으로는 탄자니아 전역의 무슬림-그리스도인 핵심 지도자들의 평화구축 모임을 소집하도록 그가 임명할 팀과 동역해줄 것을 요청했다. 그 모임은 2012년 4월에 열리게 되었다. 150명의 지도자들이 참석했고, 그들 모두에게 대통령이 선사한 『한 무슬림과 한 그리스도인의 대화』가 한 부씩 나누어졌다. 우리는 열방을 축복하도록 하나님에 의해 부름 받은 아브라함에 관한 다양한 주제들을 탐구할 수 있도록 그 세미나를 진행했다. 그 모임의 명장면은 무슬림 리더들이 그리스도인들에 대해서 감사하는 부분을 나누어 준 시간과 그리스도인들이 무슬림들에게 무엇을 감사하고 있는지를 나누어 준 시간이었다. 그 후에 이어진 또 다른 회의에서는 양측의 지도급 인사들이 모여 앞으로도 서로를 축복하고 격려할 수 있는 방안들을 논의했다.

그리고 그 모든 시간들마다 열렬한 논쟁이 벌어졌다. 나는 기도했다! 다른 사람들도 기도했다! 그 컨퍼런스가 휘청거리며 파열될 것 같았다. 몇몇 무슬림들이 탄자니아가 이슬람 국가 협의회the Council of Islamic Countries에 가입해야 한다고 밀어붙이는 것이 문제였다. 교회 지도자들은 강하게 반대했다. 탄자니아는 본질적으로 세속 국가로서 교회와 국가의 분리정책이 교회들의 지지를 받았다. 교회 지도자들이 볼 때 세계적인 무슬림 국가들의 네트워크에 소속되는 것은 세속국가로서의 탄자니아의 정체성을 침식할 것이 분명했다. 무슬림과 그리스도인 공동 의장들의 강력한 리더십 덕에 그 폭풍이 지나갔고 우리는 이틀간의 일정을 평화스럽게 마무리할 수 있게 되었다. 그 행사가 끝난 지 몇 달 후에 무슬림들과 그리스도인들 간의 몇몇 폭력적인 행위들이 발생했다. 우리가 진행했던 그 대화 세미나에 참석했던 여러 지도자들이 국영 텔레비전에 함께 나와 그들이 참여했던 우호적인 대화의 경험을 나누었다. 그들은 모든 국민들에게 그들의 지도자들인 자신들을 따라 평화를 구축하는 일에 힘을 모을 것을 격려했다.

평범한 삶 속에서 평화를 구축하는 관계들

지금 북아메리카에서 살고 있는 나는 서양에 살고 있는 무슬림들 속에서 관대한 평화구축의 정신을 경험하고 있다. 나는 방문하는 모스크마다 그곳의 이맘과 많은 대화를 나눈다. 그들 모두가 다양한 모습을 지닌 평화의 사람들이었다. 어느 모스크의 지도자는 우리가 그곳을 방문할 때마다 몇 번이고 되풀이해서 풍성한 식사를 대접해주었다. 그는 자신의 사비를 털어서 그런 접대를 베풀었다. 30명이나 되는 사람들이 그런 접대를 받았다. 그 지도자는 모스크 바닥에 긴 천을 깔았고 우리는 줄지어 앉아서 주어진 음식을 배불리 먹었다. 무슬림들과 그리스도인들이 함께 뒤섞여 음식을 먹고 대화를 나누었다. 한 번은 그 모스크의 지도자와 내가 믿거나 믿지 않을 선택의 자유에 관한 문제에 관하여 열렬한 반대의견을 제시했다. 하지만 다음번에 다시 만났을 때에도 변함없이 만찬이 제공되었고 그 모스크 리더는 이전 만남에서 보여주었던 그의 태도와 언급들에 대해 사과하면서 우리를 환영해 주었다. 그는 평화의 사람이었다!

우리를 맞아준 무슬림들은 종종 그 담화를 여는 기도를 올렸다. 때때로 나는 주님이 우리에게 가르쳐준 주기도를 암송하며 그 담화를 닫는 기도를 올렸다. 그 기도는 하나님을 하늘에 계신 우리 아버지로 호칭한다. 평화를 구축하기 위한 우리의 타당한 요청은 그 기도의 첫 간구에서부터 등장한다. "나라가 임하옵시며 뜻이 하늘에서 이루어진 것 같이 땅에서도 이루어지이다" 그리고 중간에 이런 기도가 등장한다. "우리가 우리에게 죄 지은 자를 사하여 준 것 같이 우리 죄를 사하여 주옵시고" 주기도는 실로 평화를 구축하는 기도로서 나는 그리스도인들과 무슬림들이 대화하는 곳에 참석할 때마다 그 기도를 반복하고 또 반복한다.

젊은이들과 어린이들은 평화를 구축하는 일에서 특별한 역할을 맡는다. 예를 들면, 일상적인 학교생활에서 무슬림들과 그리스도인 학생들은 함께 공부하고 함께 뛰어논다. 그들은 함께 노는 방법을 배운다. 때로 그들은 논쟁하고 아마도 서로 다투기도 할 것이다. 그러면서 그들은 공동체를 이루는 법을 배워나간다. 세계의 많은 지역에서 무슬림 학생들이 기독교 학교들에 등록하기 위해 특별한 노력을 기울이고 있다. 그것은 우리가 소말리아에서부터 경험한 바였다. 사실상 우리 학교의 졸업생들은 평화의 일꾼들로 인정받았다. 그들은 "메노파"Mennonites라는 별명을 얻었다. 대부분 무슬림으로 이루어진 이 "메노파"들이 소말리아에서의 평화구축 사역에 앞장서고 있다. 어느 날 한 파키스탄 사람이 나에게 이렇게 말했다. "저는 결코 그리스도인들을 무시하듯이 말할 수 없습니다. 파키스탄에서 저는 기독교 고등학교를 다녔기 때문입니다. 저는 그곳에서 탁월한 교육을 받았고 그보다 더 좋았던 것은 그곳의 그리스도인들과 맺게 된 지속적인 우정이었습니다. 그곳의 그리스도인 학생들은 우리 무슬림들을 존중해 주었습니다. 저는 그 소중한 경험에 늘 감사할 것입니다."

실수들이 당신을 낙담시키지 못하게 하라

우리는 때로 실수하여 평화를 구축하기는커녕 담만 쌓는다. 나와 내 아내가 우리의 이 여정에서 결코 전문가가 아님을 분명하게 보여주는 실수 하나를 나누려고 한다. 우리는 항상 배우는 자가 되고 싶다.

우리 집 바로 옆으로 그 무슬림 이민자들이 이사 온지 얼마 되지 않았을 때다. 우리는 디저트를 준비하고서 그들을 초대하여 함께 저녁을 보내며 안면을 텄다. 그리고 그들의 자녀들을 여름 성경 학교에 초대했다. 하지만 그들의 어머니는 그들의 자녀들이 성경학교에 참가하는 것을 원치 않음을 분명히 밝혔다. 그녀는 그들의 자녀들이 장성하면 그 때 가서 그 자녀들이 신앙을 선택할 자유를 얻게 될 것이라고 말했다. 그녀는 그녀의 아이들이 그리스도인들에 의해 교리적으로 세뇌당하는 것을 원치 않았다. 그 대화는 유쾌하게 진행되었다. 그 후에 성탄절을 맞았다. 성탄절에 우리는 집에서 만든 쿠키들을 화려한 종이접시에 담아 이웃들과 나누는 풍습이 있다. 우리는 보통 이 작은 기념 선물을 건네면서 짧은 캐럴송도 부른다. 무슬림들은 예수님을 타고난 선지자로 믿고 있으며 그리스도인들이 성탄절에 그분의 생일을 축하하는 것도 알고 있다. 그래서 우리는 그들의 문 앞에도 찾아가서 다른 이웃들에게 한 것과 동일한 방식으로 성탄 인사를 건넸다. 하지만 그들은 우리들의 노래에 짜증스럽게 반응했고 쿠키선물도 거절했으며 자신들의 아이들을 성탄절 축하문화에 노출시키고 싶지 않다고 말했다. 우리들의 선물과 짧은 캐럴송이 그들에게는 커다란 불쾌감만 안겨주었다.

우리는 그들과의 관계를 회복시킬 방법을 기도하며 찾았다. 그 사건이 일어난 지 얼마 후에, 내가 그들의 조국을 방문하게 되었다. 나는 그들에게 그곳의 친척들에게 전해주고 싶은 물건이 있다면 내가 가져다 드리겠다고 제안했다.

그 제안은 비현실적인 것으로 드러났지만 작은 소포라도 전해주겠다는 그 제안이 그들과의 관계를 회복시키는 첫 번째 작은 발걸음이 되었다. 최근에 그 이웃과 그레이스는 그들의 집과 우리 집을 구분 짓는 길을 지나치면서 서로 손을 흔들어 인사했다. 우리는 지금 관계회복의 길로 나아가고 있다고 믿는다! 우리가 알기로는 대부분의 무슬림들은 성탄절 쿠키나 노래가 드러내는 선의의 의사표현을 감사하게 생각한다. 성탄절이 되면 몇몇 무슬림 지인들이 나에게 성탄 카드를 보내준다. 그들의 카드에는 종종 예수의 탄생소식을 알리는 천사들이 등장하기도 하는데 그것은 꾸란에 기록되어 있는 내용이기도 하다. 하지만 우리는 우리의 무슬림 이웃이 경험하고 있는 두려움과 도전들을 충분히 공감하지 못했다. 그리스도인들의 믿음과 관습에 큰 영향을 받는 환경 속에 살면서 자신들의 이슬람 신앙을 자녀들에게 물려주고자 하는 그들의 헌신은 힘든 도전이었을 것이다. 내가 나의 실수를 이렇게 나누는 것은 우리들의 실수들조차도 예수님을 따라가는 우리의 여정의 일부임을 알려주기 위해서다.

외다리 평화의 일꾼, 아흐메드

아흐메드는 종종 십자가만이 문제의 핵심에 도달하고 폭력적인 갈등의 근원을 다룬다고 말했다. 그는 다른 모든 해결책들이 피상적이라고 느꼈지만 사람들이 어느 정도의 깊이까지 들어갈 수 있든지 상관없이 평화를 구축하는 일에 그들과 함께하길 원했다. 그래서 그는 소말리아의 전통 사회가 보여준 평화를 추구하는 가치들을 소중하게 생각하는 소말리아 족장들과 함께 일했다. 또한 무슬림 신앙 안에 있는 평화의 가치들에 대해서도 동일한 자세를 취했다. 그러면서도 그는 반복하고 또 반복해서 자신의 핵심적인 주제로 시선을 돌렸다. 십자가에 못 박혀 죽으시고 부활하신 메시아 안에서 하나님이 우리에게 용서와 화목과 회복의 은혜를 허락하셨다.

아흐메드가 나무 의족을 달게 되면서부터 그가 걸을 때마다 그 의족이 바닥을 내리치는 소리가 쿵쿵 들렸다. 미국에 있는 그의 신학교 교수들 중 하나는 아흐메드의 의족이 내는 쿵쿵 소리가 저 멀리 복도에서부터 들려왔었던 경험을 나에게 말해주었다. 그 당시 아흐메드와 그의 가족은 동아프리카에 거주하고 있었기 때문에 그 소리를 들은 교수는 아흐메드가 잠시 미국을 방문한 것이 틀림없다고 생각했다. 그래서 그는 먼저 문을 열고서 아흐메드를 반갑게 맞아들였다. 그들은 서로 인사했고 아흐메드는 곧바로 자신의 요점을 말했다. "진정한 평화는 예수 그리스도의 십자가에 자리 잡고 있습니다. 만약 우리가 십자가 없는 평화구축 사역을 가르친다면 우리는 그 문제의 심장을 빠뜨린 것입니다. 십자가만이 우리의 깨어진 관계들의 핵심 원인들을 파고듭니다. 기억하십시오! 그럼 이만 가보겠습니다!" 아흐메드는 출구를 바라보며 그렇게 떠났고 쿵쿵거리는 그의 발걸음이 그가 복도를 벗어날 때까지 계속 울렸다.

토의를 위한 질문들

1. 꾸란의 가르침을 성실하게 따르는 무슬림들이 환영할 수 있는 평화구축 접근법들을 설명해 보십시오.

2. 평화구축을 위해 교회만이 제공할 수 있는 결정적인 선물은 무엇입니까?

3. 평화구축을 위한 서로 다른 접근법들을 하나로 묶어낸 아흐메드 하일리의 길을 생각해 보십시오. 무슬림 사회에서 평화를 구축하기 위한 아흐메드의 접근법을 당신은 어떻게 평가하십니까?

4. 매주 목요일마다 아흐메드가 자기 가문의 족장들과 모스크의 지도자들과 함께 그의 집 마당의 나무 밑에 앉아있는 모습을 상상해 보십시오. 그들이 서로 나누었을 아이디어들을 상상해 보십시오. 아흐메드를 제외한 그들 대부분이 무슬림들이었음을 기억하십시오.

5. "십자가만이 평화구축을 위한 핵심문제에 도달한다"는 아흐메드의 확신을 당신은 어떻게 평가하십니까?

12장: 그리스도를 소개하라

어느 날 시카고에서 탄 택시의 기사는 파키스탄에서 온 무슬림 이민자였다. 그에게 나를 그리스도인이라고 소개했다. 그러자 그는 곧바로 세 명의 하나님을 믿는다는 그리스도인들의 신학을 비평하기 시작했다. 우리의 대화가 후끈 달아올랐고 내가 그 택시를 이용하게 될 45분이라는 시간도 넉넉했다. 그러다 30분쯤 지났을까? 그는 자신이 나를 다른 장소로 데려가고 있음을 깨달았다! 그는 자신의 실수로 인한 추가요금을 받지 않았다. 하나님에 관하여 열렬하게 논의하고 싶었던 그 택시 기사는 내가 만난 대부분의 무슬림들의 전형적인 모습을 보여주었다. 이는 우리에게 무슬림들과 기독교 신앙에 관하여 대화할 기회가 활짝 열려 있음을 의미한다.

복음에 대한 아흐메드의 관심

말라리아에 걸려 선교병원에 입원해 있던 아흐메드에게 어느 기독교인 간호사가 성경을 건네주며 읽어보라고 했을 때 그가 감동했던 사실을 회상해보라. 그는 고마움을 느꼈다. 마침내 그가 토라를 비롯하여 하나님이 계시하신 다른 성경들을 담고 있는 성서를 자신의 손으로 잡을 수 있게 되었기 때문이다. 이후에 그는 그리스도인들이 모든 성경을 하나님의 말씀으로 받아들이는 것을 알게 되었다. 하지만 그 당시에 그가 성서의 메시지를 깨닫는 첫 번째 단계는 꾸란이 하나님에 의해 계시된 책이라고 선언하고 있는 토라를 직접 읽어보는 것이었다.

아흐메드는 종종 나에게 이렇게 말했다. "이슬람은 복음이 아닙니다. 하지만 하나님이 이슬람을 사용하셔서서 나로 하여금 성경을 읽게 하시고 메시아를 만나게 해 주셨는데 내가 어떻게 이슬람을 욕할 수 있겠습니까? 꾸란 이외에 하나님이 계시하신 다른 성경들이 있다는 사실을 나는 모스크의 어느 친절한 이맘을 통해서 배웠습니다. 나는 모스크에서 이맘의 가르침을 받으며 보냈던 그 많은 저녁시간을 통하여 하나님이 계시하신 다른 성경들에 대한 호기심이 나의 마음에 생기게 된 것을 감사드립니다. 나는 또한 메시아를 찾아가는 나의 영적 여정을 도와주었던 나의 경건한 가족들에게도 감사드립니다."

복음이 무엇인가?

이슬람 안에는 수많은 복음의 이정표들이 있다. 하지만 그 이정표들이 복음 자체는 아니다. 내가 어느 곳을 향하여 운전할 때, 나는 목적지를 가리키는 여러 이정표들을 만난다. 만약 내가 그 이정표들 중 하나에 머물러버리면 나는 결코 목적지에 도달하지 못한다. 나는 그 이정표가 가리키는 목적지를 향해 나아가야 한다. 내가 알고 있는 많은 무슬림들은 자신들이 토라와 시편들과 복음서들과 다른 모든 거룩한 문서들을 믿고 있다고 확신 있게 주장하지만 그들은 이 성경들을 단 한 번도 읽어보지 못했다. 그것은 고속도로에 있는 이정표 밑에 멈춰서서 그 이정표가 가리키는 목적지로는 단 한 발짝도 움직이지 않으려는 것과 같다.

성경은 하나님이 의도하신 목적지가 구원이라고 말한다. 나는 하나님이 선사하시는 구원의 핵심이 다음의 성경말씀에 가장 잘 나타나 있다고 믿는다. "하나님이 세상을 이처럼 사랑하사 독생자를 주셨으니 이는 그를 믿는 자마다 멸망하지 않고 영생을 얻게 하려 하심이라"[122] 이와는 반대로, 아흐메드의 어머니는 매일 잠들기 전마다 다음의 꾸란 구절을 400번이나 암송했다. 이것은 "신앙의 순결함"이라고 알려진 "이클라쓰"다. "일러 가로되 하나님은 단 한분이시고 하나님은 영원하시며 성자와 성부도 두지 않으셨으며 그분과 대등한 것 세상에 없노라"[123] 무슬림들은 이 구절이 꾸란의 핵심이라고 생각한다. 이것은 하나님의 뜻에 복종하라는 부르심이다.

그리스도인들 역시 하나님께 복종하라고 부름 받았다. 하지만 우리는 하나님을 예수 안에서 우리를 사랑하시고 대속하시며 구원하시는 분으로 만난다. 이 복음은 다리가 세 개 달린 아프리카의 원반 걸상과 같다. 앉을 수 있는 원반은 예수님의 생명과 가르침이다. 세 개의 다리는 메시아의 성육신과 십자가와 부활이다. 그리스도인들이 선포하는 구원은 메시아 예수님의 생명과 사명이 보여주는 이 네 가지 차원의 중심에 위치한다.

성경을 읽어보는 것이 중요한 이유

중앙아시아의 젊은 엄마 한 분이 나의 아내 그레이스에게 메시아를 향한 자신의 신앙 여정을 들려주었다. 그는 이렇게 말했다. "어떤 사람이 제게 신약성서 한 권을 주었습니다. 저는 그 책을 한동안 선반 위에 올려 두었지만 이후에 힘든 출산을 앞두고 병원으로 향하면서 그 작은 책을 제 가방에 넣었습니다. 남편과 함께 집에서부터 수마일 떨어져서 오도 가도 못하는 상황에서 장시간의 산

---

122) 성경: 요한복음 3:16.
123) 꾸란: 제112장 이클라쓰(신앙의 순결함).

고 끝에 아기가 태어났습니다. 저는 병원 침대에 누워서 제 가방에 손을 뻗어 그 작은 책을 꺼내어 읽기 시작했고 깜짝 놀랐습니다. 예수님이 저에게 자신을 드러내셨습니다. 저는 바로 그 병원에서 믿게 되었습니다. 집으로 돌아오니 이웃들이 제 얼굴이 밝게 빛난다고 했습니다. 그들은 도대체 무슨 일이 일어났기에 제 마음에 그토록 큰 기쁨이 넘치는지 궁금해 했습니다. 저는 그들에게 내가 병원 침대에 누워있을 때 만난 메시아 예수의 복음을 나누었습니다. 저는 그 병원에서 제 영혼에 내린 그 햇빛을 기억하면서 제 아기의 이름을 햇빛이라고 지었습니다."

우리는 모든 무슬림들이 "햇빛이 엄마"처럼 성경을 감사함으로 받지는 않을 것을 알고 있다. 하지만 바울이 말했듯이 성경을 단 한 번도 살펴보지 못한 사람들도 예수를 믿는 사람들의 삶은 관찰하게 될 것이다. "너희는 우리의 편지라 우리 마음에 썼고 뭇 사람이 읽고 있는 바라 너희는 우리로 말미암아 나타난 그리스도의 편지니…"124 소말리아에서 우리의 기숙학교들 중의 하나에서 일하는 문맹 요리사가 재료들을 가지러 창고에 갔다. 그곳으로 가는 길에 그는 학교장의 아내가 노래하는 소리를 들었다. 그녀의 노래에 담긴 그녀의 기쁨이 그에게 전달되었다. 그녀의 노래가 하늘로부터 그에게 도착한 편지가 되어 그는 메시아 예수를 자신의 구원자요 주님으로 고백하며 헌신하게 되었다.

이슬람에 있는 진리의 이정표들에 대한 무슬림의 탐구

그리스도인들은 예수가 열방을 향한 이정표라고 주장하는 꾸란 구절 같은 진리의 이정표를 따라 복음에 이르게 되는 무슬림들이 있음에 감사드린다. 우리는 또한 무슬림들이 꿈과 같은 이정표들을 기대하는 마음으로 성경을 면밀히

---

124) 성경: 고린도후서 3:2~3.

검토하면서 자신들의 이슬람 신앙을 세워가고 있음도 알고 있다. 일례로, 앞서 언급했듯이 많은 무슬림들은 성령의 오심에 대한 예수님의 약속을 무함마드가 올 것에 대한 그분의 약속이라고 믿는다. 무슬림들은 이슬람이 이전의 모든 계시들을 완성했다고 믿기 때문에 이슬람이 인류의 참되고 최종적인 믿음이라는 증거들을 찾기 위해 애쓴다. 그래서 우리가 무슬림들에게 복음을 소개할 때 오히려 그들이 종종 우리 그리스도인들에게 이슬람을 소개하려고 애쓰는 모습을 발견하게 된다. 그들은 이슬람에 대한 그들의 초대가 이슬람의 진리를 확립해주는 진리의 이정표들에 근거하고 있다고 주장한다. 따라서 복음을 전하는 교회와 이슬람을 전하는 움마 양쪽 모두 자신들이 전해야 할 진리를 가지고 있다고 믿고 있다. 상관없다! 이것이 바로 그리스도인과 무슬림의 대화가 순전히 말로만 서로의 아이디어를 교환하는 것보다 훨씬 더 큰 목적을 가지고 있는 이유다.

신비로운 메시아

꾸란이 묘사하는 예수님은 신비한 인물이다. 그가 누구신지 보여주는 많은 이정표들이 기록되어 있다. 동정녀 탄생, 메시아, 열방에 대한 증표, 기적을 행하는 자, 성경들의 성취, 다시 오심, 하나님의 말씀, 하나님의 영, 죄가 없음, 복음이 그 이정표들이다. 이것들 중에 어느 것 하나라도 신약의 계시의 도움을 받으며 탐구해 본다면 메시아 예수를 발견하는 문이 열릴 것이다. 예수님에 관한 매우 놀라운 이정표 하나가 "식탁보"마이다라고 알려진 수라에서 발견된다. 예수님의 제자들이 예수님께 음식으로 가득한 식탁을 하늘에서부터 내려주셔서 그들이 배불리 먹게 해주시길 요청했다. 하나님이 선언하셨다. "내가 그것을 네게 보내주마" 따라서 우리는 우리의 무슬림 친구들을 기쁨으로 초대한다. "예수의 식탁에 앉으십시오. 생명의 떡이신 메시아를 통한 잔치가 준비되었습니다. 그분이 바로 하늘로부터 내려온 영원한 잔치입니다."

기적과 나타나심

어느 에티오피아인 친구가 자신의 고향에 기근이 찾아왔을 때 일어난 일을 말해주었다. 그는 이슬람의 설립 초기에 그 운동을 모조리 파괴해 버리겠다는 위협을 받고서 메카에서부터 에티오피아로 도망가 보호를 요청했던 원조 무슬림 공동체의 후손이었다. 따라서 지난 1,400년간 그의 가문이 에티오피아의 원조 이슬람의 요새로 자리매김해왔다. 그 친구와 그의 아내는 기근의 때에 굶주렸다. 그들은 저녁으로 작은 마카로니 한 접시를 나눠먹고서 배를 곯으며 잠자리에 들어야 할 형편이었다. 그런데 바로 그 때 한 이웃이 그 집을 방문했고 그 두 사람은 그 부족한 음식을 삼등분하여 나눠먹어야 했다. 그들은 양이 찰 때까지 먹고 또 먹었다. 그런데 그 접시에 상당한 양의 마카로니가 여전히 남아 있었다. 세 사람 모두 도대체 무슨 일인지 몰라 그 테이블 밑을 살펴보았다. 그 때 그는 어느 그리스도인이 자신에게 예수께서 떡 다섯 덩이와 물고기 두 마리로 오천 명의 남자들을 기적적으로 배불리 먹이셨다는 이야기를 기억했다. 그들은 음식의 양이 늘어난 그 기적을 메시아가 일으키셨다고 짐작했다. 그래서 그 후로 2년 동안 철저한 조사를 벌이기 시작했다. 그 조사는 자기 주변에 있는 그리스도인들의 삶과 행위들을 유심히 살펴보는 것으로 진행되었다. 그는 그리스도인들의 올바르고 겸손하며 서로 사랑하는 삶에 엄청난 감동을 받았다. 양이 늘어난 마카로니는 그로 하여금 그 조사를 시작하게 만든 필수적인 이정표였지만 그의 짐작이 확신에 이르도록 결정적인 도움을 준 것은 그리스도인 공동체였다. 지금 그는 에티오피아에서 예수의 복음을 무슬림 공동체들과 나누는 일에 깊이 헌신하고 있고 그를 통해 많은 사람들이 메시아께로 나아오고 있다.

　부활하신 메시아의 나타나심이 무슬림들로 하여금 예수님을 생각하게 만드는 주목할 만한 기회가 되곤 한다. 나는 카르툼에 사는 어느 가톨릭 사제에게 수단에서 수년 간 살아오면서 그를 가장 크게 격려해 준 사건이 무엇이었는지 물어보았다. 그가 말하기를 그것은 어느 날 사막의 외딴 오이시스 마을의 추장이 사람을 보내어 자신의 마을을 방문해 달라고 요청했을 때였다. 그 마을에 도착할 때까지 긴 시간을 여행해야 했다. 그 사제가 도착하자 그 추장이 이렇게 말했다. "저는 우리 오아시스 마을의 변두리에 있는 사막에 나타난 한 사람을 만났습니다. 그 남자는 태양처럼 빛났고 순전한 사랑을 발산하고 있었습니다. 나는 그가 메시아였다고 믿습니다. 그분이 나에게 당신을 이곳에 모셔오라고 말했습니다. 당신이 저와 저의 모든 공동체 사람들에게 하나님의 진리를 설명해줄 수 있다고 하셨습니다." 그 사제는 그 오아시스 마을 사람들에게 성경과 예수님과 교회를 소개해 준 놀라운 시절의 이야기를 들려주었다. 그 공동체는 복음의 좋은 소식을 기쁨으로 받아들였다. 부활하신 예수님이 나타나신 그 이야기를 전해주면서 그들은 나에게 사도행전에 나오는 사울의 이야기를 상기시켜주었다.[125] 사울은 그가 열정적으로 대적하고 있던 그리스도인들을 체포하기 위해 군사들을 대동하고서 예루살렘에서 다마스쿠스로 여행하고 있었다. 그런데 부활하신 예수님이 찬란한 영광 가운데 그를 만나주셨다. 부활하신 예수님은 사울에게 다마스쿠스로 가면 예수의 제자가 그를 만나 그에게 가르침을 줄 것이라고 알려주셨다.

　나는 메시아 예수께서 나타나셔서 무슬림들을 만나주신 이야기를 종종 듣곤 한다. 나는 이런 나타나심이 전 세계에 있는 수많은 무슬림들의 신실한 신앙에

---

125) 성경: 사도행전 9:1~19.

대한 하나님이 반응하심의 하나라고 믿는다. 이런 나타나심 속에서 메시아는 늘 눈부신 빛 가운데 완전한 사랑을 발산하신다. 사울의 경험처럼 그 사건들에서 메시아는 보통 그들에게 예수의 제자를 만나 자신이 누구인지 보다 풍성하게 배울 것을 지시하신다. 그 나타나심은 교회의 대표자를 만나기 위한 예비과정인 것이다. 따라서 하나님은 이런 나타나심을 통해 그 사람이 교회와 교제하고 그곳에 소속되길 바라고 계신다. 내가 말한 에티오피아의 몇몇 공동체들에서는 예수의 나타나심이 때로는 이맘에게 일어나서 그가 자신이 이끄는 전체 무슬림 공동체를 메시아 예수를 믿는 신앙으로 이끌어가게 하신다.

전도의 문: 필라델피아 교회

복음전도의 문을 생각할 때 우리는 무슬림들과 접촉하는 예수를 믿는 한 개인이나 공동체에게 요구되는 자질들을 고려해보는 것이 현명하다. 필라델피아 교회를 향한 주님의 메시지에 귀 기울여 보자. 예수님은 이 교회에 약속하셨다. "보라, 내가 네 앞에 아무도 닫을 수 없는 열린 문을 두었다."[126] 본서의 2장에서 우리는 필라델피아 교회를 분명한 정체성을 가지고 무슬림들을 섬기는 하나의 모델로 바라보았다. 요한계시록 3:7~13 이제 우리는 같은 교회를 통해서 전도의 문을 여는데 결정적인 다섯 특성들을 살펴보겠다.

1. 형제와 자매의 사랑을 실천하라

필라델피아 교회는 사도시대에 번성했던 소아시아에 있는 교회였다. 필라델피아는 "형제애"를 뜻한다. 우리가 서로 사랑할 때 전도의 문이 열린다. 팔레스타인 그리스도인들이 팔레스타인에 있는 하마스를 관계한 방식이 그 일례다.

---

126) 성경: 요한계시록3:7.

1992년 겨울에 이스라엘이 가자와 서안지구의 하마스 대원 415명을 체포하여 레바논 남부의 차가운 언덕에 감금했다. 그들이 그렇게 수감되어 있던 한 해 동안 팔레스타인과 레바논 그리스도인들이 전 세계 교회의 원조를 받아 언덕에 억류되어 있는 그 사람들을 찾아갔다. 그들은 음식과 담요들과 약품들을 그들에게 공급해 주었고 그들의 가족들로부터 받아 온 편지들과 사진들을 전달해주었다.[127]

1년 후 마침내 그들이 풀려나게 되었을 때 헤브론에 있는 모스크에서 그 영웅들의 귀환을 환영하는 큰 집회가 열렸다. 팔레스타인 그리스도인들은 그들이 그 모스크에 도착할 때까지 그들의 차량을 엮어서 도로봉쇄를 풀어주었다. 그 모습을 지켜 본 하마스는 그 그리스도인들을 세상 모두가 그들을 포기했을 때에도 그들을 기억해준 자신들의 형제라고 칭송했다. 그날 이후로 여러 지역의 하마스가 그들의 모스크를 비롯한 다른 관할지역들에서 팔레스타인 그리스도인들이 신약성경을 배포할 수 있도록 그들을 초청해 주었다. 그들은 다름 아닌 예수가 그 그리스도인들을 감동하여 극한의 상황에 내던져진 자신들을 담대하게 섬기게 만들었음을 알고 있었던 것이다.

2. 선을 행하라

팔레스타인 그리스도인들과 그들의 레바논 동역자들은 하마스 대원들에게 형제의 사랑을 보여주었다. 그들은 또한 선을 행했다. 나는 내가 속한 북미의 교회 공동체가 기쁨 가운데 이란의 무슬림 신학자들과 담화를 나누었고 내가 그곳의 마흐디 컨퍼런스에 동참했던 이야기를 언급했었다. 그 전도의 문이 어떻게

---

127) Brother Andrew and Al Janseen, *Light Force : The Only Hope for the Middle East* (London : Hodder & Stoughton, 2004), 144~68.

열리게 되었는지 아는가? 그 문을 처음으로 열고 들어간 열쇠는 이란에 지진이 일어난 직후에 그곳으로 공수해준 담요들이었다. 이란 사람들은 자신들이 곤경에 처했을 때 담요들을 보내 준 이 북미의 그리스도인들이 누구인지 궁금해 했다. 종종 선행은 나의 아내가 우리 옆집으로 이사 온 무슬림 가정을 환영하기 위해 디저트를 준비하는 것처럼 사람들의 눈에 잘 띄지 않는다. 하지만 그것이 긴급 구호 물품들을 공수하는 것이든 무슬림 이웃을 티타임에 초대하는 것이든 우리의 선행이 전도의 문을 연다!

3. 하나님의 힘을 의지하라

세 번째 자질은 약한 힘이라는 사실에 많은 사람들이 놀랄 것이다. 그리스도인들이 힘을 과시하며 무슬림들에게 다가간다면 관계의 장벽만 더 높아질 것이다. 그런 반작용은 지정학적 실체들의 세계에서 가장 분명하게 드러날 것이다. 지난 몇 십 년 동안 무슬림 세계에서 발휘되어 온 미국의 군사적인 힘은 신뢰의 관계를 만들어내지 못했다. 사실상 몇몇 지역에서는 수 조 달러치의 군사비를 지출하고서도 전도의 문이 굳게 닫혀버렸다. 미 국무부의 한 여성 관리는 나에게 미국이 아무런 관계를 맺지 못하고 있거나 약간의 관계만 가지고 있는 나라들과 상황들에 들어갈 수 있는 열린 문을 가지고 있는 교회가 부럽다고 고백했다. 새끼나귀를 타시고 예루살렘으로 들어가신 메시아 예수의 길이 전도의 문을 연다! 전도의 문은 종종 갑작스럽게 열린다. 이란에 대한 나의 여러 방문들 중 하나에서 열두 명 가량의 북미 사람들이 몇몇 이란 신학자들을 만나고 있었다. 우리들의 논의가 마칠 때 즈음에 이란의 핵심 영적 지도자들 중의 한 사람이 나에게 미국과 이란의 평화를 위한 기도인도를 부탁했다. 그들은 우리를 형제라고 불렀다.

4. 성경의 권위에 헌신하라

네 번째 자질은 성경의 권위에 대한 헌신이다. 나는 꾸란이 그 책의 사람들을 존경하고 있으며 성경을 무슬림의 경전으로 인식하고 있음을 앞서 설명했다. 코소보가 독립 국가를 위한 헌법을 준비하고 있을 때 나는 그곳의 한 대학의 이슬람학과에서 "신앙과 자유"라는 주제에 대한 강연 초대를 받았다. 그 나라의 헌법을 만드는 이들도 그 집회에 참석했다. 나는 나 자신을 그 책의 사람이라고 소개했고 나의 발제에 토라와 복음서들의 내용을 인용했다. 나의 강연은 크게 환영받았다. 나는 코소보의 헌법이 마침내 모든 시민들의 종교적 자유를 보장한 것에 가장 큰 감사를 올려드린다. 나는 다른 사상들 역시 종교의 자유를 요구하고 있음을 역설한다. 하지만 나의 그 발제가 사람들에게 받아들여졌고 수많은 논의를 이끌어냈다. 왜 그랬는지 아는가? 가장 확실한 것은 성경의 가르침에 근거해서 종교의 자유를 호소한 것이 진지한 토론과 수용을 위한 문을 열어주었기 때문이다.

5. 예수를 부인하지 말라

나는 꾸란이 묘사한 예수님이 신비한 인물이라고 언급했다. 그래서 많은 무슬림들이 예수님에 대하여 궁금해 한다. 지난 수세기동안 무슬림들은 예수님에 관한 시들과 영창들을 만들어왔다. 그분은 엄청난 사랑을 받고 있다. 하지만 무슬림 시들이 묘사하는 예수님은 복음서가 증언하는 예수님의 모습과 갈등을 일으킨다. 이것이 바로 예수에 대한 궁금증을 느끼는 핵심적인 이유다. 예수님은 논쟁의 인물이다.[128] 원수를 어떻게 대해야 하는지에 대한 예수님의 가르침을 한 번 생각해보라. 예수님이 촉발시켜 놓은 것보다 더 논쟁적인 가르침을 상

---

128) Tarif Khalidi, *The Muslim Jesus* (Cambridge, MA : Harvard University Press, 2001), 3–45.

상할 수 있겠는가? 네 원수를 사랑하라! 논쟁적인 생각들을 이야기해보라. 많은 무슬림들 가운데서 예수에 관한 호기심이 일어날 것이다. 예수에 대한 이야기가 그 중심을 차지하지 않으면 무슬림들과 믿음에 대한 그 어떤 대화도 나누기 어렵다.[129]

몇 년 전에 나는 보스니아의 사라예보에 있는 침례교 신학교에서 가르치고 있었다. 나는 그 강의의 참석자들에게 그 도시에 있는 무슬림 센터에 방문하고 싶다고 말했다. 그러자 그들은 깜짝 놀라며 이렇게 말했다. "정교회 그리스도인들과 무슬림들 사이에 전쟁이 이어져왔습니다. 그들이 우리를 죽일 것입니다." 하지만 몇 가지 토론을 나눈 후에 그들은 이런 말로 나를 놀라게 했다. "당신 혼자 죽는 것보다는 우리가 다 같이 죽는 게 낫겠습니다." 그들을 방문하여 우리를 침례교 신학교의 한 강좌의 학생으로 소개했다. 우리를 맞아들인 무슬림들은 감격해 했다. 그들은 지금까지 단 한 명의 그리스도인도 자신들의 센터를 방문하지 않았다고 말했다. 그들은 우리를 거실로 안내하여 음료수들과 쿠키들을 연신 대접했고 우리들은 깊이 있는 대화에 뛰어들었다.

수 시간이 지나 우리가 그곳을 떠날 때가 되자 그들은 우리에게 또 다시 방문해 줄 것을 요청했다. 우리가 작별 인사를 나눌 때에 내가 그에게 이렇게 물었다. "혹시 당신은 어떤 손님 한 분이 우리가 둘러앉았던 그 거실에 임재하신 것을 느끼셨습니까? 실은 그분이 우리의 이번 만남을 이끌어 오신 것입니다." 그들도 인정했다. "그렇습니다. 손님 한 분이 그 자리에 계셨습니다." 그 손님은 예수님이었다. 나는 무슬림들과 그리스도인들이 신앙에 대하여 대화할 때마다 예수께서 얼마나 지속적으로 그 자리에 동참하시는지를 보면서 놀란다. 우리가 만날 때마다 우리가 둘러앉은 그곳에 예수께서 동석하시는 것을 무슬림들도,

---

129) 위의 책, 44-45.

그리스도인들도, 쉽게 부인하지 못한다.

열린 문으로 들어가라

그리스도인들이 무슬림들과 신뢰의 관계를 맺지 못하는 주된 이유들 중 하나는 두려움이다. 문이 열린다 해도 우리가 주저하는 것이다. 그것이 바로 내가 최근에 나이지리아의 포트 하코트에서 경험한 모습이었다. 우리 그리스도인-무슬림 관계 팀이 이틀간의 평화구축 세미나를 진행하기 위해 그곳에 초대받았다. 350명의 성경학교 리더들이 모이는 그 집회를 인도해 달라는 그들의 요청을 승낙하는 편지에서 우리는 그들에게 그 남부 나이지리아의 거대도시의 무슬림 리더들을 만나게 해달라고 요청했다. 이틀 먼저 도착한 나는 우리를 초대한 분들이 나이지리아 북서부에서 최근에 발생한 교회들에 대한 무슬림들의 공격으로 인해서 우리가 무슬림 지도자들을 만나는 것은 현명하지 않다고 생각하고 있음을 알게 되었다. 우리는 이렇게 질문했다. "무슬림들을 전혀 만나지 않으면서 어떻게 그리스도인과 무슬림의 관계에 대한 세미나를 진행할 수 있겠습니까?" 우리는 그 문제를 놓고 기도에 전념했다.

그 세미나가 끝나갈 무렵, 포트 하코트의 높은 이맘의 친척 한 명이 그 이맘에게 우리의 방문 의사를 전달했고 그는 그 그리스도인 리더들의 대표자들과의 만남에 동의해 주었다. 세미나의 참석자들은 깜짝 놀랐고 의기양양해졌다. 다섯 명의 그리스도인 지도자들과 다섯 명의 무슬림들이 한 시간 가량 만났다. 그 만남을 시작하면서 우리 팀의 멤버가 자신이 평화를 구축하기 위해 애쓰는 이유가 예수께서 십자가에 못 박혀 죽으셨고 부활하셨기 때문이라고 고백했다. 그러자 그 이맘이 이렇게 잘라 말했다. "예수는 결코 십자가에 못 박히지 않았소!" 그 후로 남은 시간은 기독교인들의 경험에서 십자가의 의미가 무엇인지에 대한 대화에 할애되었다. 그 미팅을 마치면서 그 이맘은 그리스도인들이 자신들과 계속 연락을 주고받으면서 다른 실제적인 대화를 계획해 주기를 요청했다. 그 후 그 세미나에 참석했던 이들이 흩어졌다. 그 세미나에 참석했던 목사들 중의 한 분은 자신의 고향 도시에서 몇몇의 무슬림 대학생들을 만났다. 예전과는 달리 그는 그들에게 자신이 방금 그리스도인–무슬림 관계 세미나에 참석하고 왔음을 담대하게 말해주었다. 그 학생들은 그의 말에 매료되었고 자신들과 규칙적으로 만나서 그가 그 세미나에서 배운 것을 알려달라고 요청했다.

메시아의 특사들로 부름 받은 우리의 소명은 관계의 장벽들을 통과하는 열린 문을 찾는 것이다. 종종 우리는 예수님과 교회의 사역들을 위한 문들이 이미 열려 있음에도 그것이 닫혀 있다고 착각한다. 우리는 들어줘야 한다! 우리는 노크해야 한다. 우리는 분별해야 한다. 우리보다 앞서 가셔서 닫힌 문들을 여시는 분이 예수님이다. 우리가 기도를 쏟아낼 때 성령께서 앞서 가셔서 길을 보여주시고 예수께서 열어놓으신 문들을 드러내신다. 그리스도의 대사들이 되라는 부르심은 단지 이것이다. 문들이 열리는 곳을 기도를 통해 분별하고 그리스도의 특사로서 그 문으로 들어가는 것이다. 최근에 어떤 남성이 나에게 전화하여 행복한 목소리로 말했다. "데이비드, 제가 무슬림 이웃과 시내를 여행하다가 그에게 나와 함께 성경을 공부해보지 않겠냐고 물어보았어요. 그는 내가 자신과 함께 시간을 보내주는 것을 기뻐했고요. 우리는 지금 우리들의 첫 번째 성경공부를 진행하고 있어요. 우리는 성경 속의 이야기를 함께 탐구해보려고 해요."

교회의 놀라움

그 어떤 사회에서든 교회가 탄생하는 것은 하나의 기적이다. 나는 내가 관여하고 있는 세계 곳곳의 무슬림 나라들과 사회들 속에서 이러한 교회의 기적들을 거듭 목격하고 있다. 가장 근본적인 의미에서 교회란 두 명이나 그 이상의 사람들이 메시아 예수의 이름으로 함께 모이는 것이다. 전 세계적인 교회는 이와 같은 일이 일어나는 수백만 개의 지역 회중들로 구성된다. 일례로, 나는 미국에 있는 마운트빌 마을에 있는 지역 회중의 일원이면서 또한 전 세계 교회의 일원이다. 5장에서 우리는 교회가 하나님이 창조하신 새로운 도시로서 모든 언어와 나라 사람들을 포함하는 공동체임을 살펴보았다. 우리는 십자가에 못 박혀 죽으시고 부활하신 예수님이 각각의 지역 교회들과 우주적인 교회의 중심에 서 계심을 발견한다. 나는 교회의 모습에 관한 일례로서 아흐메드와 그의 가족이 소속되어 있는 케냐의 나이로비에 있는 소말리어로 예배하는 교회를 묘사해 보겠다.

그 당시에 소말리아인들이 메시아 예수를 믿는 신자들이 되는 두 가지의 주된 길이 있었다. 첫 번째는 아흐메드와 그의 가족들이 깊이 관여하고 있었던 소말리아 난민 사역이었다. 또 다른 길은 성경을 접하거나 무슬림들을 위해 특별히 제작된 성경공부 과정4장에서 언급했던『하나님의 백성』과정에 참석하는 것이었다. 나는 나이로비에 방문할 때마다 아흐메드의 나무 밑에서 모인 그 교회에 참석하기 위해 최선을 다했다. 때로는 80명 정도나 되는 많은 사람들이 모였고 그들 중 대부분이 소말리아 전쟁들이 만들어낸 과부들과 그들의 자녀들이었다. 때로는 아흐메드가 찬송을 인도했고 아이들은 테이블을 드럼처럼 연주했다. 그들은 그들에게 구원과 소망을 안겨주신 메시아 예수로 인하여 하나님을 찬송했다. 그들이 부르는 찬송의 곡조들과 가사들은 대부분 소말리아 신자들이 작사 작곡한 것이었다. 그 모임에서 그들은 서로의 간증을 나누었고 함께 기도했으며 성경에 기초한 설교 말씀을 경청했다.

아흐메드는 나에게 화목을 위해 모인 어느 놀라운 집회 이야기를 들려주었다. 소말리아는 혼란한 상황에 빠져 있었는데 부족들 간의 갈등이 주된 원인이었다. 그래서 소말리아 교회의 장로들이 소말리아 전역에 걸쳐 각 부족들의 지도자들을 권면하여 화목을 위한 집회로 모이도록 했다. 아흐메드는 나에게 소말리아의 모든 부족들이 참석했다고 말했다. 그들은 기도했고 하나님의 말씀을 선포하는 설교를 들었으며 다른 부족을 증오했던 그들의 죄악을 고백했다. 그중 몇몇은 눈물을 흘리며 용서를 구했다. 아흐메드는 이렇게 말했다. "그날, 천국이 이 땅에 임했습니다!" 교회는 그 기적적인 집회를 성찬식으로 마무리했다. 그들은 곡식의 낱알이 부서지듯이 십자가 위에서 부서진 메시아 예수의 몸을 기억하면서 빵을 떼고 과일 주스를 서로 나누었다. 그들은 십자가에 못 박히신 그 언덕에 쏟아졌던 예수님의 피를 기억하면서 그 컵을 나누어 마셨다. 화목을 위한 교회의 그 모임은 보배로운 사건이었다. 아흐메드는 외쳤다. "그것은 기적이었습니다!"

카이로에서 온 메시지

참으로, 우리에게 소망을 주는 많은 이정표들이 있다. 2013년 6월에 카이로를 방문한 나는 이집트의 이슬람 최고 종교지도자Grand Mufti의 비서관을 알 아즈하르 대학에 있는 그의 사무실에서 만났다. 나는 그에게 나 자신을 메시아의 평화 가운데 살아가고 그의 평화를 증언하길 갈망하는 그리스도인으로 소개했다. 나는 내가 가는 곳마다 그곳에 있는 교회의 모임에 참여하고 있다고 설명했다. 나는 특별히 무슬림들과 그리스도인들 간의 평화를 구축하는 사역에 나의 삶을 투자했다. 나는 사람들에게 치유와 새로운 삶을 허락하시는 메시아의 평화를 껴안으라고 격려한다. 그 최고 종교지도자의 비서관은 내가 멀지 않은 시간에 카이로에 다시 올 수 있다면 예수의 평화에 관하여 그 대학에서 공개강좌를 열 수 있도록 주선해 보겠다고 반응해주었다. 나는 그에게 북아메리카의 그리스도인들에게 전하고 싶은 메시지가 있는지 물었고 그는 이렇게 답했다. "저는 두 가지 충고의 말씀을 드리고 싶습니다. 먼저, 북아메리카의 그리스도인들이 중동의 그리스도인들과 함께 이스라엘 사람들과 팔레스타인 사람들의 평화협정을 위해 일해 주면 고맙겠습니다. 우리는 북아메리카의 그리스도인들이 정의와 평화를 위한 운동을 활발하게 일으킬 수 있는 위치에 있다고 느낍니다. 두 번째 충고의 말씀은, 북아메리카 사람들이 예수를 따라가야 한다는 것입니다. 만약 그들이 예수를 따른다면 그들은 전 세계 속에서 생명을 주는 변혁운동의 한 부분을 도맡게 될 것입니다." 이집트에서 만난 최고의 무슬림 지도자가 북아메리카의 그리스도인들에게 그리스도를 소개하고 있었다!

소망 가운데 살아가기

대부분의 무슬림들은 하나님에 관하여 대화하길 갈망한다. 내가 관찰한 바로는 모든 종교인들 중에서 신앙에 관하여 논의하고 토론할 준비가 가장 잘 되어 있는 사람들이 무슬림이다. 무슬림 사회 전체에 하나님을 의식하는 태도가 스며들어 있다. 가장 세속적인 대화들 속에도 하나님을 의식하는 언급들이 가득하다. 일례로 나는 무슬림들이 "5분 뒤에 차에서 만나~"라고 말하는 것을 상상할 수 없다. 무슬림이라면 이렇게 말할 것이다. "5분 뒤에 차에서 만나~ 인샤 알라_{하나님의 뜻이라면}" 무슬림들은 그리스도인들도 자신들처럼 하나님을 의식하는 것을 드러내주는 것을 고맙게 생각한다. 하나님을 의식하는 무슬림들의 태도는 신앙에 관한 대화를 시작할 수 있는 열린 문이다.

무슬림들과의 관계를 발전시키기 위한 열두 가지 길을 헌신적으로 걸어가는 것은 전문가에게만 가능한 일이 아니다. 단지 하나님이 열어주시는 문으로 깨어 기도하며 들어가면 그만이다. 중앙아시아의 제한된 나라에서 사역하는 어느 목사가 나에게 이렇게 말했다. "저는 언덕 위의 모스크에서 제가 사는 마을을 내려다보는 이맘을 항상 두려워했습니다. 저는 그를 저의 적으로 생각했습니다. 저는 이런 두려움을 놓고 기도했습니다. 그리고 어느 날 저는 우리의 관계를 변화시키기 위한 첫 발걸음을 떼기로 결심했습니다. 저는 그를 만났고 함께 차를 마셨습니다. 그 후에 저는 언덕 위에 있는 그의 집을 방문하고 또 방문했습니다. 저는 제가 목회하는 교회에 관하여 그의 조언을 구하기 시작했습니다. 그는 저의 옹호자가 되었습니다. 심지어 저는 제가 계획하고 있는 세례식에 관하여 그의 조언을 구했습니다. 마을의 무슬림들이 우리의 세례식에 반대했을 때 그 이맘은 그들에게 제가 자신의 조언을 이미 구했다고 말해 주었으며 세례식을 무사히 마칠 수 있었습니다."

우리는 평화를 구축하는 그 놀라운 내용들에 감사했다. 하지만 일이 항상 그렇게 진행되는 것은 아니다. 때로는 우리가 참된 그리스도인-무슬림 관계를 개발하기 위해 많은 노력을 기울일지라도 아무런 반응을 볼 수 없을 때도 있다. 특별히 최근 몇 년간, 때때로 전 지구적인 정치 상황이 통제할 수 없을 정도의 증오심이나 두려움의 불길에 사로잡혔다. 나는 이번 장을 2014년에 쓰고 있다. 특히 이번 달은 시리아로부터 나이지리아에 이르기까지 무차별적인 폭력과 파괴가 벌어지고 있는 끔찍한 시간이다. 끔찍한 폭력이 하나님의 이름으로 자행되고 있다! 이 모든 분쟁 지역들 안에 교회가 존재하고 있다. 하지만 역설적으로 나는 이번 주에 소망을 느꼈다. 나는 테러리스트들의 공격을 받은 나이지리아 중부에 있는 교회 지도자와 전화통화를 했다. 나는 머지않아 그를 방문하려던 참이었다. 그가 말했다. "당신이 방문하기에 적합한 시간입니다. 할렐루야! 평화를 구축하기 위한 많은 기회들이 열려 있습니다. 예수님의 평화의 특사로서 그분을 섬길 수 있는 기회들로 채워진 주목할 만한 날들입니다."

이 모든 분쟁 지역들 안에 교회가 존재하고 있기 때문에 교회는 평화를 구축해야 하는 특별한 책임들을 지니고 있다. 우리는 메시아 안에 화목이 있음을 알고 있다. 바울은 이렇게 썼다. "그러므로 내 사랑하는 형제들아 견실하며 흔들리지 말고 항상 주의 일에 더욱 힘쓰는 자들이 되라 이는 너희 수고가 주 안에서 헛되지 않은 줄 앎이라"[130] 그래서 우리는 진실하게 살아간다. 우리는 우리의 정체를 분명히 한다. 우리는 존중하는 태도를 개발한다. 우리는 신뢰를 쌓는다. 우리는 서로의 다른 중심들에 관하여 대화한다. 우리는 질문들에 답한다. 우리는 왜곡에 맞선다. 우리는 히즈라와 십자가 중 하나를 택하도록 초청한다. 우리는 화평을 구하고 그것을 따른다. 우리는 평화의 사람과 동역한다. 우리는 그리스도를 소개한다. 우리는 이 열두 길을 따라 걸으며 소망 가운데 살아간다.

---

130) 성경: 고린도전서 15:58.

토의를 위한 질문들

1. 예수님이 필라델피아 교회에게 강조하신 다섯 가지 자질들이 무엇이었습니까?

2. 이 자질들이 어떤 식으로 그리스도인들을 무슬림들과 관계를 맺을 수 있도록 구비시킵니까? 그리스도인들이 무슬림들에게 다가가 그들의 친구가 될 수 있는 열린 기회들을 예로 들어 보십시오.

3. 무슬림들이 하나님에 관한 대화에 지대한 관심을 가지고 있는 이유들이 무엇일까요? 그런 대화들에 예수님이 제공하실 수 있는 놀라운 선물들은 무엇이겠습니까?

4. 당신에게는 우정을 나누고 있는 무슬림이 있습니까? 만약 그렇다면 그 우정을 묘사해 보십시오. 만약 당신에게 무슬림 친구가 없다면 그런 친구를 사귈 수 있는 방법들을 생각해 보십시오.

5. 당신이 알고 있는 무슬림에게 어떻게 복음을 소개하겠습니까?

6. 당신이 무슬림들에게 특별히 감사하는 내용은 무엇입니까?

7. 열두 개의 길들을 재음미해 보십시오. 무슬림들과의 참된 관계를 개발하기 위한 이 길들 중에서 당신이 기여할 수 있는 은사들은 무엇입니까?

부 록

 크리스천/무슬림 관계 팀

저자의 메모

저는 메시아 예수를 믿는 신자들의 세계적인 네트워크의 일원으로서 그리스도인들과 무슬림들 가운데서 그리스도의 방식으로 평화를 구축하는 일에 애쓰고 있는 사람입니다. 다음은 그리스도를 고백하는 평화의 일꾼들인 우리의 헌신들입니다.

> 너희 마음에 그리스도를 주로 삼아 거룩하게 하고 너희 속에 있
> 는 소망에 관한 이유를 묻는 자에게는 대답할 것을 항상 준비하
> 되 온유와 두려움으로 하고 −베드로전서 3:15−

증인으로 부름 받은 우리의 헌신

모든 나라들 가운데에서 증인이 되라는 예수님의 명령마 28:18~20과 온유와 두려움존경으로 그리스도를 전하라는 사도의 권고벧전 3:8~17에 순종하기 위하여, 우리는 하나님께서 메시아 예수를 통하여 제공하시는 구원과 용서와 구속과 화해의 복음을 증언한다. 따라서 우리는 그리스도께 신실하면서 각 사람의 존엄과 문화와 선택의 자유를 끝까지 존중하는 방식으로 일하길 원한다. 우리는 다음의 헌신들에 충실한 방식으로 복음을 나누길 갈망한다.

1. 메시아의 정신과 가치를 반영하고 드높인다.

2. 성경에 계시된 복음을 있는 그대로 전한다.

3. 모든 사람들을 위한 하나님의 깊은 사랑을 전달한다.

4. 진리를 드러내고 삶을 변혁하도록 하나님의 성령을 의존한다.

5. 모든 종류의 폭력, 제국주의, 뇌물, 위협, 강제, 비방, 허위진술, 속임의 사용을 배격한다.

6. 평화, 대화, 상호 이해를 추구한다.

7. 질문들, 반대들, 그리고 상대방이 우리에게 제시하는 증언들에 신중하게 경청하고 반응한다.

8. 정직하고 신실하며 정의와 진리를 위하여 기꺼이 고생한다.

9. 다른 문화와 언어와 신앙을 가진 이들을 존경한다.

10. 우리의 동료 인간들의 복지를 위하여 언제든 희생한다.

11. 지역적이고 우주적인 그리스도의 몸인 교회를 세운다.

12. 각 사람과 언어와 문화의 유일한 가치를 진지하게 대한다.

13. 통치하는 권위자들을 존경한다.

14. 부모와 자녀와 가족의 삶을 중시한다.

15. 각 사람의 존엄과 선택의 자유를 온전하게 인식한다.

저자의 메모

이것은 예수님을 언급한 꾸란의 일부 내용만 선별한 것입니다. "하디스"전통들에는 제가 언급하지 않은 예수에 관한 언급들이 있습니다. 무슬림의 시들과 이야기들도 예수님에 대하여 많이 언급하고 있습니다. 따라서 우리가 꾸란에 담긴 예수님에 대한 언급만 참고할 때는 신중하게 접근해야 합니다. 각각의 진술들은 예수에 대한 총체적인 이해의 맥락에서 해석되어야지 그 자체의 언급으로만 이해되어서는 안 됩니다. 그렇긴 해도, 일단 여기서 이 질문을 시작해 보는 것은 적합할 것입니다. "꾸란은 예수님에 관하여 무엇을 언급하고 있습니까?"

- "이사"가 그분의 이름이다. ("야훼가 구원하신다"는 뜻의 아랍어 "야수아"는 사용되지 않았다.)
- 예수는 아담과 같다. (3:59)
- 예수는 표적이다. (43:61~64)
- 예수는 메시아다. (3:45)
- 예수는 하나님의 말씀이다. (4:171)
- 예수는 하나님의 영이다. (4:41)
- 예수는 처녀 (미리암, 모세의 누이)에게서 태어났다. (19:16~35)
- 예수는 기적을 행하는 사람이었다. (3:49)
- 예수가 이전 성경들을 확립했다. (5:49)

- 예수가 복음을 가져왔다. (5:49)

- 예수가 유일한 사도이다. (6:71)

- 예수는 십자가로부터 구출되었고 다른 이가 그 자리에 달렸다. 즉, 예수
  는 십자가에 못 박히지 않았다. (4:157)

- 예수는 죽음 없이 승천되었다. (3:55~58)

- 예수는 역사의 마지막에 이 땅에 다시 와서 최후 심판을 준비할 것이고
  사람들을 이슬람으로 돌이킬 것이다. (43:61)

- 예수는 특정한 시간과 미션을 위해 이스라엘에 보내졌다. (13:38)

- 예수는 하나님의 아들이 아니다. (9:30)

- 예수가 이전 성경들을 성취했다. (5:49)

- 메시아가 복음이다. (3:45)

- 예수가 무함마드가 올 것을 예고했다. (61:6)

- 예수는 무죄하다. (19:19)

가장 단순하게 살펴볼 때, 무슬림의 세계관은 "이클라쓰"신앙의 진실성으로 표현된다. 예수님에 대한 무슬림의 이해를 아래의 꾸란 구절에서 발견할 수 있다.

자비로우시고 자애로우신 하나님의 이름으로

일러 가로되 하나님은 단 한분이시고

하나님은 영원하시며,

성자와 성부도 두지 않으셨으며

그분과 대등한 것 세상에 없노라[131]

---

131) 꾸란: 제112장 이클라쓰(신앙의 진실성) 1~4절.

저자의 메모

이것은 성경을 언급한 꾸란 구절들의 샘플들입니다. 이 리스트는 『무슬림 나라와 기독교회 여행기 *Journeys of the Muslim Nation and the Christian Church*』라는 책을 위해 선별된 것이고 여기서는 두 가지 주제를 따라 정리되었습니다.

1. 하나님이 이전 성경들에 계시되었다.

- 그(알라)가 율법(선지자 모세의 타우라트 Taurat)과 복음(메시아 예수의 인질Injil)을 보내셨다. (알 이므란 3:3)

- 그들에게 하나님의 책을 보호할 책임을 맡기셨다. (마이다 5:47)

- "성서의 백성들이여 너희가 구약(타우라트 Taurat)과 신약(인질Injil)과 너희 주님으로부터 계시된 것을 준수할 때까지 너희는 아무런 인도됨을 받지 못할 것이라." (마이다 5:68)

- 모세의 기록들은 진리의 식별서(푸르깐furqan)다. (안비야 21:48; 바까라 2:53)

- 그것은 또한 인류를 향한 지침이요 빛이며 자비이다. 그것은 알라의 책이다. (마이다 5:44; 후드 11:17; 안비야 21:48)

- 하나님의 말씀들은 변할 수 없다. (유누스 10:64)

- 복음에 대하여 꾸란은 이렇게 말한다. "하나님은 신약(인질Injil)을 계시하여 그 이전에 계시된 구약(타우라트 Taurat)을 확증하면서 그 안에 복음

과 광명을 주었으니"(마이다 5:46)

■ 꾸란은 또한 선지자 무함마드에게 이렇게 충고한다. "하나님이 그대에게 계시한 것에 그대가 의심한다면 그대 이전에 성서를 읽은 자들에게 물어보라" (유누스 10:94)

■ 때때로 꾸란은 하나님의 말씀이 변질될 수 없다고 주장한다. 다음은 이와 같은 확증의 일례다. "그대 이전의 선지자들도 그러했거늘 그러나 그들은 그들의 거짓에 인내하며 성실하였으매 그들이 승리하였더라 하나님의 말씀을 위조할 수 있는 자 아무도 없었으며 선지자들의 소식이 그대에게 내려졌노라"(안암 6:34)

2. 그 책의 사람들은 그들의 성경들을 반드시 존경하고 보호해야 한다.

꾸란에는 그리스도인들에 대하여 그들의 성경들을 변질시키거나 숨기거나 이익을 위해 팔아넘기거나 잘못 인용하지 말라는 경고들도 들어 있다.

■ "하나님이 성서를 받은 그들에게 일러 가로되 인류에게 복음을 전하고 그것을 숨기지 말라 했거늘"(알 이므란 3:187)

■ "그들 중에는 그들의 혀로 그 성서를 왜곡하여 그것이 성서의 일부라고 너희들로 하여금 믿게 하려는 무리가 있으나 그것은 성서의 일부가 아니라 그들은 또 그것은 하나님으로부터 온 것이라고 말하나 그것은 하나님으로부터 온 것이 아니거늘 그들은 잘 알고 있으면서 하나님에 대해 거짓말을 하더라"(알 이므란 3:78)

■ "성서의 백성들이여 너희들은 왜 진실과 허위를 혼동시키며 알고 있으면서도 그 진실을 감추려 하느뇨"(알 이므란 3:71)

■ "그들 손으로 그 성서를 써서 이것이 하나님으로부터 온 것이니 값싸게 사소서 라고 말하는 그들에게 재앙이 있을 것이며 그것을 쓴 그들의 손에도 재앙이 올 것이며 그로써 금전을 모으는 자들에게 큰 재앙이 있을 것이라"(바까라2:79)

부록 4 "공통적인 말씀"에 대한 메노나이트의 답변

저자의 메모

다음의 글은 전 세계의 그리스도인들에게 보내진 무슬림 리더들의 편지에 대한 메노나이트의 답변이다. 138명의 무슬림 성직자들이 서명 한 "여러분과 우리의 공통적인 말씀"은 여러 다양한 그리스도인 그룹들의 회신을 받았다. 그 편지의 전문은 그것의 공식 웹사이트에서 찾아볼 수 있다. www.acommonword.com 나는 종종 메노나이트들이 2007년에 작성한 이 답변을 존경의 태도, 차이점에 대한 대화, 그리고 평화를 추구하는 좋은 예로서 제시하곤 한다.

2007년 10월 13일에 전 세계의 그리스도인 교회 지도자들을 향해 작성된 편지인 "여러분과 우리의 공통적인 말씀"에 서명한 무슬림 자도자들에게:

역사적인 평화주의 교회들 중의 하나로서, 우리 미국 메노나이트 교회는 우리 그리스도인들이 한 분 하나님을 예배하고 하나님을 사랑하고 우리를 사랑하라는 예수의 명령들을 우리들의 믿음의 삶의 중심에 두는 것을 인정한 "여러분과 우리의 공통적인 말씀"에 서명하신 분들에게 진심으로 감사드립니다. 우리는 무슬림들과 그리스도인들이 중요한 신학적·윤리적 기초들을 공통적으로 붙들고 있다는 확인에 감사드리며 우리가 만날 수 있는 전 세계 어느 곳에서든지 그리스도인들과 무슬림들이 진지하게 대화하자는 요청을 환영합니다.

우리는 또한 "공통적인 말씀"을 관대하지 못한 무슬림 목소리들과 되풀이되는 무슬림들에 대한 그리스도인들의 적개심과 이슬람에 대한 오해 가운데서도 선의를 표현한 용기 있는 편지로 존중합니다. 우리는 이러한 비기독교적인 행위들이 자행되도록 우리가 연루된 것을 회개하며 우리가 우리의 무슬림 이웃들인 여러분을 이해하고 여러분과 함께 그리스도인의 사랑으로 행하는 일에 자라가도록 여러분의 인내와 용서를 구합니다.

우리는 이 사랑의 특성이 예수님의 가르침과 그분의 개인적인 본에 의해 형성되어야 한다고 이해합니다. 하나님과 우리 이웃을 사랑함에 더하여 이것은 예수님처럼 우리도 원수들까지 사랑하길 애쓰며 차이나 갈등에 대한 반응으로서 폭력을 사용하길 거절하는 것을 의미합니다. 우리는 예수님이 우리를 위하여 사랑과 진리와 화목과 정의에 기초하여 하나님께 충성스럽게 순종하는 모델을 보여주셨다고 믿습니다. 셀 수 없이 많은 구원과 화목과 용서와 인도를 통해서뿐 아니라 그리스도메시아 예수 안에서 가장 충만하게 표현된 인류를 향한 하나님의 사랑에 대한 보답으로 우리 역시 같은 것을 추구합니다. 요약하자면, "우리가 사랑하는 것은 하나님이 우리를 먼저 사랑하셨기 때문입니다."요일 4:19, 새번역 메시아가 사랑하신 것처럼 사랑하려는 우리의 비틀거리는 시도 속에서, 우리는 우리의 삶이 하나님께 초점 맞춰지도록 우리를 능하게 하시는 성령을 우리에게 선물로 주신 하나님께서 감사드립니다.

하나님은 우리 각자에게 하나님을 자유롭게 믿거나 불신으로 나아가는 선택을 행할 수 있는 보배로운 선물을 주셨습니다. 우리 메노나이트 교회들에서는 성인 세례가 메시아를 믿고 따르는 개인적인 결정의 표지입니다. 이러한 이유에서 우리는 무르익은 결정을 통해서 세상의 길에서 벗어나 믿음을 가지기로 결정한 사람에게만 세례를 베풉니다.

그것으로 교회로서의 우리의 삶은 각 개인이 그들의 신앙을 선택할 책임과 자유를 가지고 있음을 사회와 정부에 증언합니다. 우리는 여러분이 그것에 관하여 감동적으로 기록해 주신 이웃을 향한 사랑이 그 어떤 사회에서나 믿거나 믿지 않을 수 있는 개인의 자유, 그나 그녀의 신앙과 종교를 선택할 수 있는 자유를 포함한다고 믿습니다. 우리는 종교의 자유가 함축하는 바에 관하여 무슬림 친구들, 그리고 지도자들과 더 많은 대화를 할 수 있는 기회가 찾아오기를 기다립니다. 왜냐하면 이것은 정말 중요한 문제이기 때문입니다.

무슬림들과 그리스도인들 양측이 종종 우리가 생각하는 이상에서 멀리 떨어지곤 하는 것을 인식하는 가운데 우리도 여러분처럼 우리의 이웃들을 사랑하는 목표를 두 팔 벌려 환영합니다. 오늘도 너무나 많은 상황에서 무슬림들이 그리스도인들에 의해 위협당하고 있으며 다른 상황들에서는 무슬림 지역에 있는 그리스도인 개인들과 기독교 공동체들이 여러 제한들과 때로는 적대행위들을 경험하고 있음을 우리는 인식하고 있습니다. 우리 모두 서로에 대한 그와 같은 행위들을 회개하고 그리스도인과 무슬림 양 공동체를 위한 진실함과 자유가 보장될 수 있도록 함께 노력합시다.

많은 메노나이트 그리스도인들은 무슬림들과 우정을 나누고 지난 수년간 폭넓은 차원의 활동들에서 기쁘게 동역해왔습니다. 미국 메노나이트 교회에 있는 우리는 계속해서 그와 같은 활동들을 추천할 것이며 전 세계의 그리스도인들과 무슬림들이 같이 만나 우정을 쌓고 우리가 논의한 서로의 관심사들을 위해 함께 노력하고 우리들의 신앙과 삶의 신학적이고 윤리적인 기초들을 증언할 수 있도록 적극적으로 권면하는 바입니다.

"공통적인 말씀"을 작성해 주신 여러분께 감사드리며 우리가 계속 그리스도인들과 무슬림이 서로를 이해하고 동역하며 평화를 구축해나갈 수 있도록 기도하고 일할 것을 여러분께 약속드립니다.

사랑을 담아, James Schrag **| 미국 메노나이트 교회 총재**

 아나뱁티스트들이 공유하는 확신들

저자의 메모

이 일곱 가지 항목은 2006년에 전 세계의 아나뱁티스트 공동체들에 의해 받아들여진 확신들입니다. 이를 통해 아나뱁티스트의 신학과 증언을 들여다볼 수 있을 것입니다.

하나님의 은혜로, 우리는 예수 그리스도 안에 있는 화목의 복음을 살아내고 선포하길 추구한다. 모든 시대와 장소들에 존재하는 그리스도의 한 몸의 일부로서 우리는 다음의 내용들을 우리의 믿음과 행위의 핵심으로 붙든다.

1. 하나님은 아버지와 아들과 성령으로 알려지셨고 사람들을 교제와 예배와 섬김과 증언에 신실하도록 부르심으로써 타락한 인류를 회복시키길 구하시는 창조자시다.

2. 예수는 하나님의 아들이시다. 그의 삶과 가르침들과 십자가와 부활을 통하여 그분은 우리가 어떻게 하면 신실한 제자들이 되고 세상을 구속하며 영원한 생명을 제공할지를 보여주셨다.

3. 교회로서 우리는 죄로부터 돌이켜 예수 그리스도를 주님으로 인정하고 믿음의 고백 위에 세례를 받으며 삶 속에서 그리스도를 따르도록 하나님의 영에 의해 부름 받은 자들의 공동체다.

4. 신앙공동체로서 우리는 성서를 우리의 신앙과 삶의 권위로 받아들이며

성령의 인도를 따라 그것을 함께 해석하면서 예수 그리스도의 빛 안에서 우리의 순종을 위한 하나님의 뜻을 분별한다.

5. 예수의 영은 삶의 모든 영역에서 하나님을 신뢰하도록 우리에게 능력을 주시어 우리가 폭력을 버리고 우리의 원수들을 사랑하며 정의를 구하고 우리의 소유들을 필요한 이들에게 나누는 평화의 일꾼들이 되게 하신다.

6. 우리는 상호간의 책무 속에서 예배하고 성찬을 나누며 하나님의 말씀을 듣기 위해 정기적으로 모인다.

7. 세계적인 신앙과 삶의 공동체로서 우리는 국경과 인종과 계층과 성과 언어를 초월한다. 우리는 악의 권세들에 순응하지 않고서 이 세상을 살아가길 추구하여 남을 섬기고 피조물을 돌보며 모든 사람들이 예수 그리스도를 구원자요 주님으로 알도록 초대하면서 하나님의 은혜를 증언한다.

이 확신들 속에서 우리는 예수 그리스도를 따르는 급진적 제자도의 본을 보여주었던 16세기의 아나뱁티스트 선조들로부터 영감을 끌어낸다. 우리는 그리스도의 재림과 하나님 나라의 최종적인 성취를 확신있게 기다리면서 성령의 능력으로 그리스도의 이름으로 걸어가기를 추구한다.

2006년 3월 15일 | 메노나이트 세계 컨퍼런스 총회에서 승인 됨